Silence of the Heart

Robert Adams

ハートの静寂

ロバート・アダムス

高木悠鼓 訳

ナチュラルスピリット

SILENCE OF THE HEART
by Robert Adams

Japanese translation published by arrangement
with Robert Adams Infinity Institute through
The English Agency (Japan) Ltd.

本書が最初に制作されたときに、故アーナンダ・デヴィが献身的に貢献してくれました。

彼女と、彼女を助けてくれた人たちに心からの感謝を捧げます。

ハートの静寂　目次

はじめに

「あなたの中には想像を絶する美しさがあります。
ここにあなたが探しているすべてがあります」

ロバート・アダムス

ロバート・アダムスは霊的な先生であり、偉大な光明を得た稀有な賢者であり、多くの伝統的スピリチュアルな教えで世界的に敬愛されている西洋人です。彼は独自の純粋な形式で自然発生的な講話をおこない、他ではめったに見出すことができない人生の指針をあらゆる人たちに提供しています。

「これは、この世界を超えて、あなたの本質である完全なる幸福の中へ上昇して成長する、稀有な機会です」

ロバート・アダムス（時代を超越した真理を伝える現代の稀有な神秘主義者）

霊的知恵の生きたスピリチュアルな古典である『ハートの静寂』の第五版は国際的評価を得て、世界中で人々の生活を変え続けています。意識を「千の太陽の光」の直接体験で満たすその衝撃ゆえに親しまれているのです。その中では、「現代の聖フランシスコ（イタリアの修道士。フランシスコ修道院を創設。一一八二〜一二二六)」と呼ばれている、何千もの人たちのハートをつかんでいるユニークで愛すべき賢者の個人的経験が、様々な形式の話として分かち合われています。また本書には、生徒たちからの求めに応じた「質疑応答」も含まれており、それ以外にも著者が使う言葉のユニークな意味が、彼自身の正確な言葉で脚注に説明されています。

彼の講話は、生涯にわたる生徒たちのグループから始まり、最後はロサンゼルスでの短期間の聴衆で終わり、その後も一貫して国際的に高い評価を獲得してきました。『ハートの静寂』はロバート・アダムスの深遠で永遠の真理の力と巨大さを伝え、それは真の賢者がもつ途方もなく純粋な知恵を個人的対話で語るという形式で書かれています。彼はしばしば「気づきの父」と呼ばれてきました。また、彼自身のユニークな経験と教えを純粋に保存し、伝えるというただその目的のためだけに、彼自身の団体（インフィニット・インスティテュート）が設立されました。そのおかげで彼の深遠なメッセージは、「想像を絶する自分の内なる美しさ」に覚醒する、来るべき世代のすべての人々に受け継がれていくことでしょう。

シュリー・ロバート（sri はサンスクリット語で神、聖者などの敬称として使われる）は、彼の個人的な経験と妥協のない教えの永遠の真実で輝いています。彼は、人間の前提条件としての伝統的宗教の規律である奥深いやさしさと博愛を尊び、古代の知恵を語る多くの哲学と西洋文化の中で内なる超越的な権威として際立っています。彼は、古来から提唱されている「正しい行為」の規範と常識的な価値観を尊重する態度をもっているので、伝統的宗教に愛され、また「高次のヴィジョンへの上昇」を求める人たちのために精力的に活動し、その知恵を現代的に分かち合っています。彼が示している方法は、日常的に意識を高め、「苦しみがおさまった」明るく輝く永遠の現実を直接体験しながら、地に足をつけて現代生活を生きる方法です。

穏やかで謙虚な口調、やさしさ、そして、無防備で透明なハートは知的能力の低さを示す、と信じられてきた文化の中で、聴衆はすぐに新たな目覚めに驚かされます。この魅力的な先生は古代の聖人や賢人の無限の精神を放射しており、明らかに人類を超えた洗練された雰囲気の中に存在しています。彼は、神学者、大学教授、高官、司祭、著名なスピリチュアルな先生たちからのもっとも複雑な質問や挑戦にも、簡単に、そして、とても深く対応しています。その結果人々は、彼の穏やかな謙虚さと、何かを証明したり、勝利したりすることにまったく関心がないことに改めて驚くのです。彼は人々を分断するのではなく、団結させる霊妙な真理の中へ、彼らを迎え入れます。

✣すべてに対して同胞意識を身につけなければなりません

ロバート・アダムスはヨーロッパ人の母親に深く愛されながら、ニューヨークのマンハッタンで、敬虔で宗教的な子供時代を送りました。そして中学生のある日、彼は拡張された至福の意識（伝統的には「サマーディ状態」と呼ばれる）に突然没入するという、劇的な神秘的状態を経験しました。彼は他の人たちの真のハートを知覚する能力をもつ特別な至福の次元に住んでいました。彼はその時代の有名な二人の聖人を訪ね、彼らはロバートの並外れた意識状態と純粋さを確認し、聖なる現実を彼に伝授しました。その聖人の一人は子供の頃から彼のヴィジョンに登場していた人物、有名なラマナ・マハルシ（インドの賢者一八七九～一九五〇）で、古典的なお宝映画『剃刀の刃』（一九四六年制作のアメリカ映画）で初めて世間の注目を集めました。ロバート・アダムスはのちにスピリチュアルな家系出身の才能ある芸術家と結婚し、それからの四三年間、家庭生活を送りながら、観照と献身の生活を送ることに人生を捧げ、コミュニティやアシュラムを作る要請は拒否してきました。彼は捨て子を何人か養子にし、庭や音楽、動物に囲まれた現代的郊外に住み、古代ヴェーダの戒律に則った伝統的な家庭生活を送り、静かに様々な形で、「他人の苦しみを和らげる」という人道的な目的に貢献しました。

彼が示した現代的な模範は、現代の生活の中でも内なる成長が可能であることを、新鮮に気づかせてくれます。現代的な感覚をもった、驚くほど霊妙な光り輝く平和を彼は放っているので、その経験を共有しようと、様々な信仰の求道者や先生たちが彼に近づいてきました。この穏やかな賢者は、これまであまり知られていなかった彼自身の「慈悲深い自己問いかけ」、「永遠の今」の教えを具体化したものをアメリカの人々に初めて紹介しました。彼の人生の中で、以前はただ無数の解釈でしかなかった、喜びに満ちたヴェーダーンタの真の基盤が完全に開花し、彼はそれを個人的に体現したことで尊敬されています。彼の輝くばかりの楽天的真我実現、陽気さ、純粋なハートは、「純粋な幸福を呼び覚ます」真理を何百年にもわたって謙虚に遵守することから生れる深い文化的モラルだけでなく、真の光明を世界に導入しました。彼は父親のように温かく、「自己問いかけにおいては、愛を忘れてはならない」と私たちに思い起こさせ、真理の愛が自分の基盤であることを強調します。

この神秘主義者はただ、「これは、苦しみを静める啓蒙の教えであり、そのあと純粋な幸福が続くでしょう。これは私の経験でした。あなたが私にそれを分かち合うように求めたのです」と述べています。彼は西洋のキリスト教の伝統も含め、多くのスピリチュアルな偉人たちにしばしば言及し、その中には彼自身の詩と初期の文章、彼自身の素晴らしい経験を語ることも含まれていました。そうやって彼は、真理を純粋に生きるとはどういうことか、という理解と謙虚さを醸し出しています。彼は喜びを伝えながら、自分が話すことを個人的に体現している稀有な権威であり、のちに病気になったときでも、その喜びはさらに大きくなりました。私たちの中でかすかに記憶されているこの喜びは、現実には永遠に存在している私たちの真我の喜びです。

『ハートの静寂』では、私たちは、真の賢者であり神秘主義者であるロバート・アダムスによって、個人的に導かれます。それは、彼自身がおこなってきた日々の実践、彼自身の個人的な瞑想、人類への無私の奉仕、そして、旋律的な形式で伝えられた、彼自身のオリジナルで穏やかな慈悲深い自己問いかけの至福をとおして、おこなわれます。彼の完全で多層的な教えへのこの導入はさらに継続的教授へと続き、一貫して「すべてに行き渡る至福、神の臨在」に浸る内なる高台の上に純粋に存在しながら、現代における変容した人生への道筋を定義しています。この直接的な経験は、「ハートの静寂」、「神のハート」をとおして見出されます。

彼のすべてを包み込むような、異次元の平和と感動的なほどの個人的なやさしさの中で、多くの人は、賢者が愛、慈悲、謙虚さという「三つの美徳」を、究極の光明を加速させる鍵として非常に強調することを発見して驚きます。「自分の本質とは何だと思いますか?」彼は光明の定義にあいまいな部分を残さないのです。「全知全能の愛、神以外には何もありません」。この「ハートの静寂」という文脈の中で、私たちは、物質世界に囚われている一般的人間存在をはるかに超越した高次元の世界から発信される、明晰な指示と個人的な人生の指針を受け取るだけではありません。また私たちは、彼に尋ねられたすべての直接的で豊かな質疑応答も提供されています。その中で彼は、自分に尋ねられた疑問、痛み、課題、個人的な苦しみを冷静に考察し、けっして軽蔑したり、口論的視点から答えたりすることもなく、人間のエゴの偽の厳しさを超えて、質問者のハートが真に必要としていることを察知して、常にやさしく親切に対応します。「あなたの真我の生きた具現となってください」。彼の指示の元で、花びらは見たことのない無謬の力によって開花します。真実を経験した者は愛ある思いやりだけが滲み出ます。彼のやさしさの中にある強さは、この選択を熟考するように、人をハートの内部で深く惹きつけるのです。

彼が話した部屋では、常に陽気な高揚感と輝きが場の空気を満たし、そのとき突然にはっきりとわかる内なる上昇が起こりました。彼の堅実で手堅い指導、そして、子供たち、非暴力、菜食主義に対する伝統的な人生観、愛に満ちたやさしさは際立った深い輝きを放っています。彼は、「喜びが実現した状態」とはかけ離れた、内なる疎外の現代生活に深い理解を示しながら、この一時的世界の中の意味ある人間行動を形成するものは、ハートのやさしさ、他者の苦しみを軽減することだけであることを明らかにします。「ハートを神に明け渡してください」という彼の簡潔な指示は、「神を直接体験することのない単なる頭の知識」を超えて、「想像を絶する内なる美」を個人的に直接体験する歓喜へと人を強力に導きます。

ロバート・アダムスはユーモアと少年のようなキラキラとした柔らかな楽しさを持ち合わせ、伝統的な自己犠牲を深く実践し、人間界を超越し、病気の出現にあっても喜びに満ちていました。そういった彼の自然で洗練された内面の純粋さは、彼といっしょに暮らしていたわずかな人々だけが観察していました。聖者は日々の生活の中で、夜明け前に起きて山登りをしたり、何マイルも歩いたり、海の地平線まで何時間も泳いだり、光を放って静寂の中に座っていたりと、静かで非常に自己規律的な生活を送っていました。彼が発する強力な平和は、心の奥底にある純粋な調和を放ち、それは永遠に私たちを変えるものです。彼は、一人ひとりの宗教や個人的な信仰を、「人がすべてを明け渡せば、人はすべてを受け取る」という光明への有効な道として受け入れています。ラビも司祭も先生も求道者も、毎回、新鮮に発する彼の愛と更新と再生の中で一つになるのです。その愛の前では、地上の愛はほんのささやきにすぎません。「何も現実ではないと言ってはいけません。世界自体は幻想ですが、世界としての神は現実なのです」

何十年にもわたって国際的に出版されてきた現代の本や雑誌には、この道の真のマスター、聖なる知識から話す稀有な人の生きた言葉が掲載されています。「喜びましょう！　真の太陽を輝かせましょう！」本書のこの豊かで完全で、楽しい対話スタイルの形式の中で、至高の愛の中で、極めて現実的で経験的な現実の中で、非常に馴染みのある言葉で、非常に明晰に、すべての質問が投げかけられ、すべての疑問が鎮められ、すべての可能性が永遠に不変で遍在している究極の真実から探求されます。「あなたの存在の実体である幸福」が言葉であることをやめ、私たちの本質になります。そして、白いスーツにディズニーの帽子をかぶって、子供たちに囲まれて時々瞑想しながらすわっていたロバートとともに、彼がずっと伝え続けた真理を突然に思い出すのです。

静寂は幸福です。これらの二つは同じものです。

ジニャーニの告白（ロバート・アダムス）

無限のブラフマンとともに、
自分の内なる存在のアイデンティティに覚醒したジニャーニ（真我に覚醒した人）にとって、
生まれ変わりも移動も解放も何もありません。
彼はこれらすべてを超越しているからです。
彼は自分自身の絶対、存在《サット》－知識《チット》－至福《アーナンダ》の本質の中に定着しています。

彼の肉体と世界の存在はジニャーニには幻想として現れますが、
彼はそれを取り除くことができません。しかし、もはや彼はそれに騙《だま》されません。
彼の肉体の死後、彼は生きていた頃と同じように、
永遠にいるところで、永遠の本質のままで留まります。

すべての存在と物事の第一の原理とは、
形がない、名前がない、汚れていない、時間がない、次元がない、

そして、完全に自由である、ということです。
死は彼に触れることができず、渇望も彼を苦しめることができず、
罪も彼を汚すことができず、
彼はあらゆる欲望と苦しみから自由です。
彼はすべての中に無限の真我を、そして無限の真我の中にすべてを見、
それが彼の存在です。

ジニャーニは自分の経験を次のように告白します。
私は無限で、不滅で、自ら輝き、自ら存在しています。
私には終わりも始まりもありません。
私は生まれず、死なず、変化や腐敗がありません。
私はあらゆる物事の中に浸透しています。
無限の思考と創造の宇宙の中で、

ただ私だけが在《あ》る。

愛するロバートの思い出

私たちの愛するロバートへ

彼は微笑みの中で、すべての教えを伝授してくれました。
「死はありません。遍在する愛だけがあります。始まりもなければ、終わりもありません。ただ無限だけがあります。私は皆さん一人ひとりに気づいています」

ロバート・アダムス

「皆さんは私が死んでゆくと言いますが、私はどこへも行きません。私はどこへ行くことができるでしょうか？
私はここにいます」

シュリー・ラマナ・マハルシ

この地上にロバートがいることは、宇宙の最大の贈りものでした。彼は静寂でした。彼は愛でした。彼は存在そのものでした。彼の素朴さと甘美さが彼の教えでした。彼の広大な理解は、すべてを含み、彼に素晴らしいユーモア、誠実さ、慈悲を与えました。ロバートはあらゆる人の親友でした。彼の存在の中にいると、人は、自分の子供時代にさえそうなれなかったほど、子供のようになります。

無邪気で、ハートが開かれ、自然で素朴。彼を前にすると、何も残されません。何の余地もありませんでした。彼の存在の充満は他のいかなる余地も、マインドも過去も執着も何も残しませんでした。人は彼の恩寵ゆえに、今ここ以外のすべてから解放されました。

彼の底知れぬ広大な目を覗《のぞ》き込んでいたとき、私は尋ねたことがあります。「ロバート、あなたは気にしませんよね?」すると、彼は言いました。「私の目を開き続けておきたいなら、ただ五セント硬貨を置いておけばいいよ」。彼は何と普通で、かつ途方もない人だったことでしょうか！　彼の空っぽさの喜び！　批判、意見がないので、彼は無条件に愛していました。彼の無条件の愛の完全なる喜びは、人のハートを完全に開かせました。どんな感情や思考であれ、それはただ自分自身のマインドからやって来るので、簡単に振り落とすことができるとわかりました。私たちは自由なのです。ただ私たちは自分がそうでない、と考えているだけです。私は尋ねました。「ロバート、私が自由ではないのは、ただ自分がそう考えているからですね?」彼の顔が私の顔に近づき、彼の目はまっすぐに私を見つめ、彼ははっきりと言いました。「あなたがそう考えるからですよ」と。

何を隠すことも、何になることも、何を「する」こともありません。「自由な」関係があり、無条件の愛があります。人知を超えた啓示と理解があります。彼は私たちの苦しみの物語とそこからの脱出を語りました。彼が理解していないことは、何一つありませんでした。もし私たちが彼の言葉、彼の人生、彼の様子、彼の歩き方と話し方、彼の優しい手、彼のユーモア、彼の広大な目を覚えていさえすれば、もし私たちが自分の人生でこのことを覚えていさえすれば、私たちは自由で、彼とともに自由の中にいるのです。というのは、自由が彼の本質だからです。何の名前も形も制限もないもの。自分の真我（本当の自己）を知り、ロバートのあるがままを知って、そこに留まってください。自分の真我を知り、自由であってください！　分離のない自由であってください！　私たちは自由の中にいるロバートを思い出します。彼は自由そのものでしたし、常にそれに留まっています。そして、私たちも自由です。「私は在る」という自由。ロバートはめったに好みをもたず、生とともに流れていました。もう一度言えば、彼はただ私たちに、内側を眺める私たち自身を残してくれただけです。

アーナンダ・デヴィ

✣あなたはけっして死にません

あなたが最初に理解すべきことは、「あなた」が消えたり死んだりするときはけっしてない、ということです。なぜなら、「あなた」が「生まれた」ときがけっしてなかったからです。

意識としてあなたは常に存在してきましたし、これからも意識としてずっと存在します。目覚めたあと、「あなた」が死ぬとき、あなたに何が起こるのでしょうか？「あなた」はどこへ行くのでしょうか？目覚めるとき、あなたは自分がいるところに留まります。どこへも行く場所がなく、戻る場所もありません。あなたはただ在るのです。あなたはあなたの真我であり、遍在です。

ロバート・アダムス

黄金のハートをもつ神秘主義者へのラブレター

最愛のロバートへ

あなたが呼んだので、私は来ました。二人はいっしょに旅をするために一つに融合しました。どんな分離も分割もありません。完全な一体感。私はこれからもあなたのメッセージを広める活動を続けます。あなたがそれを私に要請してくださったことは、私にとって光栄なことです。あなたの姿が目に見えなくても、あなたの存在と私への呼びかけは永遠に私とともにあります。あなたは愛の具現です。

いにしえの真理と道の知的解釈が氾濫する言葉の世界で、自分の直接の経験から完全に即興で語る人を見つけるのは難しいことです。四〇年以上にわたる対話の中で、私は毎日あなたの存在の中で生活してきましたが、私は一度も、あなたが台詞を用意したり、稽古をしたり、聖典を読み上げたり、古の教えから迷ったりしたのを見たことがありませんでした。というのは、あなたの存在が教えの基盤だからです。

あなたの純粋なハート、底意のない誠実さは、ただあなたの言葉を聴くだけで人々の気づきを引き上げる強烈な力を放射しています。何よりも大切なのは、言葉と言葉の間の静寂なスペースに耳を傾けることで、その中であなたは高次の気づきから真理を伝授します。至福が現れるこの静寂のスペースの中で、あなたは四〇年以上も教えてきました。

あなた、シュリー・ロバートには、あらゆる時代の純粋さと光明を持ち合わせたすべての偉大な先生たちと同様に、親切心が個人的に具現化していました。それゆえ、道徳的倫理的なあいまいさがまったくなく、正しい行動に関してただ古の教えに準拠し、明確でした。あなたの真実は超越的であり、常にあなたの本当の経験から自然発生的に起こります。ここに大きな違いがあります。あなたは私たちによく思い起こさせました。「これは乾いた頭の知識ではありません。これは光明への直接的道です」。あなたとともに過ごす運命にある人たちは生涯あなたの中で学びましたし、これからも美しい幸福のサークルの中で、それを続けていくことでしょう。あなたはどのようにしてこの幸福のサークルが「大きなハート」とともに広がり、来るべき世代にまで引き継がれていくのかを描写しました。あなたは愛の具現だったので、あなたの無私、献身と親切心は世界中の多くの人たちの人生を変革し続けることでしょう。なぜなら、あなたがいつも言うように、「本当の愛は変化しない」からです。

そのとおりです。
あなたの生命は永遠の愛の中にあります。

静寂の中にすべてのパワーがあります。
静寂の中にすべての答えがあります。

ロバート・アダムス

1章　私は心から皆さんを歓迎します

オーム、シャンティ、シャンティ、シャンティ、オーム。平和！

皆さんといっしょにいることをうれしく思います。私は心から皆さんを歓迎します。もしあなたがここに講義を聞きに来たとしたら、その理由は間違っています。なぜなら、私は講義をしないからです。また、ここに説教を聞きに来たとしたら、教会は丘の下にあります。私は説教もしません。また、ここに哲学的講演を聞きに来たとしたら、やはりあなたは間違った理由で来ています。私は哲学を論じないからです。もしあなたがここに何も聞きに来ていないとすれば、そのときには正しい理由でここにいます。というのは、唯一の何もなさだけがあり、「あなた」がそれだからです。もっとも素晴らしいスピーチは、静寂の中で与えられます。静寂は雄弁です。言葉はただ言葉にすぎません。それらは飛び去り、ときにはまったく何も意味しないこともあります。私たちが静寂の中にすわるとき、そこに教え全体があります。静かにして、「私は神である」ことを知ってください。

もしあなたが状況に一切反応しなければ、そのときあなたはいつも静寂の中にいます。あなたは市場にいることも、どこにいることもできますが、反応しなければ、いつも静寂の中にいるのです。あなたは洞穴にいることもできますが、もし自分のマインドをコントロールすることを学んでいなければ、あなたのマインドはあなたを狂気に追いやり、あらゆる種類の思考を生じさせます。それゆえ、あなたがどこにいるかは関係ありません。重要なことは、今あなたがいるところで、あなたがどう反応するか、ということです。私は皆さん一人ひとりを、そのありのままに無条件に、疑う余地もなく愛しています。自分に次の質問をしてみてください。「なぜサットサン（真理との交わり）に来たのか？」と。自分にこの質問を尋ねてください。あなたはロバートのつぶやきを聞きに来たのでしょうか？　あるいは、ロバートが講義するのを聞きに来たのでしょうか？　あるいは、ロバートといっしょにすわるために？　もちろん、最後の答えが正しい答えです。あなたは私といっしょに、静寂の中ですわるために来たのです。

静寂の中にすべてのパワーがあります。静寂の中にすべての答えがあります。私たちがしゃべって言葉を使うとき、言葉にはその場所があります。しかし、言葉は実際に何をすることができるでしょうか？　時の始まり以来、話されてきた無数の言葉について考えてみてください。それは私たちに、人類に、世界のために、最終的には何をしてくれるでしょうか？　あなたがベッドから起きて以来、どれほどの言葉をしゃべったか考えてみてください。あなたが口にしたすべての言葉を考えてみてください。こういった言葉は、あなたのために何をしてくれたでしょうか？　言葉は価値がありません。静寂の中にすわることこそ、魔法です。そのとき、物事、素晴らしい物事が起き始めます。平和があなたの元にやって来ます。幸福が自然にやって来ます。喜びもやって来ます。静寂の中にすわるとき、あなたは自分が何かを思い出します。私たちは、自分たちみんなが一つの真我だと見るようになります。これはどういう意味でしょうか？　それは、私たちは分離などしておらず、私たちは一《いっ》なる真我だ、という意味です。私たちは皆、一なる真我なのです。

平和

彼はすべての中に無限の真我を、そして、無限の真我の中にすべてを見、
それが彼の存在です。

ロバート・アダムス

2章　真理の中に留まる

あなたは普通の人ではありません。さもなければ、ここには来ていないことでしょう。

あなたには特別な何かがあります。

あなたはショー、物質的なショー、相対性のショー、
物質主義と相対性を抜け出す準備ができています。

あなたは殻、物質主義の殻、相対性の殻を打ち破る準備ができています。

あなたはその殻を打ち破る準備ができています。

ですから、その殻を打ち破ってください。

マインドは、それが起こるのを阻止するために、あらゆる種類の状況を創造することでしょう。

それは、あなたにあらゆる種類の滑稽なナンセンスを見せることでしょう。

しかし、あなたは今では、これらの物事を変えるパワー、
ナンセンスから現実に移るパワーを、自分がもっていることを知っています。

あなたにはそれができます。
それに働きかけてください。
平和。

一つ、質問させてください。あなたがサットサンに来る目的は何ですか？　なぜあなたはここに来ているのでしょうか？　もしそれが講義を聴くためだったら、あなたは間違った理由でここに来ています。もしそれが娯楽の目的のためなら、それも間違った理由です。もしそれがこの話し手を他の話し手と比べるためなら、それも間違った理由です。あなたが開いたハートをもっていないかぎり（！）、本当はサットサンの集まりに来るどんな「理由」もまったくありません。あなたがハートを開いていれば、現実はあなたのものになることでしょう。それは私個人の現実でもなければ、あなた個人の現実でもなく、人々が「天の王国」、「神の王国」と呼んでいる唯一の現実です。

❖ハートを開いて、あなたの現実を輝かせてください

あなたはすでに**それ**です。しかし、あなたは非常に多くの観念をもっていて、観念でそれを覆い隠しています。あなたがもっている非常に多くの感情、教義、態度によって神性を覆い隠しているのです。ですから、あなたはハートを開いて、あなたの現実を輝かせなければなりません。どうやってそれをすればいいのでしょうか？　それは静寂を守ることによって、独善的な判断をしないことによって、世の中を放っておくこと

によって、です。この世の中には、自分自身や自分の家族の中、世の中や人々の中に正すべき何かが常にあります。しかし経験から、あなたは外の世界を正すことは不可能だということを学びました。正すことは、常にあなたの中で為されるのです。問題を見るのは、小文字のsがついたあなたの小さい自己（self）です。しかし、もしあなたが自分の外側で問題を解決しようとするなら、それはけっして解決されません。真理を知り、自分が何かを理解することが、あなた自身を解決し、あなたに平和と覚醒をもたらすことになるのです。

これがサットサンであることを常に覚えていてください。それは講義でも説教でも、スピーチでもありません。それはロバートが、弟子や生徒のグループといった、あなたが自分自身を呼びたいものが何であれ、それに対して話しかけているのではないのです。ここでは意識が意識に対して話しています。そして、意識は唯一のものなので、実際はあなたが、私が話していることを話しているのです。あなたは、私が感じていることを感じています。一つであること、絶対的現実だけがあり、あなたが**それ**なのです。このことを覚えていてください。意識があります。あなたが自分を何だと思っているのであれ、男であれ、女であれ、また自分の名前が何であれ、そのことをしばらくの間、忘れてください。そして、自分自身を遍在し、すべてに行き渡っているものとして考えてください。

それを疑わないように。それを分析しないように。ただそれが乗っ取ることをゆるしてください。それが唯一の存在、唯一のパワーです。それはあなたのハートから始まり、あなたの肉体を通じて広がり始め、あなたの体を包囲します。あなたの肉体はそれと融合し、それはさらに広がり続け、ついにはこの部屋の全員がそれになります。私たちはもはや人間ではありません。私たちはそれになりました。それはどんどん拡大し続け、ついには全世界がそれになります。それはさらに拡大し続け、最終的には、全銀河、惑星、星々、太陽系がそれになります。それはどんどん拡大し続け、ついには全宇宙がそれになります。もはやそれから分離しているものは何もありません。あらゆるものがそれです。私たちはそれを「意識」と呼ぶことも、「真我（本当の自己）」と呼ぶことも、「絶対的現実」と呼ぶこともできます。これがまさにそれです。これがあなたの本質です。

あなたは今、何を感じていますか？　あなたのすべての独善的信念、自分の肉体や他人に関するすべての感情、既成概念を手放してください。自分のマインドが空っぽになることをゆるしてください。私はそれ、純粋な気づきであることを感じてください。私は常にそれでした。私がそれでなかったことは、一度もありませんでした。肉体の外見は、もはや私を欺《あざむ》くことはできないのです。世界とそのすべての現象は、もはや私を欺くことはできません。惑星と銀河と太陽系をもつ宇宙も、もはや私を欺くことはできないのです。私はこれらの物事を源泉まで見通すことができます。私は源泉を感じることができます。なぜなら、私がその源泉だからです。私は常に源泉でした。私がそれでなかったことは、一度もありませんでした。

思考に関していえば、それらは存在していません。それらはもはや私を煩《わずら》わせませんし、私の人生をみじめにもしません。「他人」ということに関していえば、「他人」は存在していません。ただ源泉だけがあるのです。私はもはや騙されることはできません。私の人生に今まで起こったことで、私を傷つけるものは何もありません。私はあらゆる人とあらゆることを許し、特に自分自身を許します。私は唯一のパワーであり、存在であり、栄光です。もし私が**それ**であるなら、あらゆる他の人もそうなのです。

すべてはうまくいっています。

3章　目覚める

日光が差し込み
マインドが静まる。
静寂、平和
まったく何も動いていない。

小石一つ、この水溜りには落ちることがない。
さざ波一つ広がることがない。
穏やかな鏡の湖。
思考に触れられず、
静寂さが岸辺に佇《たたず》んで、眺めている。

太陽が現れる。
純粋な光線が
マインドの風景を飲み込み、
そして、消滅した場面で
鳥たちが全人類のために歌う。

✣霊的目覚め

あなたがなぜここにいるのか、その目的を忘れないようにしてください。絶対の領域では「目的」などないというのが真実です。宇宙には「存在のための目的」は何もありません。絶対の領域においては、あなたは「存在のための目的」をもっていません。しかしあなたが、自分は一個の肉体である、マインドであると信じているかぎり、あなたの目的は、「目的なし」になることです。あなたは自分のエネルギーを、何もないものになることに費やしています。しかし、あなたが何もないものにまだなっていない（！）ときは、「自分は何もないものである」と信じてはいけません。

自分自身に正直になってください。毎日、自分が人生の状況にどう反応するかによって、自分がどのあたりにいるかを見てください。人生の苦境に自分がどう反応するかを見ることで、あなたがどのあたりにいるかがわかります。人生はあなたに多くの苦境を提供することでしょうし、それらを正しい視点で眺めるかどうかは、あなたしだいです。けっして恐れないように、そして、けっして何かが間違っている、と信じないでください。ただ、自分は一個の肉体であると信じていても、あなたは一人ぼっちではないことを常に知っていてください。

✣愛、慈悲、謙虚さを育成し、成長させましょう

常にあなたといっしょに純粋な気づきがあります。それはあなたが、「自分が一個の肉体ではなく、アートマン、ブラフマン、絶対的現実と呼ばれている神霊《スピリット》である」と認識し、理解するのを待っています。これがあなたの本当の姿であり、本質です。あなたは私が事あるごとに、愛、慈悲、謙虚さについて語るのを聞きました。これらの三つを理解することは非常に重要なことです。それらは育成され、成長しなければなりません。

あなたが愛、慈悲、謙虚とは本当に何かを理解するとき、
そのとき生きた真理の具現となります

そして、真我があなたのエゴをハート・センターに引き入れることで、あなたは解放され、自由になるのです。

✣これが私の経験です

私がこれらの事柄を皆さんにお話しするとき、自分自身の経験を参照しています。ですから私は何度も、私の言うことを一言たりとも「信じない」ようにとは言いますが、でも同時に私が言うこれらのことを、軽く受け取らないでください。それは矛盾に聞こえますが、そうではありません。あなたは私の言うことを一言たりとも信じてはいけないにもかかわらず、同時に私が言うことを省《かえり》み、熟考しなければなりません。最高の真理の生きた具現になるよう努めてください。

私がスピリチュアルな目覚めを経験したのは、一四歳のときでした。この肉体は教室にすわって、数学のテストを受けていました。突然、私は自分自身が拡大するのを感じました。私はけっして肉体を離れたのではありません。そのことは、そもそも肉体はけっして存在していなかったことを証明しています。私は肉体が拡大するのを感じ、輝くばかりの光が私のハートから出て来始めました。

私は、あらゆる方向にこの光を見始めました。私は周辺のヴィジョンをもち、この光は実際のところ私の真我でした。それは「私の肉体と光」ではありませんでした。それらは二つに分かれていたのではありませんでした。どんどん明るくなる光、何千もの太陽の光がありました。私は自分がパリパリに焼けてしまうだろうと思ったものです。しかし、残念なことに、私はそうなりませんでした。

生徒　テストはどうなりましたか？

ロバート　私はまだテストを始めていませんでした。私はこの輝く光の中心でもあり、周辺でもあったのですが、それは宇宙すべてに拡大し、私は惑星、星々、銀河を自分の真我として感じることができました。そして、この光はあまりに明るく輝き、それにもかかわらず、美しく、至福で、言語に絶するもので、描写不可能でした。しばらくすると、光が消え始め、暗闇もありませんでした。ただ、光と暗闇の間の場所、光を超えた場所がありました。あなたはそれを「虚空」と呼ぶこともできるでしょうが、それは単なる虚空ではありませんでした。それは、私がいつも話しているこの純粋な気づきでした。私は自分が、「在りて在るもの」であることに気づきました。私は同時に全宇宙であることにも気づきました。時間もなければ空間もなく、ただ「私は在る」だけがありました。

それから、すべてがいわば普通に戻り始めました。私はすべての惑星、銀河、地球上の人々、木々、花々、あらゆるものは無数のエネルギーであり、自分があらゆるものの中にいることを感じ、理解しました。私は花でした。私は空でした。私は人々でした。その「私」はあらゆるものでした。あらゆるものがその「私」でした。「私」という言葉は、全宇宙を含んでいました。

✣愛、慈悲、謙虚さ

私が言わんとしていることの核心はこのことです。つまり、私は愛と慈悲と謙虚さをすべて同時に感じました。それは実に描写不可能でした。それはあなたが知っている愛ではありません。あなたが本当に愛しているる何かや、全身で愛している誰かのことを考えてみてください。そして、その愛を何十兆倍に拡大してみてください。そうすれば、私が何を話しているかが理解できることでしょう。

この特別な愛は、この地球上で今まで意識的に存在してきたどんなものとも似ていません。あなたがそれと比較できるものは何もありません。それは二元性を超え、観念を超え、言葉と思考を超えています。私であったその「私」は、あらゆるところに浸透し、他の何かが存在する他の場所はありませんでした。他の何のための余地もありませんでした。なぜなら、空間も時間もなかったからです。ただ「私は在る」だけがあり、それは常に存在していて、自己充足していました。あらゆるものへの愛は真我の愛でした。だから聖典は、自分の兄弟姉妹を愛し、あらゆる人を愛し、あらゆる状況の中であらゆることを愛するように、とあなたに言うのです。

この愛は区別できませんでした。それは、「あなたはいい人だから、私はあなたを愛します。あなたは悪い人だから、私はあなたを愛しません」とは言えませんでした。あらゆることは、私の真我[*1]として進行していました。

この愛は、別の言葉で言えば、慈悲でした。この信じられないような素晴らしい慈悲がありました！　あらゆるもののために！　というのは、あらゆるものは真我であり、「私は在る」だからでした。何の違いもありませんでした。あなたが「自分」と呼ぶような、「自分」も様々な物事もありませんでした。たった一つの表現だけがあり、それが意識でした。もちろん当時、私はこういった言葉を理解していませんでした。当時は、今私が話しているような言葉はありませんでした。私はただ、起こったことをできるだけわかりやすく話し、言葉を使って説明しようと最善を尽くしていますが、不可能です。

人々があらゆる惑星上で、宇宙を通じてやっているすべてのゲームは、本当は真我なのです。それはすべて真我であり、私は真我以外何も存在していないことを理解しました。これらのすべての物事、多様な惑星、銀河、人々、動物はすべて実際に真我でした。再び言えば、これを描写できるような言葉はありません。私はこうした多様性は存在[*2]しないことを感じ、知っていました。それらは存在していません。真我だけが、意識だけが、純粋な気づきだけが存在しています。しかし、同時に創造が存在していました。それにもかかわらず、創造はありません。私たちはこれを人間の形態では理解できません。私たちが自分の脳で考えるかぎり、これは理解不可能です。どうやって人々は、瞬間的にお互いをともに創造することができるのでしょうか？　創造が進行していて、でも創造はまったく存在していなかったのです！　どんな創造も起こっておらず、でも創造が起こっていました。まるで「狂人」の思考に聞こえますね？　でも、それが普通に見えました。何もなく、同時にすべてがあるということに関して、奇妙なことは絶対的に何もありませんでした。

✣偉大な慈悲――素晴らしい謙虚さ

ですから、この偉大な慈悲がそこにありました。私はあらゆるものだったので、その慈悲はあらゆるもののためにありました。何も排除されていませんでした。というのは、物事は本当は真我だったからです。そして、この素晴らしい謙虚さがありました。愛、慈悲、謙虚さはすべて同義語でした。私は、何が起きていたのか、ある程度あなたが理解できるように、かみくだいて説明しようとしています。謙虚さとは、どんなことも変えないためにそこにありました。あらゆることは、ただそのあるがままで正しかったのです。惑星たちが爆発し、新しい惑星が生まれつつありました。太陽が蒸発しつつあり、新しい太陽が生まれつつありました。太陽から惑星が生まれ、それから惑星上で生命が始まりました。これらすべてが同時に瞬間的に起こっていました。それにもかかわらず、何もまったく起こっていませんでした。それゆえ、謙虚さとは、あらゆることはまったく問題なかったということです。

私が変えなければならないことは何もありませんでした。私が矯正しなければならないことも、何もありませんでした。ガンで死にかけている人たちは、彼らにとってふさわしい場所にいますし、誰も死にませんし、ガンというものもありません。[*3] 戦争、人間による人間に対する非人道的行為、それらもすべてその一部でした。もし善の反対がなければ、創造はありえません。創造が起こるためには、正反対のものがなければなりません。悪人と善人[*4]がいなければならないのです。

私はこれらのことすべてを理解することができました。次に私が覚えていることは、数学の先生が私を揺り起こしていたことでした。私は教室にただ一人だけ残っていて、皆はすでにいなくなって、終業の鐘はなりましたが、私はまだ数学のテストを始めてさえいませんでした。もちろん、私は盛大に零点を取りましたが、こういった感情や理解はけっして私を離れることはありませんでした。そのとき以来、私の人生はまったく変わってしまったのです。私はもはや学校にも自分の友人たちにも関心がなくなりました。こういった私の経験に関しては、これ以上続けても仕方がないので、ここでやめます。

私が言わんとしている核心は次のことです。もし覚醒の最終的結果が、愛、慈悲、謙虚さであるなら、私たちがこういった質を今、成長させたらどうか、ということです。

私の言っていることがわかりますか？　もしあなたが独善的判断もなく、例外なくあらゆるものへのこの愛、この美しく楽しい愛を発展させることができ、非難なくあらゆるものへの偉大な慈悲をもつとしたら、あなたは一つのものへは慈悲をもって、別のものへはもたないということはできないはずです。そしてもちろん、そこには謙虚さがあります。謙虚さとは、私たちが物事を正したり、仕返しをしたり、自分の権利を守ったりしようとしなくてもいい、ということです。というのは、実際、それをする人が誰も残されていないからです。もし私たちがこういった局面に働きかければ、そのことは私たちの意識のレベルを引き上げ、私たちを自由にしてくれることでしょう。

このことをあなたは考えるべきです。私たちは世界を放っておくことを学ばなければなりません。私たちはあまりに政治、家庭生活、仕事、その他の物事に関わりすぎているので、この惑星で肉体の中に留まって長々と生きなければならないことをただ忘れています。私たちはすべての時間で何をしているのでしょうか？　私たちは実際には「存在しない」出来事、意味のない物事のために時間を費やしているのです。

あなたが劇場で演劇に出演中だと想像してみてください。あなたは自分の役を演じていて、かつ自分が役を演じていることに常に気づいています。あなたは本当はその人ではありません。それはあなたが演じている役にすぎません。それとは反対に、今あなたはある役を演じていますが、自分が役を演じていることを忘れてしまっています。あなたは、自分の肉体がどう見えるのか、どう現れるのか、それが何をするのか、何を獲得するかなど、そういったことが「現実」だと思っています。あなたはすべてのエネルギーを、役を演じるというゲームに費やしています。これは実にエネルギーの無駄です。もし真我を発見することにだけ自分のエネルギーを使えば、あなたはけっして失われることはありません。そしてあなたは、愛、慈悲、謙虚さの質を成長させることで、これを実現することができるのです。

✣愛、慈悲、謙虚さに取り組んでください　ただ自己問いかけだけをやらないでください

あなたが取り組まなければいけない別の方法もあります。あなたが自己問いかけに取り組んでいるとき、同時に愛、慈悲、謙虚さにも取り組んでください。しばらく自己問いかけを実践したのに、それから世の中に否定的に反応して、自分の感情が傷つけられる、といったことがないようにしてください。自分の真我であってください。夢から目覚めてください。もう演じることを拒否してください。自分を一日中眺めてください。自分がする物事、考える思考、感じる感情を見てください。あなたがどんな状況を経験していても、あなたの人生で何が起こっていても、何の違いもありません。重要なのは、あなたの内部で起こっていることです。

カルマ的に言えば、あなたはカルマ的経験を通過するために、肉体としてこの地上に置かれています。それゆえ、あなたが経験している経験は、マーヤー（幻想）、カルマの一部です。これらについて考えてはい

けません。これは重要なことです。あなたはこれを振り落とさなければなりません。それを放っておいてください。何事もあなたに起こりえないことを、あなたが知りさえすればいいのに、と私は思います。あなたが生まれたことは一度もありませんでしたし、死ぬことも一度もないでしょう。あなたはいつも生きていました。あなたは意識です。あなたは常に存在していました。自分の存在と一体化してください。何もない存在と融合してください。

❖「世界を放っておく」ということで、私が言わんとしているのは、自分のマインドの中でより高い思考を楽しむということです

私はこのことを何度も何度も皆さんに伝えます。世の中を放っておきなさいと。私が世の中を放っておきなさいと言うとき、何を意味しているかを覚えていてください。私が言っているのは、あなたが意図的に、意識的に世の中をどうやって放っておくかの計画を立てるべきだ、ということではありません。あなたはそんなものに従って生きることはできないでしょう。私が世の中を放っておきなさいというその意味は、マインドの中で高い思考を楽しみなさい、ということです。

常にマインドの奥で、「私はこの肉体ではない。私は行為者ではない。私はこのマインドではない」と考えてください。これを感じてください。それを深く感じてください。それについてよいとも悪いとも感じないでください。自分の人生を引き延ばそうとしないでください。それはエネルギーの無駄です。あなたが「自分の人生」と呼んでいるものは、それ自身の世話をすることでしょう。それは何をすべきか、あなたよ

りもよく知っています。肉体や肉体に関する様々な事柄、肉体の中で進行していることについての私たちの理解は限られています。自分の肉体に何かを押し付けようとしないでください。あなたの肉体はやるべきことをもってここに来ていますから、それが何であれやることでしょう。それは何をするべきか知っています。それと自分を切り離してください。もちろんあなたは、「誰にとってこの肉体はやって来ているのか？　誰がこの肉体をもっているのか？」と問うことで、それをすることができるでしょう。そして、静寂の中に留まってください。

今夜ここにいる多くの人たちは大きな進歩をとげています。私は、本当に到達しつつある多くの皆さんに話してきました。私は「到達する」という言葉を非常にあいまいに使っています。もちろん、到達すべき場所はどこにもありません。でも私は、あなたが自分自身を放っておくことを思い起こさせるために、こういう話し方をしなければなりません。皆さんの中には時々苦痛の中にいて、「私は苦痛から解放された人生を送りたい。それゆえ、私は自分自身にこういうことをしなければならず、そうすれば、私はその苦痛を感じなくてもすむ」と言う人たちがいることを、私は承知しています。でも、こういう考えは本当は間違っています。ただその苦痛をもっているのは誰かを、理解すればいいだけなのです。誰にとってその苦痛はやって来るのか？　その苦痛をもっているのは「私」です。

それでは、その「私」とは何か？　もし「私」が苦痛をもっているなら、その意味とは、こういった物事を考えているその人は、その苦痛をもっていないという意味です。というのは、「私」がその苦痛をもっているからです。あなたは苦痛から解放されています。なぜなら、あなたはその「私－思考」ではないからです。今、私たちが話し合っている「私」は、思考であり、苦痛をもち、生まれた経験をもち、死ぬ経験をもち、問題をもつという経験をしている「私－思考」です。こういった物事を経験しているのは、その「私－思考」であって、あなたではありません。

✣愛、慈悲、謙虚さは目覚めをより早くもたらします

あなたは、自分にとって重要な唯一のことは、自由になること、解放されることだと強く決心し、あなたを束縛する他のすべてのことを手放さなければいけません。ですからあなたは、愛、慈悲、謙虚さに取り組まなければいけないのです。なぜなら、もしこれが目覚めることの最終的結果なら、あなたがこれを最初にやれば、目覚めはより早く起こるからです。

私がこうして話している間も、皆さんの中には、自分の肉体のことを考え、自分のマインドのことを考え、自分の仕事のことを考えている人たちがいます。こういったことがあなたを引き留めます。自己問いかけを通じて思考を破壊して、自由になってください。戦わないでください。恐れないでください。

観察し、眺め、よく見て、しかし、反対とか賛成といった意見をもたないでください。人々の中には、もしこういうふうに行動したら、自分が世の中で機能することができないだろうと思う人たちがいます。あなたは機能します。常に覚えておいてほしいことは、肉体という見かけがあり、それはある種のことをやりに

ここに来て、やるべきことになっている物事をやるということです。それはあなたとは絶対的に何の関係もありません。これは面白いことです。実際私は自分の真我に話しかけています。なぜなら、たった一つの真我しかないからです。ですから、なぜ私は自分の真我に話しかけているのでしょうか？　私は気が狂っているにちがいありません。私があなたに話すとき、たびたびこういったすべてを説明しながら、こういったすべてについて話しながら、笑いをこらえなければならないことがよくあります（笑）。なぜなら、あなたはすでに自由で、すでにこういった物事を知っているからです。時々私たちは、幻想に引き込まれてしまいます。というのは、本当は何もないからです。私たちが神について話すとき、何もないものについて話しています。神は何もないものです。その何もないものとはあなたのことです。

私たちが学んだり、本を読んだりするとき、もっと深く幻想に巻き込まれています。なぜあなたは真我となって、目覚めることができないのでしょうか？　なぜあなたはこういったすべてのことを経験しなければならず、こんなふうに私にすわらせて自分に話をさせているのでしょうか？　もし私が皆さんに話をしなくてもすむなら、私が他に何をすることができるだろうか、ちょっと考えてみてください（笑）。私は、『テイルズ・フロム・ザ・クリプト』（Tales from the Crypt：アメリカのテレビドラマ・シリーズ）を見ていることでしょう！（さらに笑い）。すべてはうまくいっています。

✣真我は愛、慈悲、謙虚さです

生徒　ロバート、私はあなたの言うことに異を唱えようという気はなく、まったくその反対なのですが、ただあなたは私たちに、愛、慈悲、謙虚さといった質を成長させる努力をするように言い、またそれらをあなたは理解を超えたものとも描写しました。どうやって私たちは、自分たちが理解できない何かを成長させることができるのでしょうか？

ロバート 簡単です。ただ真我であってください。あなたが真我であるとき、思考はゆっくりとあなたに起こるようになり、最後にそれらは止まります。あなたのマインドの中で思考がしだいに速度を落とし、やがて消え始めるとき、あなたは自動的に愛情深く、慈悲深くなり、謙虚さを成長させます。言い換えるならば、あなたがより早く思考を取り除けば取り除くほど、これらの他の物事、他の質がやって来ます。ですから、自分の思考を止めるという問題です。この世の中のあらゆることを善と悪、正しいことと間違っていると見るのは、思考です。思考が静まり始めるにつれて、愛は自然にやって来ます。慈悲も謙虚さもそれ自身でやって来ます。

もう一度言えば、私たちは「考える」ことをやめなければなりません。

＊1――真我（Self）とは、内なる神のことです。
＊2――「存在している（existing）」と私が言うとき、本質的に変化しないものに言及しています。
＊3――もちろん、真に覚醒している人は人類の苦しみを軽減することに献身しています。これは単に内なる理解です。
＊4――私は究極の真理から話しています。あなたが本当にこれらの物事を理解しているとき、善性にしがみつき、やって来る好ましくない影響を軽減するようにしてください。

4章　意識

意識とは、一つの物ではありません。
あなたはそれを描写することはできません。
それは世界と正反対のものではありません。
そして、それは一つの対象物ではありません。
それを見る人は誰もいません。

意識とは、存在することを言い換えたものです。
何の存在でしょうか?
何もない存在です。

✣あらゆるものは意識です 意識は愛、至福です

あらゆることが意識です――あらゆることです。あなたが意識とは何かを尋ねるとき、正当な答えはありません。もしあなたが私に本を書いてくれとか、講義してくれと頼むなら、私は意識を五〇もの言葉で説明しなければいけませんし、そうするとそれぞれの言葉を説明するのに、また五〇の言葉が必要になり、それからまたその言葉を説明するためにさらに五〇の言葉が必要になり、そうやって一冊の本が書かれます。しかし、その本は何を伝えているのでしょうか？ 私はそのページの真ん中に、「あらゆるものが意識である」と、私は一ページで書くことができたでしょう。こういうわけで、私は本を書かないのです。なぜなら、何も「言う」べきことがないからです。どれほどややこしいか、わかりますか？ あなたは一週間の間に非常にたくさんの本を読みます。たいていあなたは読んだことを覚えていません。もし覚えているとしたら、それは知識としてです。あなたは誰かの言葉を利用しているだけで、自分自身の経験を得ていません。

私は意識とは何であるのかを知りませんが、私は「**それ**」です。もし私が意識とは何かを知っているとしたら、私が知っていることは意識ではないでしょう。なぜならそのとき、私は言葉を声に出して言っていることになり、その言葉は、まさに言葉を声に出すことによって制限されるからです。ですから、意識とはどんな物でもありません。それは、あなたがピンで留めたり、描写できたりするものではありません。それは、

あなたが本に書けるようなものではありません。意識とは「静寂」です。私は、意識は絶対的現実だと言うときもありますが、それはさらなる言葉であり、今度私は、絶対的現実とは何かを説明しなければなりません。意識とは、究極の一つであること、純粋な知性です。意識はこれら全部です。しかし、これらの物事とは何でしょうか？　再び言えば、それらは単なる言葉です。

ときには私は、意識は愛、至福、サット－チット－アーナンダ（存在－意識－至福）、知識、存在、実存だと言います。これらもまた言葉にすぎません。そして、あなたはこの言葉からいい感情を得ますが、それらの感情は長続きしません。なぜなら、あなたはその言葉を消化していないからです。あなたはまだ意識の生きた具現となってはいません。

✣私はあなたの真我について言及しています

あなたは人類の資源であり、自分の真我の資産であり、神の財産です。あなたは今あるがままで素晴らしい人です。ただあなたのそのあるがままで！　自分の見かけで判断しないようにしてください。自分自身を批判してはいけません。あなたは今あるがままで素晴らしい人です。私があなたのあるがままと言うとき、私はあなたの真我、意識に言及しています。

あなたはそのあるがままで美しいのです。あなたが考えるあなたのことでも、そう見えるあなたのことでもありません。世の中があなたに示すあなたのことでもありません。ただ今、現在のあるがままのあなたのことです。

勇気をもってください。これ以上恐れないでください。何もあなたを傷つけることはできません。この世の中で、実際にあなたに対して何かできるものは何一つありません。あなたは自由なのです！　あなたはすべての存在の実体です。あらゆることは意識上のイメージです。全宇宙、すべての惑星、すべての銀河は意識上のイメージです。そして、あなたがその意識なのです。自分の真我を知って、自由になってください！

世界に平和をもたらす唯一の方法があります。自分自身に平和をもたらす唯一の方法があります。問題を克服する唯一の方法があります。自分自身を発見する唯一の方法があります。その方法とは、あらゆることが意識であることを理解することです。

私が言うことは、何を意味しているのでしょうか？　たとえば、この部屋の中のあらゆるものを例にとってください――ガラス、ランプ、椅子、長椅子、絨毯《じゅうたん》、蛍光灯、そして、あなたの肉体があります。でも、それらは現実ではなく、意識なのです。私は、意識がこれらを生み出した、最初に意識があり、これらが意識から出て来た、と言っているのではありません。反対に、私が言っていることは、起こるように見えること、あなたが耳で聞くこと、口で味わうこと、手で感じることが意識だ、ということです。

❖あなたはそう見える外見ではありません　至福があなたの本質です

意識と呼ばれる存在の実体があります。この意識に対する別の名前は至福です。それはすべてに行き渡っています。あなたがそれと融合するとき、それはあなたになります。それがあなたの本質です。それは自己充足しています。世界、宇宙は、そこから出て来たのではありません。繰り返しましょう。世界は意識の変形であり、私たちは意識へ戻らねばならないという教えがあります。しかし、戻るところはどこにもありません。意識は純粋な気づきです。それは、絶対的現実としての自分自身に気づいています。世界は鏡に映るイメージのようなものです。そのイメージはどこから来るのでしょうか？　どこからも来ていません。なぜなら、それは本当には存在していないからです。

あなたは鏡のイメージを摑むことはできません。というのは、あなたは鏡を摑んでしまうからです。あなたが目覚めるとき、自分が鏡であることを理解します。世界のイメージは、蜃気楼の中の水のようなもの、ロープがヘビに見えるようなもの、空が青いようなものです。なぜそれは起きるのでしょうか？　それは起きていません。見かけ上、起きているように見えるだけです。なぜ見かけ上、起きているように見えるのでしょうか？　それは起こっていません。見かけ上、起こるように見えるだけです。なぜ見かけ上、物事が起こるように見えることが、起こるのでしょうか？　見かけ上、物事が見えるように、ただ見えているだけです。こんな具合に一晩中でも続けることができます。あなたはそう見えるものではないことを、人間のマインドで理解するのは難しいことです。あなたはそう見えるものではありません。それは二元性ではありません。私が伝えようとしていることを覚えていてください。意識と世界があるのではありません。ただ意識だけがあり、あなたがそれです。確かに、逆説であり、矛盾です。あなたがその逆説で、その矛盾です。あなたはそう見えるものではありません。あなたはあなたが見るものではありません。この世の中の何一つ、この宇宙の何一つ、そう見えるものではありません。

✣意識——現実のスクリーン

では、意識とは何でしょうか？　私たちは、意識とはそれ自身を知るパワーだと言うことができます。それは自己充足している絶対的現実です。言い換えれば、意識以外の何も存在していません。意識とあなた、あるいは、意識と世界があるのではありません。ただ意識だけがあります。意識とは現実のスクリーンであり、全宇宙のすべてのイメージが現実のスクリーンに重ね合わされている、と言うこともできるでしょう。

あなたが映画館へ行き、映画を見始めるとき、そのスクリーンはイメージに覆われています。あなたはスクリーンを忘れ、そのことをもはや考えません。あなたはイメージを眺め、イメージと一体化し、映画を楽しみます。スクリーンはあなたから遠く離れています。しかし、そのイメージを摑もうとしたら、あなたは何を摑むでしょうか？　イメージではなく、スクリーンを摑みます。イメージはけっして存在したことがないので、あなたはスクリーンを摑むことになります。そして、私たちに関しても同じことです。私たちは、自分が人生のスクリーンに重ね合わされたものだということを忘れています。そして、私たちは本当はスクリーンであり、それが意識です。私たちは多くの転生を通じて、自分はそのイメージであり、一人の人であり、また他人がいて、この世の中に戦って得るべき永遠の物事があると信じます。しかし、こういう物事は偽物だ、と私はあなたに言います。イメージは蜃気楼の中の水のようなもの、ロープがヘビに見えるようなもの、空が青いようなものです。しかし、空もなければ、青い色もありません。ヘビが本当はロープであることを発見するとき、それは二度とあなたを恐がらせることはないでしょう。あなたが蜃気楼の中の水を追い求めれば、失望し、砂を摑むことになります。言い換えるなら、それらは視覚的幻想なのです。皆さん、宇宙とは視覚的幻想です。

あなたが夢を見ているときのように、それは夢にすぎません。しかし、「あなた」が夢を見ているかぎり、誰もその夢が夢だとあなたに言える人はいません。あなたは常に自分の権利を主張し、言います。「これは夢ではありませんよ。今、ロサンゼルスでは、暴動が起き、火事が起き、人々は殺されています。どうしてこれが夢だなんて言えるのですか？」と。

しかし、あなたが自分の夢から目覚めるとき、夢はけっして存在しなかったのです。それはあなたから出て来て、またあなたの中に戻って行きました。そのことを熟考してください。その夢はあなたから出て来て、それ自身を外部化しました。その夢はまったく制限されていませんでしたね？　あなたはただ一つの場所にいることを、夢見たのではありませんでした。あなたは全宇宙について、あらゆる種類のことが起こることを夢見ました。あなたは飛行機に乗ってアフリカへ行き、ベルギー領コンゴへ行きました。あなたは幼い少年、少女でしたが、成長しました。これすべてがあなたの夢の中にあります。あなたは自分の夢のために戦い、自分のその夢の中で自分の権利のために戦い、殺人さえ犯します。それにもかかわらず、あなたが目覚めると、夢は消えてしまいます。夢はけっして存在しませんでした。

皆さんが真理に目覚める日がいつか人生に起こることを、私は確信しています。私たちが生きているこの世界も同じことです。まったく何の違いもありません。あなたは死すべき夢を生きています。そのため偉大な賢者たちは、起こっていることではなく、意識、絶対的現実と一体化しなければならない、と私たちに教えてきました。私たちがもつ唯一の自由は、どんなことにも反応せず、内側に向き、真理を知ることです。

でも、どうすればこれが可能になるのでしょうか？　私たちはお互いを見ます。私たちはこの世の物事を見ます。私たちは苦痛を感じ、悲しみを感じます。私たちは幸福を感じ、喜びを感じます。それにもかかわらず、こういったことは存在しない、と私はあなたに言っているのです。ただ意識だけが存在します。あなたがこれを経験するときだけ、知ることができます。すると、あなたは言います。「ロバート、これはあなたにとってはいいことでしょう。でも私についてはどうでしょうか？　私は世界を感じ、すぐに傷つきます。私は敏感で、物事は私を煩わせます。私は世の中の非人間的行為を見て、泣きます。私は世界でこういったひどい物事が進行しているのに気づき、そのせいで悲しくなります。それなのにあなたはどうして、こういう物事が存在しないなどと言えるのですか？　毎日こういったすべての物事が私に迫っているときに、どうしてあなたはただ意識しか存在しないなどと言えるのですか？」と。

❖自分の真我に深く潜り込んでください

まさにそこです。あなたは世俗的物事に背を向ける覚悟をする必要があります。自分の真我の内部に飛び込む準備をする必要があります。真我の中に潜り込むのです。そして、しばらく世界をある種「無視する」

のです。だからといって、このことはあなたが何かを放棄しなければならない、という意味ではありません。それが意味することは、あなたが日常の雑用をやっているとき、この世の中で自分の仕事をやっているとき、あなたは単に時々、あらゆることは意識であることに気づくだけでいいのです。

私が話しているこういったことにただ気づくだけで、あなたは目覚めます。あなたは自由になります。ただ気づくだけで。朝、目が覚めたとき、「あらゆることは私には現実に見えるが、しかしすべては意識である。あらゆることが意識である。意識はスペースであり、選択のない純粋な気づきである」ということを考えてください。

❖意識――すべての存在の実体

もう一度尋ねます。意識とは何でしょうか？　私たちに言えるのは、意識とはすべての存在の実体だということです。物質の出現の段階で、ある物体をもっとも微小な断片に分割すれば、分子を得ることでしょう。それはこの地上のあらゆる物体、人間であれ、椅子であれ、木であれ、ネコであれ、当てはまることであり、あらゆるものは分子に戻ります。さらに分子を分割すれば、原子を得ることでしょう。私が原子と言うとき、あなたはそれらがどれほど小さいか、想像することさえできません。一つの針の先の上に、七百万の原子が乗っています。あなたが原子のことを考えるとき、それは信じられないものです。でも、私たちはそれらが存在していることを知っています。なぜなら、電子顕微鏡を通じて、それらを見ることができるからです。さらに、原子を分割すると、原子よりもさらに小さい亜原子粒子を得ます。

✣ エネルギーの波の段階は、瞑想の中で到達されます

私たちは原子や亜原子粒子について議論したり、語ったりすることはできません。なぜなら、それらはただただ驚くべきものだからです。全宇宙がこれらのものから成立しています。さらに、あなたは亜原子粒子さえも分割し、エネルギーの波を得ます。科学者は、全宇宙が無数のエネルギーの波から構成されている、と私たちに教えています。私たちにはそれが見えませんが、でも偉大な賢者たちは瞑想の中でその段階へ行ったことがあります。次に述べることが肝腎なことです。つまり、そのエネルギーの波が解消されると、仏教徒たちが語っている無、虚空を得るのです。マインドがない状態、ニルヴィカルパ・サマーディ（観念を超越した歓喜）。それは虚空と同じことです。そして、虚空を超えると、意識を得ます。

✣ 広大なスペース――何もないもの

あなたはこれをどうやって科学的に証明することができるのでしょうか？　もしあなたが巨大な電子顕微鏡を手に入れて、自分の体をその顕微鏡の下に入れて調べたら、巨大なスペースを見ることでしょう。そして、原子と原子の間は巨大なスペースによって離れているのが見えることでしょう。さらに、今はまだ発明されていない超高度の電子顕微鏡を手に入れたなら、自分の肉体を純粋なスペースとして見ることでしょうし、原子も存在しないことでしょう。なぜなら、超高度の電子顕微鏡は原子を通過し、あなたはスペース、全面的スペースを見るからです。そのスペースが意識です。これはあなたの体にだけ当てはまることではありません――それは椅子にも建物にも、木にも花にも動物にも当てはまることです。あらゆるものがスペー

スです。

だから私は、私たちは皆、何もないものである、と何度も言うのです。私たちは皆、何もないものなのです。私たちはどんな物でもありません。私たちは認識できるどんな物でも、想像できるどんな物でもありません。あなたの想像は原子までしかたどり着くことができません。あなたは分子について知ります。あなたは原子まで、純粋なエネルギーまで降りて行きます。でも、それを超えてください。純粋なエネルギーを超えてください。絶対的に何もありません。その何もないものがあなたです。その何もないものが意識です。

かつてこんなふうにおこなわれていたクフスがありました。ある生徒が先生に尋ねました。「先生、私はあなたが何を話しているのかわかりません。どうしてあらゆることが意識でありえるのでしょうか？　どうしてあらゆることが、何もないものから出て来るなんてことがありえるのでしょうか？　わけがわかりません」

その先生はイチジクの木を指差して、生徒に言いました。「イチジクを一個、私のところへもってきなさい」。その生徒は行って、木からイチジクを一つもいで、先生のところへもってきました。先生は言いました。「イチジクを割って開きなさい」。生徒はそうしました。

「何が見えますか？」

「種です」

「その種を私に一つもってきなさい」。生徒は従いました。先生は生徒にカミソリを渡し、言いました。

「種を切り開きなさい」。それは本当に大変な仕事でした。なぜなら、その種はとても小さいからです。そのために彼は指を何度も切り、血がそこらじゅうに飛び散りました。ついに、彼は種を切り開くことができました。先生は言いました。「今、何が見えますか?」
「何もありません。種の中は空洞で、まったく何もありません」。そして、先生は言いました。「この何もないものから、全宇宙が生み出されるのです」

これがこの地上とこの世界、この宇宙のあらゆることに言えることです。あらゆるものが何もないものです。「存在」しているものは絶対的に何もありません。物事は意識から出て来ているのではない、という私の言葉を思い出してください。私は、あらゆるものが意識だと言っているのです。物事は「存在」していません。人間は、物事を見、物事を聞き、物事の匂いを嗅ぎ、物事に触れ、物事を感じるように作られているように見えます。そのため人間は、自分たちが物質的世界に生きていると思っています。それは相対的世界です。しかし、究極的真実はと言えば、あらゆるものが視覚的幻想です。ロープに見えるヘビ、空が青いこと、そして、蜃気楼の水と同じようなことです。これらの物事は存在していません。そう見えるあなたも「存在」していません。ただこういったことを考えるだけで、あなたは自由になることでしょう。あなたはこういったことを考える以外に、本当は何もする必要がありません。これを熟考してください。あらゆることが本当はスペースであることを理解するように努めてください。あらゆることが意識です。これについて考えて休むと、何かがあなたのマインドに起こり始めます。あなたはマインドを失い始めます(笑)。ですからあなたは、物質の出現のスケール上において、意識とは何かを見ることができます。意識とはあらゆるもの、すべての存在の実体です。そして、あなたの本質は意識です。これがあなたの本当のあるがままの姿です。でも、そこへ到着するために、あなたが何をしなければいけないか、わかりますか？

❖二元性を超越する――なぜそうしなければならないのか？

あなたはこれらのレベルを超えなければならないのです。あなたは分子、原子、亜原子粒子、エネルギーの波になり、それから、真我、絶対的現実、純粋意識、人生のスクリーンに戻らなければなりません。

さて、あなたはなぜこれをする必要があるのでしょうか？　なぜあなたは、「私のことは放っておいて、酒でも飲ませておいてください」と言わないのでしょうか？　原子、亜原子粒子に戻って、意識になりたいなどと、誰が思うのでしょうか？　ですから、最高のスピリチュアルな教えは万人向きではありません。たいていの人々は、今のままの人生に満足しています。しかし、彼らは死んでゆきます。彼らは様々な経験を体験してゆきます。この世界、あるいは、どんな別の世界であれ、あなたがそこに生きるかぎり、振り子のような原因と結果の法則を通過します。それが片方に振れるとき、その意味とは、あなたにとって運が上向き、あなたは成功し、物質世界においてあらゆることが素晴らしくなる、ということです。

それから振り子がまた反対に振れ、物事は反転し始めます。あなたの「世界」は崩壊し始めます。あなたはガンやエイズになるかもしれませんし、株式市場ですべてを失うかもしれません。事故で家族全員が亡くなったり、あなたが身体障害者になったりということもありえます。もししがみつくべきものが何もなかったら、あなたはどうするでしょうか？　あなたは人生を呪い、自殺したくなります。それからまた、振り子が反対に振れ、物事が好転します。あなたはヨーヨーのようなものです。あなたは上がっては下がり、下がっては上がり、上がっては下がります。これが世の中のあり方です。これが宇宙のあり方です。私たちは二元性の世界に生きています。

それゆえ、これが自由になるべき理由です。というのは、もしあなたが今のような人生を生きていて、善と悪、上と下、正解と間違い、前方と後方という二元性を超えるために、自分に働きかけないとしたら、あなたは様々な形を取りながら、様々な経験をしながら、何度も何度も何度も宇宙の様々な惑星上に現れ続けることでしょう。それはけっして終わることがありません。あなたは明日この肉体を去るかもしれませんが、惑星が再び暗黒時代になるときに戻って来るかもしれません。そこでは人々は再びスペイン異端審問〔訳注：中世以降のカトリック教会において、異端者の摘発と処罰のために設けられた裁判制度〕を経験しています。あなたは囚人となり、拷問されます。あなたは指を一本一本切り取られ、無に帰すのです。それから、あなたは別の人生に戻って来て、アメリカ合衆国の副大統領になります。あなたはダン・クエール（アメリカ合衆国の政治家。一九四七年～）になります。

これが世界のあり方です。これが人生です。それはけっして変わりません。多くの人たちがよい意図をもっています。彼らはこの世界を生きるのによりよい場所にしたい、と思っています。よりよい世界ということで、世界を自分たちが考えるよりよい世界、正しい世界に変え、自分たちの思いどおりに動かしたいという意味です。こういったことすべては、あなたがイメージと一体化していることを示しています。あなたがこの世界につぎ込んでいるエネルギーを考えてみてください。つまり、あなたが関わっている仕事、あなたが信じている物事、あなたが使っているエネルギー、あなたが所属しているクラブや社会のことです。こういった物事があなたを地上へ引き付けておくのです。それらがあなたを何度も何度も、肉体へと引き付けるのです。

✣内側を向いてください

意識は一つの物ではありません。あなたはそれを描写することができません。それは世界の反対ではなく、それは一つの対象物ではなく、それを見るべき人はいません。意識とは言い換えれば、存在のことです。何の存在でしょうか？　何もない存在です。今、私たちは創造の領域を超えています。それは言葉では言い表せず、描写もできません。だから私たちは、意識とは何でないかということしか、あなたに説明できないのです。意識は世界ではありません。意識は自己充足している絶対的現実です。それは、あなたが世界と一体化していないときのあなたの真我です。普通の人にとっては、眠りに落ちるときと目が覚めるときだけ、それが起こります。そのとき、あなたは意識です。

でも、その感覚はほとんどすぐに去ってしまいます。あなたはまた世界と一体化し始めます。あなたは現実について忘れます。覚えておくための方法は、一日中自分に気づいて、「誰がこれを信じているのか？誰にこれが来ているのか？　誰がこれを感じているのか？」と、何度も何度も問いかけることです。「私とは何か?」と問うとき、ある人たちにとっては、「その『私』とは何か?」と問うほうがよりいいのです。あなたがしようとしていることは、「私」、「個人的私」の源泉を見つけているということです。「私とは何か?」あなたは常に個人的「私」について話しています。この「私」とは何か? それはどこから来たのか? 誰がそれに誕生を与えたのか? けっしてこれらの質問に答えてはいけません。これらの質問をし、でもけっして答えないでください。続けてください。あきらめないでください。

私がここにすわって世界は存在しない、何も存在しないと言うことは、けっこうなことです。しかし、あなたがこのドアの外に出るとき、世界がまさにあなたの顔にぶつかります。皆さんの中には、おそらく一人で家へ帰らなければならないので、落ち込む人たちがいます。人間関係があればいいのにと思います。また中には、人間関係があるゆえに落ち込む人たちもいて、一人だったらいいのにと思います。誰も幸福ではありません。あらゆる人が、自分の人生には何かおかしいところがあると思っています。中には、自分が「悟る」ことができないので、落ち込む人たちもいます。

自分が何をしているか考えてください。自分が何を感じているか考えてください。だから、私たちはプログラムを始めるのです。そして、私の個人的経験から、ある人たちにとっては、自己問いかけが目覚めるための最速の方法であることがわかりました。

❖準備と実践が必要です

それゆえ皆さんは、情熱的に自己問いかけに関わってください。私が以前にも言ったように、これらの言葉を聴き、あらゆることが意識であることを理解することで、あなたは目覚めることができます。しかしこのことは、あなたの「準備」ができたときにしか当てはまりません。準備ということで、私が言わんとしている意味は、私たちが今まで話し合ってきたすべてのことを、あなたがすでに超越している、ということです。あらゆる感情、あらゆる恐れ、あらゆる心の傷と挫折。もしあなたがすでにこういった物事を超越しているなら、そのときには、あなたがしなければならないことは、ただ言葉を聴くことだけです。そうすれば、あなたは目覚めます。しかし、たいていの人たちにとっては、こういうやり方はうまくいきません。そのため、何らかの形態のサーダナ*を実践しなければならないのです。

❖やさしく、平和に問いかけてください

自己問いかけは非常に役に立ちます。あなたはただ思考が自分に来ることをゆるして、やさしく問いかけます。「これらの思考は誰のところへ来ているのか？　誰がこれらの思考を考えているのか？　私である」。あなたは待って、誠実に尋ねます。「では、私とは何か？」この私の源泉とは何か？」私があなたに、自分自身の内側に潜りなさいと言うとき、これが自分自身の内側に潜る方法です。人々はしばしば私に、どうやって自分自身の内側に潜るのかと尋ねます。これがその方法です。あなたは問いかけます。この「私」はどこから来たのか？　その「私」はあなたの内部の奥深いところにいます。この「私」の源泉とは何か？　そ

れから、思考があなたへ再びやって来ます。あなたは同じことを何度も繰り返します。「これらの思考は誰のところへ来ているのか？　それらは自分のところへやって来る。この自分とは何か？　自分の源泉とは何か？」この場合、「自分」と「私」は同義語です。「この自分とはどこから来るのか？」

何度も何度も何度もこれをやってください。時間を見てはいけません。時間を忘れてください。何も心配しないようにしてください。自分一人で過ごしてください。たいていの人たちは一人で過ごすことができません。多くの人たちがしばしば一人で過ごしている、と私に言いますが、でも彼らの家に行ってみると、テレビがついていて、ラジオがついています。それは自宅に人がいるようなものです。私が一人で過ごすようにと言うとき、静寂の中で過ごすことを言っています。時間をかけてください。椅子にすわって、自分の思考を眺め、問い始めます。これらの思考は誰のところへ来るのか？　それらは私のところへやって来る。私がこれらの思考を考えている。では、この「私」とは何か？　この「私」の源泉とは何か？　それはどこから来たのか？

今まであなたがこれを何回練習したかは関係ありません。あなたがこれをやるときはいつでも、それは最初のようなものです。今が、あなたが目覚めるときかもしれません。ですから、けっしてあきらめるべきではないのです。ただ静かにすわってください。考えないように努力しないでください。というのは、もし考えないように努力すれば、あなたは思考で充満し、取り除けないほどの思考をもつことになるでしょう。あなたは絶対的に何もしません。ただ思考が来るのを眺めるだけです。思考が来るやいなや、やさしく問いかけます。これらの思考は誰のところへ来るのか？　それらは私のところへやって来る。私がこれらの思考を考えている。この私とは何か？　それはどこから来たのか？　それはどうやって起こったのか？　それはどこから起こったのか？　この「私」とは何か？　私とは誰か？

あなたは静かにしています。
思考がまたやって来ます。
あなたは同じことを、何度も何度も何度もやさしく平和に繰り返します。

*――サーダナ（Sadhana）とは、瞑想、問いかけ、祈り、断食など、人の気づきを引き上げるスピリチュアルな信念、活動、日々の実践などに献身すること。そのおかげで、聖なる存在の直接経験が喚起されます。

5章　私とは何か？

沈黙の中で、静寂の中で、自分の現実を感じてください。
そこにはマインドも思考も言葉もありません。
そのとき、あなたは何でしょうか？
あなたはただ存在するだけです。
私は在る。私は在る。
私はこれではありません。
私はあれでもありません。
私は在る。
私は常に在ったものです。
そして、これからも常に在るだろうものです。
私は在りて在るものなり。

✣私は神です

あなたが自分自身の本当のイメージをもつとき、自分自身を見るとき、朝、目覚めて、自分のすべての行為のある種の目撃者となるとき、自分の生活が、三つの言葉、「私」、「自分」、「私のもの」で展開することに気づくことでしょう。あなたの物質生活において、通常これらの言葉を使わないことはほとんどありません。しかし、もしあなたが「私」と言うたびに、「私」が本当に何を意味しているかに気づけば、話は変わってきます。不幸なことに、私たちは「私」をそんなふうには使いません。私たちが「私」に言及するときは、肉体について語っています。私たちは「私は気分がいい。私は具合が悪い。私は幸福に感じる。私は不幸に感じる。私はこれを感じる。私はあれを感じる」などと言います。私たちはまた、「これは私のものです。これは私に所属します。他の誰もこれをもつことができません。それは私だけのものです」と言います。私、自分、私のもの。私たちは常にこの三つの言葉に巻き込まれていますね。そうではありませんか？

そしてこれが、私たちを人間であり続けさせるのです。「私、自分、私のもの」という三つの言葉が私たちの覚醒を妨げています。これらの言葉なしで話すことは困難でしょう。「私は気分がいい（I feel good）」と言う代わりに、あなたは「気分がいい（Feel good）」と言わねばならないでしょう。「私は具合が悪い」と言う代わりに、「具合が悪い」と言わねばならないでしょう。「私は落ち込んでいる」と言う代わりに、「落ち込んでいる」と言わねばならないでしょう。「これは私のものです」と言う代わりに、「これはです」と言わねばならないでしょう。「私が怒っている」と言う代わりに、「怒っている」と言わねばならないでしょう。そんなふうに言えば、あなたの言うことは滑稽に聞こえることでしょう〔訳注：通常、英語では主語や所有代名詞を省くと、おかしく聞こえる〕。しかし同時に、そのおかげで、あなたはその「私」ではない、あなたはその「自分のもの」ではない、あなたはその「自分」ではないということを理解することでしょう。あなたはすぐに自分に気づいて、あなたが「私」と言うときは、その「私」のあとに何を言うかということに、非常に注意しなければいけないことを理解するでしょう。というのは、私はけっして病気になりえないからです。私は、不幸か幸福、善か悪、金持ちか貧しいかというようなことは、何も知りえないからです。私は、こういったものすべてを超えているのです。私は意識です。私は神です。私は純粋な意識です。もしできるなら、あなたが「私」と言うたびに、この「私」があなたにとって意味することを真に実現している、と想像してみてください。あなたはもはや小さい私、肉体の私、存在しない私について話しているのではありません。あなたは神について話しているのです。あなたが「私」と言うたびに、神について話しているのです。

それゆえ、もしあなたが、「私は病気だ」と言うなら、それは神への冒瀆《ぼうとく》です。どうして神が病気になりえるでしょうか？　もしあなたが「私は不幸だ」と言っても、同じことです。どうして神と呼ばれるものが、不幸になりえるでしょうか？　仮にあなたが「私は幸福だ」と言ったとしても、人間の基準でどうして神が幸福になりえるでしょうか？　あなたがこの「私」が本当に何を意味するかを理解し始めるとき、あなたは自動的により高い意識へと引き上げられることでしょう。ただこの「私」が本当に何を意味するかを理解することと、それだけです。にもかかわらず、あなたは毎日これをしなければなりません。あなたは毎瞬、自分自身に気づかなければなりません。今日あなたがどれほど「私」という言葉を使ったか考えてください。そして、その言葉のあとに何を言ったかを。また今日、あなたがまるで個人であるかのように、「自分」、「私のもの」と何度言ったか考えてみてください。まるで何かが個人的にあなたに所属しているかのように。まるであなたが本当に何かを所有しているかのように。そして、それがまるであなたのものであるかのように、あなたはそれを守り、それの世話をしなければならないのです。

✣私は私の所有物でしょうか？

あらゆることは神に所属しています。あらゆるものは神です。確かに、あなたがそれを使っているように見えます。でも一瞬でも、それがあなたに所属していると信じてはいけません。だから、人々がこの真理を理解したとき、分かち合うことが非常に簡単になります。しかし人が、自分がこの肉体であると信じるときは、大量に蓄え、何かに執着し、自分の生存のために戦い、自分の権利を振りかざさなければなりません。あなたが目覚めないのも、当然ではありませんか？　あなたが人間の肉体として自分の権利のために戦っているとき、どうしてあなたは目覚めることができるでしょうか？　自分が所有していると思っている物事をあなたが守ろうとしているとき、これがマーヤー（幻想）、完全なるマーヤーです。あなたが何かを所有しているという信念。あなたが何かであるという信念。それはすべて幻想です。ただ神だけがいます。

ただ意識だけがあります。他のあらゆることが見かけです。もしできることなら、世界を楽しんでください。でも、世界があなたの主人になることをゆるしてはいけません。物事がどうなっているのかを、世界があなたに教えることをゆるしてはいけません。ニュースや新聞や世界のあり方があなたを混乱させたり、当惑させたりすることをゆるしてはいけません。あるいは、あなたを悲しませたり、怒らせたり、狼狽させたりすることをゆるしてはいけません。結局のところ、それは映画を見るのと同じことです。あなたは映画を見て、あらゆる種類の悲惨なことが進行しているのを目にします。でも、あなたは自分を揺り起こして、言うことができます。「これは映画にすぎない！　これは真実ではない」と。同じことが人生についても当てはまります。あなたは人生で起こることを観察し、眺め、見ます。でも、あなたは反応しません。あなたは理解し、そのおかげで自由になります。

✣直接的経験――「私」はどこから来たのでしょうか？

この教え（ジニャーナ・マールガ――真我の知識を探求する道。marga はサンスクリット語で「道」という意味）とその他のヨーガ、祈り、宗教などの違いは何だとあなたは思いますか？　その根本的違いは何ですか？　アドヴァイタ・ヴェーダーンタ[*1]を除いた他のあらゆる教えの中には、個人的私がいます。そのことについて考えてみてください。ハタ・ヨーガを例にとってみましょう。「私」がヨーガのポーズを学び、エゴは拡大します。なぜならあなたは、「私は頭の上で立つことができ、自分の足をねじることができます」と言うことができるからです。あなたはそれにサンスクリット語の名前を与えます。しかし、それでもあなたは、「私はこれをすることができます」と言います。そのために、その「私」は膨れ上がります。ラージャ・ヨーガ、八正道を例にとってみましょう。さて、これらのものは役に立ちます。これらの何も間違ってはいませんし、私はそれらを貶めているのでもありません。でも、ヤマとニヤマ[*2]、つまり徳を学ぶ誰かがいなければなりません。こういったすべてを学んでいる誰かがいます。もう一度言えば、これらの何も間違っていません。その「私」は徳深くなるために学んだのです。

では、クンダリーニ・ヨーガを例にとってみましょう。「私」はチャクラ、おのおののチャクラに焦点を当てています。常に、「私」、「私」、「私」がいます。祈りを例にとりましょう。「私」は神に祈っています。もう一度言えば、これらには何も悪いことはありません。しかし、私たちがジニャーナ・マールガを「直接的道」と呼ぶ理由は、これが「私」を調べる唯一の教えだからです。私たちはその結果に興味をもっているのではありません。その結果が何であれ、私たちは「私」が背後にいることを理解します。もし私たちがその「私」を見つけ、それをたどってその源泉に行けば、他のすべては払拭され、私たちは自由になることを理解しています。だから、これは「直接的道」と呼ばれるのです。

では、瞑想とジニャーナ・マールガの違いは何でしょうか？　あなた方のほとんどが、この道においては、瞑想[*3]することは必ずしも必要ではないと理解しています。瞑想とこの道の違いは何でしょうか？　瞑想においては、あなたの瞑想の対象が常にあります。そして再び、「私」が何か他のものに焦点を当てていて、そのとき、自分の瞑想のマントラや言葉、それが神であれ、何であれ、それ以外のあらゆるものを除外します。でも、この教えにおいては、あなたはただ、「私」の源泉を問うだけです。「私とは何か？　その私はどこから来ているのか？」

私があなたに、「私」はどこから来ているのかと言っているときでさえ、皆さんの中には、自分の肉体と関連づけている人たちがいますね？　あなたは肉体として、「私」がどこから来ているのかと考えていますね？　でも、私たちが言っていることは、そういう意味ではありません。あなたは、「あなた」がどこから来たかではなく、その「私」がどこから来たかを知る必要があります。もしあなたがその「私」がどこから来たかを発見すれば、「あなた」が存在していないことを理解することでしょう。「あなた」はけっして存在したことがありませんでしたし、これからも存在しないことでしょう。これがまさにポイントです——「私」はどこから来ているのか？

　こうした考え方に慣れてきたら、あなたが「私」という言葉を使うときは、あなたは二度とけっして自分の肉体に言及しないでしょう。たとえば、もしあなたが風邪をひいたなら、あなたはたいてい、「私は風邪をひいています」と言います。今では、あなたは自分に気づいて、笑うだけです。なぜならあなたは、「その『私』が風邪をひいている」と言うからです。それは悪い英語のように聞こえます。「その『私』が風邪をひいていて、それは私とは何の関係もない」。では、風邪をひいているその「私」はどこから来たのでしょうか？　あなたがその「私」を追跡するとき、それはあなたを源泉へと導き、そこにはどんな「私」もどんな風邪もありません。あなたはこの方法をあらゆることのために使えます。「私は空腹である」では、自分に気づいて、その「私」が空腹であることを理解してください。それは私の真我ではない。その「私」が空腹である。それにもかかわらず、私の真我はけっして空腹になることができない。私は疲れている、私は落ち込んでいる、私は幸福である、私は美しく感じる、私は素晴らしく感じる。みな同じことです。あなたが自分の肉体に言及するかぎり、大きな間違いを犯しています。あなた自身（yourself）を「私」[*4]から切り離してください。実際は、たった一つの私があるだけです。その私は意識です。あなたが個人的私を源泉まで追跡していくとき、それは意識である普遍的私へと変わります。

✣内部の奥深くにある静寂

まず自分に気づいて、自分の聖なる性質を理解してください。あなたは静寂を守ることで、これをおこなうことができます。覚醒への最速の方法は、静寂を守ることです。そして、なぜ自分が静寂を守っているのかを知る必要があります。だから、このことを普通の人には話すことができないのです。もし人が（アドヴァイタ・ベーダーンダの）この教えがまったくわからないとすれば、「静寂を守りなさい」と、その人に言うことはできません。というのはそのとき、彼らにとってはただ黙ることを意味するだけだからです。そのことは、内側へ深く深く、絶対的現実が生きている場所へ行くという意味だ、と彼らは理解できません。それが静寂ということです。実際、人間の肉体は静寂を守ることができません。その静寂には何か別のものが入って来るのです。それはあなたの人間性とは関係ありません。

おそらく長年の瞑想のあと、あるいは、以前の人生のおかげで、突然この道がどういうものかを本当に知るくらいまで、あなたは成熟することができます。私がこの練習を与えるとき、それは一人の人間としてのあなたのためではありません。あなたは一人の人間としてそれを経験するように見えますが、あなたの人間性はそれとは何の関係もない、と私はあなたに確信させることができます。あなたがその静寂に入るとき、深い平和と至福と純粋な気づきを経験します。それが静寂というものです。それは黙ることとは違います。それはそれを超えることです。それは単に「あなたのマインドを静める」ことではありません。

私がいつも言っているように、静めるべきどんな「マインド」もないことを理解することです。どんな「マインド」もないと理解するとき、あなたは自動的に静寂になります。あなたが、自分がマインドをもっているとまだ考えているとき、マインドを静めるためにあらゆる努力をしますが、マインドを静めることはできません。皆さんの中でどれほどの人たちが、努力を通じてマインドを静めることができると信じていることでしょうか？　あなたにそれはできないのです。あなたのマインドを静めるのは努力ではなく、まずあなたはどんなマインドももっていないという知的理解であり、そのとき、あなたはただ静寂を守り、あらゆることはそれ自身の世話をするのです。

もしあなたが瞑想しなければならないとしたら、ぜひ瞑想してください。この道は他のどんな方法に対してもけっして反対はしません。なぜなら、すべてはいずれ目覚めへと導くという事実があるからです。何であれ、あなたは自分がしなければならないことを、しなければならないのです。でも、私が話していることを理解でき、あなたはどんなマインドもどんな肉体も、どんな世界もどんな宇宙も、どんな神も扱っているのではないことに気づく人たちにとっては、目覚めはすぐにやって来ます。なぜなら、眠っている人はいないからです。このことを理解できますか？　もしあなたが自分には何か克服すべきことがあると考えるなら、自分自身に働きかけなければならないと信じるなら、あなたはあらゆる種類の努力をしなければならず、それは大変なことでしょう。

結局、誰が努力するのでしょうか？　あなたのエゴです。あなたが克服しなければならないすべての物事がある、と「あなた」に言うのは誰でしょうか？　マインドです。自分には克服すべき悪癖がある、過去のカルマがある、サンスカーラ[*5]がある、とあなたは「考えて」いますが、それはみなウソなのです。私は、自分がこういった物事について時々話をすることを承知しています。それは矛盾のように聞こえますが、私はあなたとより高い真理を分かち合っているのです。克服すべきサンスカーラはありません。なぜなら、それらはけっして存在したことがないからです。克服すべきカルマもありません。なぜなら、それも存在していないからです。でも、こういった物事は未熟な生徒たちのためには役に立ちます。彼らは何かに働きかけなければなりません。

だから、私はそういった人たちに対しては、カルマ[*6]があり、サンスカーラがあり、彼らを束縛する潜在的癖があり、彼らはそれを克服しなければいけないと説明します。でも、私は彼らにウソをついています。しかし、進化のこの段階では、彼らはこういったことを聞く必要があります。さもないと、彼らは他のどんなことにも働きかけることができません。しかし、真実はと言えば、あなたは何も克服すべきものがありません。そのことについて考えてみてください。もしあなたが何か克服すべきものをもっているなら、「あなた」はそれをけっして克服することができないでしょう。というのは、あなたとゲームをするのがマインドの性質だからです。あなたが一つのことを克服するやいなや、別のことがもちあがります。そして、またあなたはそれを克服しなければなりません。それをあなたが克服したとき、また別の何かがもちあがります。

✣自己問いかけを練習してください

たとえば、あなたに飲酒の習慣があって、「私はこれを克服しなければならない」と言うとします。あなたはそれを克服するかもしれませんが、今度は機嫌が悪くなるという問題やウソをつくという問題が起こります。すると、あなたはウソをつくという問題を克服しなければなりません。あなたが、「私」は克服すべきものを何ももっていないと理解し始めるまで、それはけっして終わることがありません。そのとき、あなたはその「私」に対して働きかけ始めます。すると、こういった問題を与えてきたのはこの個人的私だということに、あなたはついに気づきます。それは進歩した状態ですが、それでもまだウソなのです。なぜなら、個人的「私」はけっして存在したことがなかったからです。でも、あなたはそのことを知りません。あなたは、個人的「私」は存在すると思っているので、自己問いかけを使って、個人的「私」は存在しないと理解する場所へ、自分を導かなければならないのです。個人的「私」は存在したこともなければ、存在することもないでしょう。それにもかかわらず、あなたがただすわって、このことすべてを一瞬で理解し、自由になることは素晴らしいことではないでしょうか？

しかし何らかの理由で、私たちは自分がそうすることをゆるさないのです。私たちは克服するというゲームを遊びたいと思います。ですから、私たちは言います。「私は自分自身に働きかけなければならない。私は修行しなければならない。私は瞑想しなければならない。私は一人にならなければならない。私はこれやあれをしなければならない」。でも、私はあなたに言います。あなたがしなければならないことは何もない、と。あなたはただ私が言うことを理解して、目覚めればいいだけです。ただそれだけです。再び言えば、誰が目覚めなければならないのでしょうか？　それすべてが一包みのウソですが、私は言葉を使わねばなりません。どうして真我が目覚めることができるでしょうか？　真我はけっして眠ったことはありません。あなたは今、自分が何なのかに気づいているのではありませんか？　あなたは死すべき人間ではありません。あなたの本質は表現不可能です。あなたはそれを発見しなければなりません。ですから、サーダナをしてください。でも、あなたが自分の修行をおこなっている間、修行している者は誰もいないことを、マインドの片隅に留めておいてください。結局のところ、誰が修行するのでしょうか？　あなたの肉体とマインドです。ただ、存在しているどんな肉体もマインドもないことを覚えていさえすれば、そのとき修行している人は誰もいないのです。ですから、あなたが修行している間、それを覚えていてください。

私は、皆さんが今夜ここを歩いて出たあとで、「さて、私は今、何をしたらいいのだろうか？」と言うだろうと知っています。こんなふうに見てください。あなたが肉体意識を感じ、いわゆる自分のマインドがまだあなたにあれこれ感じさせるパワーをもっているかぎり、あなたは何らかの修行をしなければなりません。さもないと、あなたの肉体・マインドがあなたをコントロールしてしまうことでしょう。最高の修行は、アートマー・ヴィチャーラ、自己問いかけです。私がこんなふうに皆さんに話しているのは、今日ここにいる皆さんは多くの道を歩いて来て、新参者ではなく、このことに準備ができている、と私は感じるからです。あなたは、どんな修行もどんな神も、どんな悟りもどんな過去生も、どんなあなたも存在せず、あなたは自由だと聞く準備ができています。

✣有限なものは無限なものを理解できません

人々はそれでも知りたがります。すべてがなくなったら、何が残るのか？　すべての実体とは何か？　その原因とは？　あらゆる存在の底を流れる原因とは？　すべてを一つにまとめている何かがあるはずだ、と。誰がそれを言うのでしょうか？　一つにまとめているものなど、何もありません。また有限なものは、無限なものを理解できないことを覚えていてください。ですから、私がすべてを一つにまとめている何かがないと言うとき、言葉で表現できるものは何もない、という意味です。至福、純粋な気づき、意識、サット・チット・アーナンダ、パラブラフマン（パラブラフマンは非常に強力な言葉です。なぜなら、それはブラフマンを超えている、という意味だからです）といった言葉を私が使うとき、ブラフマンの背後には何が存在することができるでしょうか？　静寂です。パラブラフマンといったようなものは何もないのです。というのは、それについて考えるとき、それはあなたにとっての対象物を意味するという事実があるからです。たとえば、その中にいるための場所、静寂の中にいるための場所、それがパラブラフマンというわけです。しかし、あなたは間違っています。そんな場所はどこにもありません。静寂もありません。パラブラフマンもありません。では、何があるのでしょうか？　それを発見してください。ただあなただけが、自分の真我を知ることができます。というのは、それを描写できる言葉はないからです。

あなたは自分の人生と折り合いをつけなければなりません。そのためには完全なる正直さが必要です。あなたは自分自身を騙し続けることはできません。あなたがどれほどあちこちへ走りまわっているか、見てください。あなたはここへ行き、あそこへ行きます。あなたは常に探し求め、常に探しています。あなたは常に奮闘しています。何のために？　皆さんの中には、「空のどこか高いところ」に先生を見つけるつもりで、自分がその人を見つけるまで、探し続けると考えている人たちもいます。しかし、そんな先生は存在しません。[*7]

あなたがついに落ち着いて、もっと静寂の中に入り始めれば、先生があなたの前に現れ、その人はあなたの真我に他ならないことに気づくことでしょう。では、私は皆さんといっしょにここで何をしているのでしょうか？　そう尋ねる人もいることでしょう。私はあなたの真我です。私はそのことを非常に明確に見ています。私とあなたには何の違いもありません。あなたが落ち込んでいるとき、怒っているとき、悟っていると感じるとき、美しく感じているとき、またあなたが感じているのは私です。このすべてが真我で、私はそれです。皆さんの中にはまだ、私がロバートについて話していると思っている人がいます。ロバートはこれとは何の関係もありません。私は遍在について語っています。私は何もないものについて語っています。でも、「話し」続けることは時間の無駄だ、とも私は思っています。

✣生徒たちから質問

生徒　「実現する（realize）」ということで、あなたは何を意味していますか？　「目覚める」ことでしょうか？　自分は平和を経験し、こういった物事を読んでいるので、自分が目覚めていると考えている非常に多くの人たちを私は知っています。それはただエゴではないでしょうか？　どうしてそうなのでしょうか？

ロバート　もし人が「私は覚醒を実現した」と宣言するようであれば、そのときその人は覚醒していません！　というのは、そのときこれを誰かに宣言したいと望むエゴがあるからです。これは可笑しいことです。

神を経験した誰が、自分の本当の自己として聖なる真我に覚醒した誰が、これを誰かに宣言したいと思うでしょうか？　そういった場合、エゴが完全に明け渡されなければなりません。これは、「あらゆることが現実ではない」と、あらゆる人に宣言しながら歩きまわることと同じことです。学校で、自分が三年生じゃなくて、六年生だったらいいのにと言う子供がいます。でも実際は、その子は三年生なのです。神を本当に経験した目覚めた人から出て来るものは、ただ謙虚さと愛ある親切さだけです。

生徒　純粋に高い気づきの中で生きている感覚とはどのようなものなのか、描写していただけませんか？　これに伴うのはどんな能力なのでしょうか？　聖者、ヴィジョン、指針を経験することでしょうか？　たとえば、空中浮揚する聖者とか？

ロバート　あるのはただ愛だけです。愛ある思いやり。すべてに浸透する至福。しかしながら、それは実際にはあなたにとって、他人の苦しみにもっと敏感に同調し、気づくことに見えるかもしれません。なぜでしょうか？　なぜなら、苦しみは私たちの自然の状態ではないからです。聖者たちは他人の苦痛を自分自身のものとして感じます。エゴはこういった気づきを経験しないようにするために、自分自身をますます強固にします。

確かに、人々の中にはあなたが描写したような物事を経験する人たちもいます。これは愛、献身の結果です。それを観察してください。恩寵があります。ですからそれを使って、他人を無私で助けてあげてください。そのとき、大きな喜び、自由があります。これはあなたが描写したように実現することもあります。これは物理世界の制限からの自由となることがよくあります。私は究極の真理から話しています。それゆえ、両方が真実です。それは連続的な理解です。私はこれを理解している本当のあなたに話かけています。それにもかかわらず、あなたはこれを経験しなければなりません。

もし覚醒の最終結果が、愛、慈悲、謙虚さならば、これらの質を今、成長させたらどうでしょうか？

＊1――アドヴァイタ・ヴェーダーンタ（Advaita Vedanta）は内なる光明に至る古代の道。西洋ではしばしば誤解されている。

＊2――ヤマとニヤマ（Yamas and Niyamas）。この世の中では、悪しき影響を蓄積しないための法則であるヤマとニヤマに、皆さんはしがみつかなければなりません。

＊3――皆さんにはもう一度言っておきますが、この世の中で瞑想することはよいことです。「I Am（アイ・アム）瞑想」はとてもパワフルです。だから、私は皆さんに瞑想を与えるのです。でも、「誰が」これをやっているのかに、気づいてください――ロバート・アダムスの瞑想については、To loosen the world hold on you（自分に対する世界の束縛を解放する）の講話の中で、詳細に説明されています。

＊4――小文字の you は、単に神からの人間的分離、聖なるものから分離した人間のエゴです。

＊5――サンスカーラ（samskaras）。人が成長するのを妨げる深く染み込んだ性格。

＊6――究極の真理においては、こういった物事はあなたの真我に影響を与えません。でもここにいる誰が自分の真我の中で生きているでしょうか？ あなたは自分自身に対して、非常に正直でなければなりません。あなたがこの地上にいる間は、カルマの影響の法則の元にあります――小冊子 How to Overcome Karma and Bad Habits（カルマと悪癖をいかに克服するか）を参照。

＊7――ここでロバート・アダムスは、彼の晩年の都会の聴衆に話かけています。彼らの多くが様々なスピリチュアルな教えを幅広く学び、経験し、様々な先生のところへ出かけたにも関わらず、まだ一つの道を選んでいないのです。

6章　私は肉体・マインドだろうか？

「私」は最初の代名詞です。二番目の人称は「在る」です。
あなたが「私は在る」を理解するとき、自由になります。
これは「存在」と呼ばれています。
あれやこれであるということではありません。ただ単純に存在しています。
私は在る。

それは肉体との一体化とはきわめて異なった状況です。肉体は経験し続けますが、あなたはそうではありません。あなたはこの世のすべての苦しみから解放されます。しかし、他の人々にとっては、まるで何であれあなたがやっていることを、あなたがやっているように見えることでしょう。

あなたがやっていることが、まるで現実であるかのように見えます。しかし、あなたが自分の真我について真理を発見し、目覚めるとき、あなたはもはや自分の肉体とは関係していません。しかし同時に、あなたは他の人たちには一個の肉体に見えることでしょうし、彼らはあなたがやっているゲームを見ることでしょう。しかし、あなたはそれから自由です。にもかかわらず、あなたの肉体はゲームをし続けます。それは逆説です。あなたの肉体は、蜃気楼の中の水のようであり、ロープに見えるヘビのようです。

しかしながら、あなたが目覚めるとき、あなたはもはや「肉体」ではありません。そして、誰もいません。しかし、肉体は他人にとっては現実に見えます。だから、光明を得たジニャーニが「死ぬ」とき、あるいは、苦しんでいるように見えるとき、実際は、ジニャーニには何も起こっていません。しかし、ジニャーニでない人たちにはあらゆる種類のことが起こっています。彼らは苦しみを見ます。彼らは悲しみや死、そして、その他あらゆることと一体化します。それゆえ、私は皆さんに言います。こういった物事に動揺しないでください、と。ただ、「それらは誰にやって来ているのだろうか?」と問いかけて、自由になってください。

✣ もしあなたが肉体を超えているとしたら、どうでしょうか? 私は言いますが、あなたは現れている外見ではありません

もし朝、目が覚めて、自分に肉体がないことを発見したら、あなたはどうしますか? そこにはどんな肉体もありません。あなたはベッドカバーの下を見ます。あなたはそれを探しますが、見つけることができません。あなたはまた、これらの物事を考えている思考も自分ではないことに気づきます。あなたは、自分は誰でもなく、そこには誰もいないという思考の目撃者として、どこかにいます。それにもかかわらず、あな

たは自分の本質をあらゆるものの中に感じます。家具の中に、ベッドの中に、窓の中に、全宇宙に。しかし、あなたの妻や夫や子供たちが入って来ると、彼らはあなたを一個の肉体として見ます。しかし、あなたは一〇〇パーセント、自分が肉体ではないことを知っています。あなたが肉体であったことなど一度もありませんでした。どんな肉体もありません。これが目覚めです。逆説とは、あなたは肉体がないと確信しているのに、その肉体が現れることです。そして、あなたが自分自身に適応するとき、あなたであるとされている肉体を見ますが、でもそれはそこにはないのです。どんな肉体もなく、どんな思考もないことを、あなたは知っています。それにもかかわらず、何かが「考えて」いて、何かが肉体であるように見えます。これが大きな逆説です。これは私たちが「マーヤー」と呼ぶもの、大きな幻想です。

今、あなたは自分が一個の肉体であると信じています。「あなた」はこのことを確信しています。しかし、私はあなたがそうでないとはっきりと言うことができます。あなたは一度も肉体であったことはありませんし、これからもありません。しかし、あなたはいわゆる一個の肉体と呼ばれるものと一体化し、人生の中で様々なことを経験します。あなたは幸福です、悲しいです、泣きます、笑います、病気です、健康です、貧しいです、金持ちです。

あなたは人生のすべての栄枯盛衰を経験し、自分自身のキャリアを作り上げ、様々な地位に身を置き、自分の権利のために立ち上がり、自分の生存のために戦い、本当は「存在しない」こういったすべての物事を経験します。これが今のあなたのあり方です。これが今現在のあなたについての真実です。あなたは二本の腕と二本の足をもって動きまわり、物事をおこない、物事を感じ、物事を経験します。でも、本当にあなたはそうしているのでしょうか？

私は確信をもって、あなたはそうではないと言うことができます。あなたは一度もそうしたことなどありませんし、これからもありません。自分の真我についてこのことを理解するとき、あなたは傷つく者であることをやめます。どんなことも二度と再びあなたを傷つけることはできません。あなたの感情は、二度と傷つくことができません。なぜなら、あなたはどんな感情ももっていないからです。* あなたはただ純粋な意識、純粋な気づきとして存在しています。この点について、私の言うことについてくるようにしてください。これが私たちの今ここでの本質で、今ここでの純粋な気づきです。

❖ あなたは肉体を超えています

あなたが関わらなければならなかった肉体は、けっして存在したことはありませんでした。しかし、皆さんの多くにとっては肉体の印象がとても強力なので、自分は肉体であるという思考が一瞬たりともあなたを離れたことはありません。「私はこの肉体である。私はこのマインドである。私は経験者である」という思考は常にあなたとともにあります。すべての霊的教えはこの理解で終わります。僧侶やユダヤ教学者、牧師やヨーギやその他の人たちが教えることさえも、そうです。彼らがあなたに教えようとしていることは、「あなたは肉体ではない」というこの究極の真理です。でも彼ら自身、このことにまだ覚醒はしていませんが。しかし、すべてのスピリチュアルな教えはその目的のためにあるのです。

✣あなたの究極の善のために、すべてはうまくいっています

こういった言葉が私のマインドにやって来るわけではありません。でも、すべてはうまくいっていることを知っている何かがあります。継続的に感じられる神秘的なパワーがあります。このパワーとはもちろん、真我であり、意識です。さらにそれは意識を超え、真我を超えています。「私」と呼ばれているものは、このパワーの上に重ね合わせられた単なるイメージにすぎません。

ですから私は、肉体とパワーに同時になることができます。ですから、肉体は泣くことができ、笑うことができます。それはあらゆる種類の経験を通過しますが、どんな肉体も影響されません。その経験は焼けて灰になったロープです。それは価値がありません。それは焼けたロープに何をすることもできません。もしあなたがそれに触れようとすれば、それは崩壊してしまいます。あなたは焼けたロープに何をすることもできません。ですから、この肉体が表現する感情、気分、その他あらゆることは、焼けたロープのようなものです。それは価値がありません。このことを表現するどんな言葉もありませんが、でも私は、あらゆることはそうあるべきものとして展開している、とあなたを納得させることができます。あなたの人生でどんなことが起こっていても、何が起こっているように見えても、信じてもらいたいことは、それはあなたの究極の善のために起きているということです。

この世界のどんなことも、それがどのように見えようとも、現れようとも、あなたを傷つけることはできないのです。第一に、あなたは肉体ではありませんから、何も傷つくことができません。あなたは自分の

「マインド」でもありません。ですから、あなたに引き付けられる、あるいは、あなたを破壊する、あなたに嫌悪感を与えることができるどんな思考もありません。あなたはそれを超えています。あなたはそれより上にいるのです。

✣新しい現実

自分が肉体・マインドであると信じているかぎり、問題は絶えないことでしょう。そういうものです。私は、あなたがどんな種類の問題をもっていると考えているのか気にしませんし、それがどのくらい厳しいものかどうかも、何の違いもありません。自分が肉体・マインドであると信じているかぎり、問題をもつことになるのです。あなたは問題をもつことを正当化するかもしれませんし、それは自分のせいではないと思うかもしれませんし、カルマのせいだと感じるかもしれません。あなたは、あらゆることが問題だと思うかもしれません。しかし、自分は肉体・マインドであると信じているかぎり、あなたは問題をもつのです。なぜなら、これが、私たちが生きている世界、存在しない世界のあり方だからです。世界は、私たちの大部分にとっては現実に見えますね。そして、自分は肉体・マインドであると私たちが信じているなら、そのときには、世界は現実であり、問題解決のために神に祈らなければならないと信じます。私たちはみなこういうことをやり、それでもまだ苦しんでいます。苦しみが止まるのは、神があなたの祈りに応えるときではなく、あなたが自分自身の存在の真理に目覚めるときです。そのときあなたは新しい現実にいわゆる生まれ変わり、すべてがうまくいくのです。でも、あなたは私に言います。「でもロバート、ときにはあなただって、問題をもつように見えますよ。あなたのカルマだって、始終展開しているし、あなたの体の具合もそれほどよくないみたいだし、何かが起こっていますよね」と。私のあなたに対する質問は、誰がそれを見るのですか？というものです。見る人と対象物が必要です。あなたは自分自身を見ています。

あなたが自分の目覚めに気づくとき、世界が変わるわけではありません。ただ、あなたは物事を違った目で見るということです。それですべてです。あなたは不死の感覚を獲得したのです。いわば、聖なる至福の感覚です。そのとき、物事はもはやあなたに影響を与えるパワーをもたないのです。言い換えれば、悟りの状態では、原因と結果はあなたにとっては存在しません。しかし、この世界に生きている人々は自分たちのカルマを経験し、彼らはどこを見ても自分自身を見ます。というのは、世界はあなたのマインドの投影だからです。そのことを覚えておいてください。では、それはどんな種類の投影なのでしょうか？　それはあなたの状態、あなたがどこから来ているかによっています。私たちは世界を見て、何かそれぞれ別のものを見ています。私たちが見ているものはただ自分自身です。問題は存在しません。何も存在しません。何も存在しないでしょう。存在している唯一の問題は何でしょうか？　誰か私に教えてくれませんか？

生徒　「クウェート（中東の石油産油国）」です。

あなたは問題に近づいています。私はいつも何と言っているでしょうか？　「なぜ問題は存在するのか？」、ですね。それはあなたの鼻と関係があります。まさにそのとおりです！　あなたは自分の思考が自分の鼻を通り過ぎるのをゆるします。それが、あなたが問題をもつ唯一の理由です。もしそれが自分の鼻を通過する前に、すばやく自分自身に気づけば、どこにその問題はあるのでしょうか？　問題はあなたの思考の中、ただあなたの思考の中だけにあります。あなたのマインドがゆっくりになるとき、あなたの思考プロセスが速度を落とすとき、どこに問題がありますか？　それは存在しません。でもあなたが、自分の思考が自分の鼻を通り過ぎるのをゆるすとき、そのときには、思いつくままあらゆる種類の問題があります。あなたは、これは悪い、これは間違っている、これが自分を傷つけると信じ、疑い深く、恐れ、心配するようになりますが、ただ考えるからです。考えることなくどうやって人は存在することができるのか、とあなたは尋ねるかもしれません。しかし、考えなくてもまったくうまくいくのです、ありがたいことに。木は考える必要がありません。草は考える必要はありません。世界は自分自身について考える必要はありません。

✣あらゆることは世話をされています

あらゆることの世話をどうやってやればいいかを知っているパワーがあり、もしあなたが考えることをやめれば、それはいわゆるあなたの肉体の面倒も見ることでしょう。しかしあなたが、「自分はこの肉体である」と思っているかぎり、あなたは自分の肉体の面倒を見なければならず、それを見張り、アスピリンやコールド・レメディ（民間治療法の名称）や適切な食べ物を与えたり、自分の肉体のためにあらゆる種類の奇妙なことをしたりしなければなりません。しかし、あなたの肉体もマインドもあなたの友人ではありません。それらはそれ自身の法則の元にあります。あなたの肉体は、今朝何時に起きるのか、あなたに尋ねましたか？　それはただ起きました。それはあなたの許可を求めましたか？　それは自分がしたいことをします。あなたは肉体ともマインドとも何の関係もありません。あなたが落ち込むとき、あなたのマインドは、それが落ち込んでもいいかどうかあなたに尋ねますか？　それは自分がしたいことをします。あなたが恐れるとき、あなたのマインドはあなたの許可を求めるでしょうか？　それは自分がしたいことをします。あなたの肉体が風邪をひくとき、それは風邪をひいてもいいかどうか、あなたに尋ねるでしょうか？　それは自分がしたいことをします。でも、あなたはこういった物事と、どんな関係があるのでしょうか？

今朝、ある女性がサンタクルズから電話をかけてきました。彼女は私に尋ねました。「私が真我覚醒するまで、どのくらいサットサンに通わなければなりませんか？」と。それで私は彼女に言いました。「あなたの質問にお答えする前に、質問させてください。あなたの言う『私』とはどういう意味ですか？　あなたの言うサットサンとはどういう意味ですか？」すると彼女は電話を切ってしまいました。私はなぜ彼女がそんなことをしたのかと思いますが、それは私たちが話し合うことができる何か、私が話すことができる何かです。というのは、私には他にすることがないからです。「私」はどのくらいサットサンに通わなければならないのか？　「私」はどれくらいサットサンに行かなければならないのか？　「私」はサットサンに通うことが必要か？　この捉えどころのない「私」とは何か？

❖サットサンは行くべき場所ではありません――それはあなたの人生の生き方です

それは何を意味しているのでしょうか？　「私」はどのくらいサットサンに通わなければならないのか？　あなたがそれを「私」と呼ぶのは、あなたはその「私」を誤解しているからです。あなたはその「私」を肉体と一体化させています。それであなたは言うのです。「私はどのくらいサットサンに通わなければなりませんか？」と。それでは、サットサンとは何でしょうか？　サットとは存在を意味し、真我といっしょにいるということです。それゆえ、「私」とサットサンは同じものです。これが何を意味するかと言えば、サットサンとはあなたの日々の経験だということです。それはあなたが行くべき場所ではありません。それはあなたの人生の生き方です。

「私」は分離を作り出しますが、どんな分離もありません。ただ一つの全体があり、あなたが**それ**です。しかし、「私」を自分の真我から分離するとき、そのときあなたは疑います。「私」は病気だと感じる。「私」は幸福だと感じる。「私」は落ち込んでいる。「私」は変だと感じる。この「私」とは何でしょうか？　それはどこから来たのでしょうか？　それはどうやって始まったのでしょうか？　その源泉とは何でしょうか？　それを発見してください。自分の奥深くに潜り、その「私」がどこから来たのか発見してください。そのためによい方法は、眠る前に、「私は朝起きるとき、自分の『私』を発見する」と、自分自身に言うことです。

❖ちょうど目覚める前、あなたの本当の意識に気づいてください

ちょうど目覚める前、あなたが考え始める前に、その「私」は、「私は在る」として、純粋な意識として現れます。そのときそれに気づいてください。そのときが、それに気づく一番よいときです。朝、目が覚めて、考えることが始まる前のほんのわずかの時間の間です。世界から思考がやって来る前、そのときが、「私は在る」、絶対的現実に気づくときです。というのは、そのときこそ、まさにあるがままのあなた、純粋な気づきがあり、それから思考がやって来てそれを覆い隠します。ですから、次のことを覚えていてください。もしあなたが眠る前に何か自分に言うとしたら、「明日の朝、私が目を開けたとき、私は自分の源泉、『私は在る』と一体化します」と言ってください。そうすれば、あなたはそうなります。たとえ一秒間であ

っても、それはあなたの人生を変えることでしょう！

あなたが毎朝、毎朝、毎朝、これをやり続ければ、目覚めたときと思考がやって来るまでの間の時間が、だんだん長くなることでしょう。そして、そのスペースはどんどん拡大し、ついにあなたは気づきの中に存在することができます。それを試してみてください。あなたは調査しなければなりません。あなたは知性をもって、自分自身の奥深くに潜り、あなたの「私」の源泉を発見しなければなりません。自分の感情や思考を信じてはいけません。自分自身がみじめに感じるのをただ眺め、それについて何もしないようにしてください――あなたはただそれの観照者になるのです。これは役にも立つでしょう。でももっとよい方法は、「なぜ私はみじめに感じているのだろうか？」と尋ねることです。そして、「なぜ『私』はみじめに感じているのだろうか？」と、自分が言ったことに気づいてください。「私」です。私は「私」を自分の肉体と一体化しています。再び、間違っています。

❖「私」とは何か？

「私」そのものは、純粋な調和、喜び、幸福です。しかし、あなたが「私」を自分の肉体・マインドと一体化するとき、それは個人的「私」になりますが、その個人的「私」は永遠に存在さえしないものです。でも、あなたがそれを存在させているのです。あなたはそれと一体化しています。なぜあなたは自分の個人的「私」と一体化したいと思うのでしょうか？　あなたの個人的「私」は存在したことがありません。なぜあなたはそれと友人になったのでしょうか？　なぜあなたはそれにパワーを与え続けているのでしょうか？　なぜあなたはそれを成長させるのでしょうか？　自分のパワーを取り戻してください。あなたの真我を、本当のあなたをさらけ出してください。そして、現実のように見える、マインド、肉体、思考、世界、神、その他ナンセンスなあらゆる物事をすべて忘れてください。自分自身を誰とも比較しないようにし、ただ自分の真我に真実であってください。他の人がどれだけ進歩しているのかをけっして気にしないでください。聖人、賢者、他の人たちのことを忘れてください。あなたが存在している唯一の**一**《いっ》**なるもの**であり、あなた以外の誰もいません。あなたがすべての聖人で、賢者で、見者です。あなたがあらゆるものです。あらゆるものが真我であり、あなたが**それ**です。なぜこのことに目覚めないのでしょうか？　なぜあなたは自分自身とこんなにも長くゲームをしたいと思うのでしょうか？

輪廻転生を信じることでよりよい来世を望みながら、あなたは何度も何度も何度も戻って来ます。でも、よりよい人生などありません。あなたが肉体から生まれているかぎり、あなたは苦しみます。これが肉体のあり方です。自分の人生を改善しようとしないでください。あなたは大きな間違いを犯しています。もちろん、もしあなたが肯定的思考を使い、自分のマインドを使うなら、自分の人生を改善するように見えることは疑いのないことです。しかし、覚えておくべきことは、あなたが生きているこの世界は二元性の世界だということです。あらゆる上昇に対して、下降があります。あらゆる前進に対して、後退があります。あらゆる善に対して、悪があります。

それゆえ、どんな改善があなたの人生にやって来ても、それはしばらく続いて、それから元に戻り、あなたは再びみじめになることでしょう。それから、あなたは再び幸福になり、それからまた再びみじめになります。あなたは自分の権利のために立ち上がり、自分の生存のために戦うようになります。それからまた、自分が欲しいものを手に入れれば、あなたは幸福になります。あなたはヨーヨーのようなもので、上昇と下降を繰り返します。そして、私がどれほどこのことを皆さんに言っても、皆さんはこれをやり続けますね。だったら、なぜ私は話しているのでしょうか？　私にはわかりません。私には選択がありません。ご存知のように、私はサットサンをやるように一度も頼みませんでした。物事がどうやって起こるのかは不思議なものです。仕方ありません。

✣ 幸福とはあなたの本質です

私が知っていることはただ、すべてはうまくいっている、あらゆることがそうあるべきものとして展開している、ということだけです。私が知っていることは、幸福とはあなたの本質であり、あなたはそう見える外見ではなく、物事はそう見える外見ではない、ということです。何もけっしてあなたに起こることができません。だったら、あなたはなぜそんなに心配するのでしょうか？　あなたは何を恐れているのでしょうか？　自分の人生でしょうか？　あなたに人生はありません。あなたが「人生」と呼んでいるものは何もないのです。それは存在していません。それは何もありません。あなたは自分の髪が抜け落ちるのを心配しています。新しい靴が一足必要なことを心配しています。自分が太りつつあるのを心配しています。何というエネルギーの無駄でしょうか？　それは死んだ馬に餌をやるようなものです。なぜもっと建設的な目的のために、自分のエネルギーを使わないのでしょうか？

だからといって私は、あなたが自分の肉体を無視するように、と言っているわけではありません。あなたの肉体は常に自分自身の世話をすることでしょう。実際の話、あなたがサーダナを実践すればするほど、あるいは、自分の本当のアイデンティティを理解すればするほど、あなたの肉体は、あなたが今までにその世話ができた以上に、よりよく自分自身の世話をすることでしょう。なぜなら、それは異なった法則の元にあるからです。それは何をすべきかを知っています。それは、自分がこの世でやるべきことが何であれ、やります。でも、それはまったくあなたとは何の関係もありません。その事実に目覚めてください。

自分自身のことをそんなに考えないでください。新しい仕事を得るとか、失業するとか、働くとか、働かないとか。誰もけっして幸福ではありません。働いている人たちはみじめです。なぜなら、彼らは働かなければならないからです。働いていない人たちもみじめです。なぜなら、彼らは仕事を見つけられないからです。そして、彼らが仕事を見つけたとき、仕事に耐えられないみじめな人たちの仲間に加わります。どこに平和があるのでしょうか？　平和とはあなたの本質です。それはあなたの中にあります。それはあなたです。それを探し求めてください。そうすれば発見します。求めよ、さらば、与えられん。

宗教においてさえ、彼らは瞑想中に自分の神に焦点を当てようとします。一つの品目への焦点です。でも、これはあなたを目覚めさせません。それはあなたの集中力を改善し、あなたを少しだけ一点集中型にします。それにもかかわらず、それはあなたを目覚めさせません。あなたが目覚める唯一のときは、あなたのマインドが破壊されるときです。どんなマインドも残されてはならないのです。マインドが破壊されるとき、意識がひとりでに現れます。私があなたのマインドを失うことについて話題にしているとき、それはマインドを空っぽにすることについてです。実際、マインドを破壊することです。マインドを絶滅させることです。完全に全面的に、マインドを変容させるのです。ただし、何か別のものに変えるというのではありません。というのは、真実はと言えば、あなたはすでに**それ**だからです。

あなたは常に**それ**でした。しかし、あなたがこぼれたミルクを嘆いているかぎり、あなたが自分の人生を見るかぎり、自分を動転させる物事を目にします。あなたは自分を怒らせる物事を、興奮させる物事を見ます。何というエネルギーの無駄でしょうか、何という時間の無駄でしょうか。この世の中で、重要なことは何もありません。それが重要だと思っているかぎり、あなたはけっして目覚めないことでしょうし、目覚めることができません。というのは、あなたは幻想に囚われているからです。あなたはゲームをし、まだリーラ（サンスクリット語で、聖なる遊びという意味）に巻き込まれています。あなたはまだ物事を感じ、物事に反応しています。あなたは物事について論じ、論争しています。あなたはまだ確信していません。

✣内省の道——自己観察

あなたがこういうふうに振る舞い続けるかぎり、目覚めることはできません。今日あなたが考えたことを考えてみてください。ただ今日だけです。朝、目を覚まして以来、自分のマインドを通過した物事、自分がとった行動、自分が感じた感情、自分が心配したこと、悲しみや喜び、あるいは、あらゆる種類の感情について。こういったすべてが、あなたの貴重なエネルギーの無駄使いです。これがあなたを引き留め、あなたを人間に留めておきます。これがあなたを世俗的にします。私の言うことを理解して、非行動と反応しないというプログラムを、マインドの中で始めるかどうかは、あなたしだいです。

何かがあなたのマインドや世界で起こるとき、観察者になってください。あなたは観照者になり、反応しないでください。自分のマインドを今という中心、この瞬間に置き続けてください。十分前のこと、昨日のこと、一週間前のこと、先月のこと、昨年のこと、五年前のことについて考えないでください。十年前に誰かがあなたにしたことや、誰かにされたひどいことについて考えないでください。こういった物事があなたを引き留め続けます。また、来週自分が何をするのかとか、来月悟るために、自分が何をしなければならないかとか、来年自分が会いにゆかねばならない先生や、自分が来週読まなければならない本のことも考えないでください。こういったことについても考えないでください。こういったことすべてがマーヤーの一部です。それは壮大な幻想の一部です。それらはあなたを物質性の中に引き戻します。

生徒　「私は自分の肉体ではない」というマインドの状態で、自分がやるべきすべての実務的な事を、どうやって私はやることができますか？

ロバート　もしあなたが、自分がその肉体ではないと本当にわかっているなら、そういった質問はあなたのところへけっして来ないことでしょう。肉体は常にそれ自身の世話をします。オレンジの木の中で、誰がオレンジを育てているのでしょうか？　誰が草を成長させるのでしょうか？　同じパワーがあなたの肉体の世話をするのです。あなたがその心配をする必要はありません。あらゆることがうまくいきます。あなたが白日夢に浸っていないかぎり、あなたの肉体は道路上のトラックの前へ飛び出したりしません。目覚めてください！　目覚めることは、茫然自失の状態になることではありません。

あなたは自分が一個の肉体だと信じているので、自分が行為者で、あらゆる行為の責任を負い、食事を作り、歩き、買い物をすると信じています。しかし、こういったことはあなたとは何の関係もありません。目覚めるとは、あなたとは無関係に自然に起きている、こういったすべてのことに気づくことです。草は自然に成長します。しかし、私たちは自分の意志力でそれを成長させていると想像します。同じことが、私たちの肉体の活動についても言えます。実際あなたがそれらについて考えないときのほうが、肉体はうまく機能します。それゆえ、自分の真我であってください。そして、起こることを眺めてください。

生徒　なぜ私たちは、世の中で試練や苦難を経験しなければならないのでしょうか？　そういった出来事は何のためなのでしょうか？　もし私たちが意識であるなら、なぜ物質的世界に煩わされなければならないのでしょうか？

ロバート　あなたは煩わされる必要はありません。誰が煩わされなければならないのか、と自分自身に尋ねてください。煩わされる人は誰もいません。それは夢のようなものです。あなたは死すべき夢を見ているのです。自分をつねって、目覚めてください。自由になってください。これをしなければならない人は誰もいません。私たちは催眠術にかかっています。私たちは、経験を通過しなければならないと信じる催眠にかかっています。だから、なぜ？　と尋ねるのは、当然のことです。しかし、真実はと言えば、誰もどんな経験も通過していないということです。それはただそう見えるだけです。蜃気楼の中の水や空が青いことや、ヘビに見えるロープと同じです。それはただそのように、現実に見えるだけです。しかし、あなたがいったん真理を知れば、あなたは自由です。

どんなことを通過するどんな人も、誰もいません。あなたが、「私はこの肉体である」という観念に執着するとき、経験を通過するように見えるだけなのです。しかし、あなたではなく、「私」が肉体であることを理解することで、肉体観念を放棄するやいなや、あなたは自由になるのです。

あなたはけっして肉体であったことはありませんでした。どんな肉体もありません。しかし私は、ある人たちにとってはその催眠があまりに強力なので、自分がその肉体ではないと信じることが非常に困難なことも、実際認めます。なぜなら、あなたは肉体を見、それを観察し、それは感じられ、それは行動するからです。だからこそ、あなたは自己問いかけをしなければならないのです。真我覚醒とは、マインドがスピリチュアルなハートの中へ引き入れられることです。

生徒　マインドがない状態と「悟り」の違いは何ですか？

ロバート　マインドがない状態というのは、あなたが練習によって、もはや自分を煩わせる思考が何もない静寂さの場所へ行くことです。あなたは自己問いかけを通じて、そこへ到着します。それが最速の方法です。しかし、それは真我覚醒ではありません。真我覚醒とは、マインドが霊的ハートの中に引き入れられることです。自由、解放、真我覚醒とは、静寂の中に残されているマインドが完全にスピリチュアルなハートの中に引き入れられることです。その瞬間、マインド全体、「私」が完全に消滅し、あなたは自由です。ですから、思考がない状態とは非常に高い状態で、それは至福の状態です。しかし、まだ至福を経験している誰かがいます。その至福がハートに引き入れられるとき、どんなことを経験するどんな人もいません。それゆえあなたは、「私はマインドがない状態にいます」とはもはや言えません。そのときには、何も言うことがありません。わかりますか？

生徒　明確になったようです。

ロバート　頭が混乱しますね〔訳注：原文 as clear as mud は直訳すれば、「泥と同じくらいクリア」。反語的に「とてもわかりにくい」の意味で使われる〕。再び言えば、覚えておくべき重要なポイントは、あなたは自分に質問し続けなければならないということです。宣言しないで、自分に質問してください。マインドは質問を嫌います。

生徒　ロバート、自分自身との一体化をやめ、神秘と一体化しようとすることが、マインドというかエゴに起こるように思えます。変化を生み出すには、それで充分でしょうか？

ロバート　変化を生み出すにはそれで充分です。マインドがそれ自身を疑うとき、それは弱くなります。ですから、あなたが質問を尋ねれば尋ねるほど、マインドはますます弱くなります。もしあなたが宣言すれば、もしあなたが、「私は神だ」とか、「私は意識だ」とか、「私は絶対的現実だ」とか言い続けるなら、マインドはそれを気に入ります。なぜなら、それは神になりたいからです！　それは神でありたいからです。ですから、そのときエゴは、自分が神だと思います！　そして、あなたは挑戦的態度で歩きまわります。しかし、あなたが反対の道を行き、「私は何か？　そのマインドはどこから来るのか？」と尋ねるとき、マインドは弱くなります。マインドはそういった質問や状態が好きではありません。あなたが言ったように、それは神秘を見始め、ますます弱くなります。それはいわば、自分自身を貪り食うのです。しかし、もちろん究極の真実はと言えば、マインドはありません。それゆえ、何かをするマインドに集中しないでください。ただ、「このマインドは誰に来ているのか？」と尋ねてください。

✣本当の明け渡し――神様、これを引き受けてください

生徒　ロバート、こういったことすべては、もし人がただ明け渡せば、やって来ることができますか？

ロバート　はい、もちろんそうです。もしこういったことすべてが複雑に見えるなら、あなたがすべきことはただ放棄し、言うことだけです。「神様、これを引き受けてください。すべてあなたのものです」と。そして、完全に手放すのです。そうすれば、質問の余地はなくなります。「神様、これを引き受けてください。すべての重荷を引き取ってください。私はもう気にしません」とあなたは言います。でも、それもまた難し

いのです。なぜなら、あなたはあらゆることを神に差し出して、何一つ心配してはいけないからです。

この世のどんなことも心配してはいけません。
神がすべての世話をしていると理解してください。
それが本当の明け渡しです。

＊――もちろん私は、あなたが慈悲の感情をもたないとか、冷たい人になるとか、そういうことを言っているのではありません。あなたは他人のことを感じますが、単に自己中心的な感情ともはや一体化しないということです。

7章　マーヤー

あなたが感じる、聞く、触る、嗅ぐ、味わうあらゆることが、マーヤー（幻想）です。

あらゆることがマーヤー、壮大なる幻想です。

私たちのほとんどがマーヤーとは、本当に何かを理解していません。

私がマーヤーを説明しようとすることは、マーヤーです。

あなたの目が見ること、あなたがとても大事だと信じていることすべてが、マーヤーです。

あなたが聞くあらゆること、
あなたが読むあらゆること、
あなたが自分自身をよりよくするためにやろうとしているあらゆること、
それらすべてがマーヤーです。

蜃気楼の中の水、それがマーヤーです。

現実に見えるような何か、でも、調査すれば、それは現実ではないことがわかります。

全世界がそんなようなものです。
全宇宙がそんなようなものです。
二度と騙されないでください。
どんなことも深刻に受け取らないでください。
内側に入り、反応しないようにしてください。
この世の中にあらわれる混乱、騒ぎは真実ではありません。
それは「現実」ではありません。
それは来ては去って行くものです。
これもまた去って行くのです。
しかし、あなたの中心は神であり、意識であり、絶対的現実であり、ブラフマンです。
これらはすべて同義語です。
それが存在する唯一の平和です。

✣壮大な幻想

私たちが「マーヤー」と呼んでいるものは非常に強力ですし、強力に見えます。それはあなたをしっかり摑み、この世の中で物事が起きている、物事が動き、変化している、とあなたに信じさせます。それはあなたに見せられている映画です。マーヤーに影響されずに一日を過ごせる人はほとんどいません。自分のことを考えてみてごらんなさい。今日だけで、あなたはどれほどマーヤーに影響されましたか？　自分や誰かの肉体についての何かを信じる。あるいは、自分の人生の状況について、世界について、宇宙についての何かを信じ、それを感じる。それがマーヤーです。

✣仏陀と弟子の話――何が現実か

一つ例をお話ししましょう。ある日、仏陀と彼の弟子、ナラダが田舎の道を歩いていました。仏陀はマーヤーについて話していました。仏陀は、「木々、川、山々、美しさ、すべての虫、蚊、動物、みんなマーヤーだ」と説明しました。ナラダは言いました。「でも先生、どうしてそんなことがありえるでしょうか？　それはほとんど不可能に聞こえます。私は木を掴むことができます。私はあなたの腕を掴むことができます。私は蚊にさされます。私の腕に瘤《こぶ》があって、それを感じることができます。どうしてこれすべてが幻想でありうるでしょうか？　私には理解できません」。すると、仏陀は言いました。「喉が渇いた。水を一杯もってきてくれないか」

近くに町があったので、ナラダは町へ行き、最初に見た家のドアをノックしました。老婦人がドアを開け、言いました。「何かご用ですか？」彼は言いました。「私の先生が水を一杯所望しておられます」。彼女は彼を眺めまわし、彼がハンサムで、がっしりした体格で、健康であることを見てとりました。そして、「中に入ってください」と言いました。彼が彼女の家に入ると、椅子に美しい若い女性がすわっていました。老婦人は言いました。「私の娘です。きれいでしょう？」ナラダは彼女の美しさにビックリ仰天しました。彼は言いました。「彼女は私が今まで出会ったもっとも美しい女性です」。老婦人は言いました。「彼女と結婚してくれませんか?」するとナラダは言いました。「もちろんです」。それで彼は彼女と結婚しました。彼らは大きな結婚式を開き、村中の人がやって来ました。次の日、彼は仕事を得ました。彼の職業は焼物師でした。彼は土から美しい壷《つぼ》を作りました。彼は生活のためにこれをやりました。

一年後、子供が生まれ、彼は美しい家を建てるくらいの余裕がありました。彼は住宅ローンの支払いがあり、税金を払わねばなりませんでした。それでますます彼は一生懸命に働き、自分を助けてくれる人たちも雇いました。彼は従業員を得たのです。彼は彼らの給料、税金、社会保険料、その他を支払わなければなりませんでした。それからまた二年が過ぎ去り、二番目の子供が生まれ、彼は完全に家族生活に埋もれました。よい日々もあり、悪い日々もありました。

三年、四年、五年が過ぎ去りました。ある日、大きなハリケーン、非常に大型のハリケーンが町を襲い、町は洪水になりました。ナラダは言いました。「どうしたらいいだろうか?」彼の家具が全部壊れていると ころで、彼が所有していると信じたすべてのものが濡れて、完全にダメになりました。彼は家族を屋根の上に連れて行きました。屋根の上に物干し網があり、みんなそれにしがみつきました。ハリケーンはますます強くなり、彼の義理の母が洪水に流されました。ナラダはこう言いました。「彼女のことは必要ないと思う。いずれにせよ彼女はもう年寄りだ」[ロバートは冗談ぽい口調で話す]。

でもハリケーンはますます強くなり、彼の妻と二人の子供たちがしがみついていました。子供の一人が流され、彼は非常に動揺して、取り乱しました。彼は妻といっしょにしがみついていました。それから、もう一人の子供も流され、彼は非常に動揺しましたが、自分に言いました。「少なくとも、私にはまだ妻がいる。私たちはもっと子供を作ることができる」。それから、妻も流れ去ってしまい、彼は「私の家族に何が起こったのか!? みんないなくなってしまった！ 私が頑張って働いてきたものが、すべてなくなってしまった！ 私が奮闘してきたものが、すべてなくなってしまった！ 今それをすべて終わりにしよう。自殺しよう」。それで彼はロープを手放しました。次の瞬間、彼は一杯の水を手にもって、仏陀の横に自分がすわっていることに気づきました。彼が仏陀を見ると、仏陀は言いました。「もうそろそろ、私に水をもってきてもいい頃だと思うが」（大笑）。それから、ナラダは仏陀を見て言いました。「今、私はマーヤーとは何かを理解しました！」

✣あなたはマーヤーではありません

私たちはみんなこのようなものです。私たちはあまりに世界に埋もれてしまいました。私たちは物事を現実だと思っているので、あらゆることが私たちを煩わせます。私たちは怒り、動揺します。しかし、真実はと言えば、あなたはマーヤーではありません。あなたは絶対的真理です。あなたは完全なる気づきです。あなたは真我です。自分が何であるかを知り、目覚めてください。目覚めて自由になってください。それはとても単純なことです。言葉がそれを複雑にします。事実はと言えば、あなたは一度も生まれたことはありませんし、けっして死ぬこともできません。あなたを支えている、維持しているどんなパワーもありません。あなたは自分がそう見えるようには、存在していません。これは全宇宙にも言えることです。それは映像にすぎません。それは視覚的幻想です。水の中の蜃気楼か蜃気楼の中の水のようなものです。それは両方同じものです。水は蜃気楼で、蜃気楼は水です。ですから、見えているものは見かけの水です。

しかし、あなたがそれを摑もうとすると、砂を摑みます。あなたがこの世の中で摑むあらゆるものは、砂のようなものです。それは現実に見えます。そして、あなたの感情がそれをしっかりと握り締めて、それにより多くのパワーを与えるので、マーヤーはますます強力になります。ついにあなたはあまりにマーヤーに囚われた状態になるので、自分のすべての恐れ、挫折、過去についての思考やサンスカーラ（傾向、習癖）を取り除くために、多くの転生を必要とするようになります。

あなたが自分のためにこういったことを現実にしてしまったのですが、そういった物事は存在していません。これらの何一つ現実ではありません。しかし、あなたがそれらを現実にしたのです。あなたはそれを自分自身にしたのです。それゆえ、肉体を去るとき、あなたはアストラル界（肉体次元以外の世界の一つ）を通過するように見え、休憩を取ります。そこで以前は耐えられなかった昔の親戚に出会います。それから、あなたはまた進んで行き、肉体に再び戻って来ます。あなたはこれを何度も何度も続けます。しかし、これはウソなのです。あなたがそれを真実にしています。あなたが信じるので、それがあなたの真実となるのです。そして、あなたはそれを手放すことを拒否しています。

❖選択――神に従ってください――平和、愛、喜び

もちろんあなたには選択があります。これがあなたの選択です。私は今日誰に従おうか、神かマモン（訳

注：「強欲」を象徴する聖書の中の言葉）か？　それが単純に意味することは、マモンに従うことは、この世に従うことです。それは幻想の世界で、あれやこれをしなければいけない、ここやあそこへ行かなければいけない、とあなたに信じさせながら、あなたをけり続ける幻想の世界です。でも、あなたが神に従うとき、自分の真我に従っています。あなたはダルマ（宇宙の秩序）、スヴァルーパ（自己の真の姿）に従っています。あなたはもはや自分をかわいそうに思いません。自分が過去にしたこと、しなかったことについて罪悪感をもはや感じることもありません。あなたのマインドは明晰になり、平和になります。あなたのマインドは鏡のようになります。鏡は自分自身を見ることができないので、平和、愛、調和、喜びとしてのそれ自身の反映を世界の中に見ます。

あなたがこのように自分自身に働きかけ続ければ、これらのすべてがなくなり、いずれあなたもいなくなる日がやって来ます。あなたは何もないものになるのです。役立たず（a good for nothing）、です。あなたは何もないものも超えて、それは言語に絶する存在です。それは説明できない何かです。というのは、これを理解する言葉も思考もないからです。それにもかかわらず、あなたは自分の中にすべてをもっています。あなたが必要とするあらゆるものは、あなたの中にあります。あなたは**一なるもの**なのです。

✣冷静でいるとはどういうことでしょうか？

あなたが働きかけなければいけないことの一つは、情熱です。あなたはこの世界とこの世界の物事のための、すべての情熱を放棄しなければいけません。あなたは冷静さを育てなければなりません。さあ、これは一部の人たちにはひどいことに聞こえます。この世の物事に対して情熱をもたないなんて、けっして情熱的に恋をしないなんて、と。私は何の話をしているのでしょうか？　私が言及していることは、マーヤーの世界に対して情熱を失い、真我の世界に完全な情熱をもつということです。

　ですから、ここにはこの世界に対する二つの見方があります。一つはマーヤー、壮大なる幻想です。あなたはこれと何も関係したくありません。しかし、こういった態度もまた問題を生み出します。これは悪意、悲しみを生み出すように見えます。しかし、もう一つ、現実の世界があります。真我の世界です。至福の世界です。完全なる喜びの世界、純粋な平和と幸福です。これがあなたの本当の姿です。これがあなたの本質、スヴァルーパです。あなたはずっとこれでしたし、これからも常にこれです。過去を忘れてください。未来について心配しないでください。自分の真我に完全な信頼と完全な喜びをもってください。あなたが自分自身を、すべてに浸透している意識であると理解できたとき初めて、全宇宙はあなたのマインドから放射されていることをようやく理解することができます。あなたが見るあらゆるものが、あなたから出て来ているのです。あなたは創造者です。あなたは神です。あなたはアバター、アートマンです。あなたが今まで聞いたことのあるすべての神々、仏陀、クリシュナ、エホバ（旧約聖書の神）、アッラー（イスラム教の神）、彼らはみなあなたです。あなたは**それ**なのです。あなたは**それ**以外の何でもありません。あなたはずっと**それ**でした――タットヴァマシー（梵《ぼん》我《が》一如《いちにょ》）〔訳注：梵（ブラフマン：宇宙を支配する原理）と我（アートマン：個人を支配する原理）が同一であること〕――これがあなたです。

❖世界の現実とは何でしょうか？
永遠なるすべてに浸透する真我です

この世界のことを心配しないようにしてください。というのは、死すべき人間はこの世界をけっして理解することはできません。この世界は非常に混乱し、混迷しているように見えます。この世界の中にとても素晴らしいものもたくさんあるように見えますが、同時に非常に多くの破壊、人間の人間に対する非人道的行為もあるように見えます。卑劣な物事がこの世界の美と喜びと交じり合いながら、あらゆるところで進行しています。そのことは死すべき人間には非常に混乱して見えます。そして、あなたは自分がますます老いていくのを見ます。あなたのすべての物質次元が捨てられていきます。仮にあなたが偉大な物事を成し遂げたとしても、時間がくれば、それらを去らねばなりません。あなたは自問し始めます。「人生とは一体何なのか？　私とは誰なのか？　私とは本当に何なのか？　あらゆることの源泉とは何か？」

誰もこういったことを今まであなたに説明してくれませんでした。ですから、あなたは人生とは偶然の出来事なのだと信じています。あなたは偶然に生まれ、そこにある状況の中を生きてゆく。あなたは年をとり、死ぬ。あなたは何が進行しているのか、何もわかりません。それゆえ、私はあなたに言うのです。世界のことは放っておきなさい、と。あなたがこの世界に平和をもたらさなければならない、と信じてはいけません。

道を知っている偉大なるパワーがあって、この世界、この宇宙を世話しています。それはあなたの助けを必要とはしていません。あなたがこの世界を助けることができる唯一の方法は、目覚めること、真我覚醒することです。真我覚醒することで、どうしてあなたは世界を助けることができるのでしょうか？　真我覚醒するとき、あなたはもはや一個の肉体ではないからです。あなたはすべてに行き渡る意識、絶対的現実です。あなたは限界のないスペースです。あなたは木々になり、山々になり、川になり、動物になり、昆虫になり、鳥になります。あなたはあらゆるものになりました。あなたは真我です。不滅の不変の真我です。しかしこういうふうに見ることができないとき、あなたは独立した代理人として行動し、この世界を住むためのよりよい場所に変えようと考え、自分の権利のために立ち上がります。人々の意見を変えようとし、これやあれやについて抗議します。

❖こういった物事はこの世界で必要です

私はこういった物事はこの世界で必要だと認めますが、これがマーヤーのすべてです。マーヤーは素晴らしい幻想です。それは、この世界を変えるために、あなたがしなければいけない物事がある、とあなたに信じさせます。しかし、私はあなたに確約することができますが、何もけっして変わりません。しばらくは変わるように見えます。ある時代、状況は少しだけよりよく見え、また少しだけ悪く見える時代もあります。また大変動があり、破壊もあることでしょう。すべてのこういった種類の出来事がこの世界に起こるのです。これがこの世界の性質です。それは絶対的にあなたとは無関係です。それにもかかわらず、同時にあなたが世界でもあるのです。私は常に自分自身に矛盾し、これが教えです。それは完全なる矛盾です。しかし、究極の現実とは、あらゆることを手放すことです。自分の真我を遍在だと知ってください。そうすれば、あなたは完全なる幸福で完全なる自由です。

✣あなたは意識というスクリーンです

あらゆることがあなた自身の投影をおび始めます。そして、あなたは自分が純粋な意識だと発見し始めるので、世界もまた純粋な意識になり始めます。それは映画に行くようなものです。スクリーンは純粋な意識で、映像は世界です。目覚める前、あなたは映像と一体化していて、スクリーンがあることを知りませんでした。あなたは、スクリーンが自分のマインドのどこかにあると知り、スクリーンのイメージを少しもっていますが、でもそれについては考えません。なぜなら、映像がとても楽しいからです。

恋愛映画、戦争映画、その他様々なジャンルの映画を見て、あなたは対象物に完全に包み込まれます。でももちろん、あなたがスクリーンのところへ行って、対象物を摑もうとすれば、スクリーンを摑むことになります。あなたが目覚めるときに起こるのは、このことです。あなたは自分が意識であるスクリーンだと理解します。そしてあなたは、この世界のあらゆること、神も含めた全宇宙があなたの上に重ね合わされていることを理解します。それは現実ではありません。それは重ね合わされた映像なのです。でも、あなたは意識であるスクリーンと一体化し、その重ね合わされた映像に耐えます。でもあなたは、それが自分ではないことを理解します。あなたはそれとは何の関係もありませんし、それと一体化もしません。

ですから、映画の例と同じように、あなたの肉体はあらゆる種類の経験、よい経験、悪い経験、中間の経験を通過します。しかしあなたは常に、自分が肉体ではなく、どんな肉体もあなたのために存在していないことに気づいています。現実には、どんな映像も重ね合わされていないことをあなたは知っています。それは存在しているように見えますが、存在していません。それは催眠のようなものです。あなたは白いプードル犬が自分のあとを追いかけている、と信じるように催眠をかけられています。もちろん、あなたが催眠術から目覚めたときも、うしろを見続けると、実際そこには白のプードル犬がいます。あなたのマインドは白いプードル犬を想像し、それが現実だと信じます。他の誰もそれを見ませんが、催眠が完全に解けるまであなただけに見えるのです。

同様に、人々、場所、物事を見るとき、それらは私たちにとっては現実に見えます。私たちはそれらと一体化して、そのため苦しむのです。しかし、あなたが毎朝、目覚めるときと思考がやって来るときを捉え、練習するにつれて、少しずつゆっくりと、でも確実に、あなたはますます自分の真我に覚醒し始めます。そして、あなたが目覚める日がやって来ます。それがどれくらいかかるか気にしないでください。時間を見ないでください。自分が今の自分になるのに、どれくらい長い時間がかかったかを考えてください。自分自身であってください。あなたの現実と一体化してください。常に自分の真我であろうとしてください。

✣世界の原因とは何でしょうか？

もしあなたが肉体をもっていないとすれば、なぜあなたにはそのように見えるのでしょうか？　こういったゲームが現実でないとすれば、なぜあなたはそれをやっているように見えるのでしょうか？　その答えとは、あなたはどんなゲームもしていない、ということです。何かをやっている人は誰もいません。これは、ほとんどの人にとって理解することが困難なことです。まったく何も起こっていない。でも私は動き、泳ぎ、ゴルフをし、仕事へ行き、テレビを見、私はこういった物事をやっています。こういった物事は起こっているように見えますね。でも、あなたは質問を思い出さなければなりません。「それは誰に起こっているのか？」と。誰がこれを経験しているのか？　もちろん私たちは、これを経験しているのはエゴであることを思い出します。

それからまた、あなたは自分にはエゴがないことを思い出します。エゴはないのです。エゴはけっして存在したことがありませんでした。もしそれが存在しているとすれば、それはどこから来たのでしょうか？誰がその創造者でしょうか？　あなたが何を信じるにしろ、それを創造した創造者がいなければなりません。もし自分が人間だと信じるなら、何かがあなたを創造しました。あなたは自分の両親が自分を創造したと言い、さらに、誰が両親を創造したのか、誰が両親の両親を創造したのかと、時間を遡《さかのぼ》ります。あなたはまさに最初まで遡ります。あなたの信じるあらゆることには、原因がなければなりません。どんな原因もなく、それゆえどんな結果もない、と私があなたに教えているときでさえ、あなたは原因を信じています。皆さんは、私が狂っていると思っていますし、実際、私は狂っています。誰が正気になどなりたいものでしょうか？　正気であるということは、あなたが社会と世界の出来事に従うこと、世界と同じように考えることを意味しています。私はあなたにはっきりと言うことができますが、何も存在していません。さらに私は、その何もないということについてあなたが考えるとき、あなたが考える何もなさもまた存在していない、とはっきりと言うことができます。いったん何もないということについてあなたが考えると、それは台無しになります。なぜなら、それは何かになってしまうからです。

世界にはエゴがないことに気づいてください。世界にはどんな原因もありません。だとすれば、どこに結果があるのでしょうか？　もし結果がなければ、どんな原因もありません。どうして、世界が原因をもちうるでしょうか？　それはどこから来たのでしょうか？　あなたは自分の夢には原因があると言うことができます。あなたが原因です。なぜなら、あなたが夢を見るとき、あなたは夢を見ている最中にそれを言うことができるでしょうか？　あなたが夢を見ている最中、あなたが夢の中にいる間は、他のすべての人と同じように、あなたは世界には原因があると信じます。あなたは夢の中で日常生活に巻き込まれます。あなたは楽しい経験をし、ひどい経験をします。そこに私が現れて、あなたは夢を見ていると言っても、あなたは私の言うことを信じません。あなたは言います。「ロバート、私が夢を見ているかどうか、あなたに教えてあげます」と。そして、あなたは私をつねります。私は「あ、痛い！」と言います。すると、あなたは言います。「おわかりでしょう。これは夢ですか？」と。私は、それは夢の中でつねったのだ、とあなたに説明しようとしますが、あなたはそれを信じません。あなたはそれを現実だと思っています。それから、あなたは外に出て、通りを横切るとき、車にひかれました。あなたは道で血を流しています。

私がかけより、あなたに言います。「あなたは夢を見ています。だから、そんなに動揺しなくても大丈夫。問題ありません」と。あなたは私を呪い始め、私にこぶしを振り上げ、言います。「どうしてそんなことが言えるのですか？　見てください。私はそこらじゅう血を流しているんですよ」と。それから、何か面白いことが起こり、あなたは目覚めます。夢はどこへ行ったのでしょうか？　血はどこへ行ったのでしょうか？

あなたをひいた車はどこへ行ったのでしょうか？［静寂］あなたを今動揺させている個人的経験について考えてみてください。私があなたに話していた間、あなたが考え続けていた問題を考えてみてください。あなたのマインドの一部は、他のことや問題を考え、それが現実だと信じます。あなたは、自分が誰が好きで、誰が好きでないかを考えています。今晩何を食べようかを考えています。こういった思考があなたのマインドにやって来るのは、あなたが自分の思考をどう扱うかを訓練していないからです。あなたには先入観や観念があります。

たとえば、あなたはやって来て、私を見ます。あなたが自分自身を見るときと同様に、あなたは先入観をもって私を見ます。あなたは私を、クリシュナムルティ（インドの精神的指導者。一八九五～一九八六）や他の先生やラマナ・マハルシやニサルガダッタ・マハラジ（インドの賢者。一八九七～一九八一）、ゴミ収集人、門番、その他あなたが比較したい人と比較します。これがまさに私が話していることです。あなたのマインドは先入観でいっぱいです。私は実際誰でもありません。私はまったく特別ではありません。ですから、あなたが私の中に見るものは、現実ではありません。あなたは自分自身の投影を見ています。言い換えれば、あなたは自分自身を見ています。もしあなたが成長して、純粋な意識に目覚めなければ、そのとき世俗的何かを見ることになります。そして、あなたは比較します。あなたは、私はこれは好きだ、これは嫌いだ、これはいい、これは悪いなどと言います。あなたは自分のマインドをコントロールしなければなりません。自分のマインドと自分の肉体は、あなたの友人ではないことを理解しなければなりません。それらはあなたに間違った情報を与えています。しばらくの間それは正しいように見えますが、また悪くなります。

自分のマインドの言うことを聞かないようにしてください。
自分の思考が自分の鼻先に来る前に、それらを止めてください。
私が言っていることはそれだけです。

8章　慈悲深い自己問いかけ

自分は肉体である、マインドである、エゴであると信じながら、
あとどれほど人生を生きるのか考えてみてください。

そして、自分が今まで経験してきた状況、苦痛、歓喜、二元性も。

あなたは今、こういったすべての物事は、本当のあなたではない「私－思考」、個人的自己に所属しているものだ、とわかり始めています。

あなたは完全な自由で、個人的自己とは絶対的に何の関係もありません。

あなたはただ自分に問いかけなければなりません。

この個人的自己とは何か？

それはどこから来たのか？

それはどうやって起こったのか？

どうやってそれは私をしっかりと摑み、自分は人間である、と私に信じさせたのか？

どうやってそれは、私が生まれ、それゆえ私は死ななければならない、と私に信じさせるのか？

この個人的自己とは何か？

それはどこから来たのか？

あなたが個人的自己、「私－思考」を追跡すると、
個人的自己はけっして存在したことがなかった、とわかり始めます。

それはけっして生まれませんでした。

それは絶対的な何もなさです。

そして、あなたは輝くばかりに幸福になり、愛に満ち、平和に満ちます。

✣「私」を源泉まで追跡してください

こういった物事を理解しようとして、私が話すことについて熟考し始めると、自分のマインドからあらゆるものを取り除く方法、自分のマインドを空っぽにする方法をあなたは探します。あなたは問いかけ始めます。誰にこういった思考が来るのか？　人間であるという感情は誰に来るのか？　この世界は誰にやって来るのか？　誰にエゴがやって来るのか？　そして、あなたは自分自身に微笑み、静かになります。まもなくあなたはあらゆるものが、あなたにやって来るのだということを理解します。それはあなたにやって来るのです。私はこういう物事を考える。私はこれやあれを信じる。私は傷つく。私はこんなふうに、あんなふうに感じる。新しい洞察があなたにやって来ます。「私－思考」です。

あなたは「私－思考」こそ、容疑者だとわかり始めます。あなたは朝、ベッドから起きる瞬間から、その「私」といっしょに始め、眠りに落ちるまで、それは終わることがありません。ですから、あなたが平和でいられる唯一のときは、熟睡しているときです。あなたが熟睡しているとき、その「私」はハート、源泉に戻ります。熟睡しているとき何も進行していません。何も起こっていません。そのとき、あなたは無意識に真我覚醒しています。

だから、あなたは朝起きると、自分自身に言うのです。「私はよく眠った」。あなたはその「私」について話しています。「私はよく眠った」。あなたが本当に言っている意味は、その「私」はあなたの人生の邪魔をしなかったということです。しかし、あなたが考え始めると、「仕事に遅れている。私はバスをつかまえなくては。私は頭痛がする。私は朝食を食べなくてはならない」と、こんな感じで、えんえんとこの「私」が続き、それは止まることがありません。一日中、「私」、「私」、「私」、「私」です。このことを考えてみてください。私はあなたに真実を話していませんか？　あなたは常に、「私はこれ」、「私はあれ」について考えています。

✣無限なるものと融合するための知恵の始まり

夜がやって来て、眠るまで、あなたは「私」について考え続けます。そのとき再び、その「私」は源泉に戻り、ハートの中に戻り、あなたは再び平和になります。あなたが目覚めるまで、それが何度も何度も繰り返されます。これを百万年やったあとで、あなたは、「私とは誰か？　この私とは何か？　それはどうやって起こったのか？　それはどこから来たのか？」を自分自身に問う段階に到着します。

これが知恵の始まりであり、あなたがその「私」の源泉を問うときです。あなたはついに、その「私」を源泉まで追跡し始めます。あなたがついにこれをするとき、その「私」が源泉の中にいるとき、それはまるで、あなたが意識していることを除けば、あなたは熟睡しているような感じです。これについてしばらく考えてください。

熟睡しているとき、あなたは「私」をもっていません。というのは、それは源泉に戻ったからです。あなたは完全に幸福ですが、それを意識していません。あなたが、いわゆる真我覚醒に到達するとき、それは、あなたが目覚めている間に、その「私」が源泉に戻ったということです。考えるために残された人は誰もいません。心配したり、苛立ったり、不幸になる人は誰も残されていません。あなたは無限なるもの、すべてに浸透するブラフマンと融合したのです。

もしこれを理解し、これを練習すれば、あなたはこの世界で一番幸福な人になることでしょう。というのは、「私」の源泉を発見する途中で、あなたは日々ますます幸福を感じ始めるからです。古い思考は解け去りました。古いあなたは消滅しました。あなたは自由になりました。あなたが一体化するものが何であれ、あなたはそれになります。

それゆえ、世俗的物事と一体化するのを止めてください。自分の真我と一体化してください。さて、あなたはどうやってこれをおこなうのでしょうか？　私が前に言ったように、それは朝始まります。それまでは、あなたのマインドは自由でした。眠ったおかげで、あなたには見かけの平和があります。熟睡することは、無意識の真我覚醒の方法です。眠っているとき、あなたは覚醒していますが、でも無意識です。つまり、あなたはそれに気づいていません。あなたは意識して眠っている必要があります。意識して眠っているとき、あなたは目覚めます。あなたは自分の真我、あるがままの現実、「私は在る」に目覚めます。

✣朝の練習

朝、目覚めたら、思考がやって来る前にすぐに、真我と一体化してください。どうやって？　ただ自分自身に、「私……私……私……私」と言ってください。しなければならないことは、ただそれだけです。「私……私……私……私」。自分の思考がやって来る前にこれをやります。おそらく最初は、ほんの数秒しかやり続けることができないかもしれませんが、それでも効果があります。ほんの数秒でも、あなたの一日を満たりたものにしてくれ、あなたは一日中、幸福を感じることでしょう。時間がたつにつれ、私が以前説明したように、スペースは広くなり、あなたはもっと長い間、「私……私……私」の中に留まることができるようになるでしょう。

そして、思考が来たときは、ただ自分自身に尋ねてください。「これらの思考は誰のところへ来るのか？　それらは自分にやって来ている」そして、その「自分」をしっかり摑んでください。それを手放さないでください。でもその自分に集中もしないようにしてください。ただその「自分」をしっかり摑んで、その「自分」の源泉に集中するのです。それはあなたがロープを摑んで、それからその源泉に行き、ロープを手放すようなものです。手放すことが源泉です。完全なる気づき、絶対的現実、「私は在りて在るものなり」。

これを分析しないようにしてください。ただそれが存在することをゆるしてください。覚えていてほしいのは、有限のマインドは無限なものを理解できないということです。だから、あなたがどこから来ているのかを常に見ることが重要なのです。たとえば、あなたは今日何に巻き込まれましたか？　今朝のことを思い出してください。あなたが自分の目を開けたとき、あなたが最初にしたことは何ですか？　「私－思考」が、ハート・センターから脳へ移動したことに気づくべきです。そして、あなたが目覚めると、自分の肉体を感じ、世界を感じます。あなたはこれ以上行くべきではありません。

❖「私－思考」をスピリチュアルなハートへ送り返してください

あなたはそのとき、自分自身に働きかける試みをするべきです。つまり、「私－思考」を脳からスピリチュアル・センター、スピリチュアルなハートへ送り返すのです。あなたはすぐにこれを試みるべきです。言い換えるなら、「私－思考」が自分の肉体、世界についてあれこれ言うゲームを続けるべきではないのです。テレビをつけて、世界のニュースを見るべきではありません。というのは、それはあなたを幻想の中へ引き戻すからです。

あなたはすぐに、「その『私』に何が起こったのか？　その『私』はどこにいるのか？　明らかにそれは私の頭の中にいるはずだ。なぜなら、私は自分の肉体と世界に気づいているからである。私はそれと一体化している」と、問いかけ始めるべきです。こうやってあなたは自分自身に話しかけるべきです。そして、自分自身に質問します。「でもどうやってその『私－思考』は私の脳に来たのだろうか？」と。そして、そこで止まります。あなたがこれについて考え始めるとき、その「私」の中にいます。もしあなたが本当にその「私」の中にいれば、「私－思考」は戻り始めます。それはあなたの頭を離れ、ハートへ戻り始めます。でも、あなたは自分自身に気づかなければいけません。朝、目覚めたときにあなたが最初にすべきことは、このことです。

私は、皆さんのほとんどが忘れてしまうことを知っています。それにもかかわらず、「私は、『私』の中にいる時間だ。私は、その『私』がこれらの思考全部を自分の頭に連れて行くことをゆるすまい」と、あなたに教えてくれる何らかの鍵をあなたはもつべきです。一瞬、仕事を忘れてください。着替えを忘れてください。時間を忘れてください。すると、「私－思考」が自分の脳に入って来て、それが今、肉体とマインドを形成しているゆえに、自分は肉体とそれに関する物事について考えているのだと気づきます。マインドとは、思考が密集したものにすぎないことを見始めます。

もし思考がなければ、マインドもないことでしょう。あなたは自分が何をしているかわかりませんか？あなたがこのように考え始めるとき、「私－思考」はそれ自身で源泉へ戻り始めます。つまり、本当はあなたが「私－思考」を真我やハート・センターへ送り返す必要はないのです。あなたはただ、「私－思考」とは本当は何なのかを問いかけるだけでいいのです。結局それは、あなたの思考にすぎないという結論に至ることでしょう。もし「私－思考」が本当に存在しなければ、そのときには、私の肉体も世界も存在しません。ただこういった物事を考えるだけで、あなたは平和で幸福を感じ始めます。

✣朝の問いかけは自然発生的なものです

私は皆さんが次のように言うことを知っています。「でも、私は毎朝これをする時間がない。私は仕事に遅刻するだろうし、私は着替えをしなければならない。それから、朝食を食べなければならない」と。でも、私は再びあなたに言います。これはヨーガや瞑想ではありません。瞑想やヨーガをやるには時間をとらなければならず、それが終わったら自分のやるべきことに取りかかります。しかし、私が今説明した方法は、自己問いかけのもっともすぐれた方法なのです。あなたがただこの自己問いかけを練習し始めれば、着替えるとき、朝食を食べるとき、仕事に行くときが来れば、あなたの肉体は定刻どおり（！）これらをすることに気づくでしょう。

あなたはこれについて考えることさえありません。それにもかかわらず、あなたの肉体はシャワーを浴び、それがしなければならないことをやり、家を出て、あなたは素晴らしく感じます。これが自己問いかけと瞑想の違いです。あなたは何かについて「瞑想」しているのではありません。あなたは単に「私－思考」を問いかけているだけです。そして、おのおのの段階はそれ自身でやって来ます。あなたは自分自身が次に何を言うか考える必要がありません。

たとえば、あなたがこんなふうに自分自身に働きかけているとき、思考があなたにやって来て、あなたの中の何かがすぐにこう言います。「これらの思考は誰のところへ来るのだろうか?」あなたはこれを計画するのではありません。あなたはその稽古などしませんでした。けっして稽古も計画もしないでください。それは自然発生的でなければ、うまくいきません。覚えておいてください――自己問いかけは自然発生的であるべきで、骨折り仕事であるべきではありません。それはあなたが前もって計画するべきことではありません。

✣「私－思考」とは何でしょうか?

あなたは単に自分自身を見始めるだけです。目を覚ましたとき、あなたは目を開けます。目を覚ます直前は自分が完全なる平和の状態、思考のない状態にいたことに気づき始めます。あなたは努力のいらない思考のない状態にいました。しかし今あなたは、「私－思考」が脳に侵入するのをゆるしました。それであなたは自分の肉体と世界について考えています。それから今度は、「どうやって私は、努力のいらない思考のない状態に戻ることができるのか?」という思考があなたにやって来ます。それは、「私」の中に留まることによって、です。その「私」はどこからやって来たのか? 私は何だろうか? 確かにその「私」は源泉をもっているはずです。その源泉は、それが何であるにしろ、それ自身の中にきわめてパワフルな何かをもっているはずです。言い換えるなら、その源泉とは真我であることをあなたは理解していない、と私は想定しています。でも、「私－思考」がそこから出て来ることをただ考えるだけで、それは何かパワフルなものになるはずです。ではなぜ、「私－思考」はそこから出て来たのでしょうか? 「私－思考」とは何でしょうか? 私はそれを「私－思考」と呼び続けています。それは一つの思考です。どんな「私」もありません。

これがあなたに鍵を与えます。それはあなたを幸福にします。というのは、あなたは何も争うべきことがないからです。実際の話、中にはただ静かになって、それ以外、何も言わない人たちもいます。つまり、「私」とは一つの思考だと気づくとき、あなたは静かになり、その「私」はすぐに消えてしまうのです。もはや思考は何もありません。あなたは素晴らしく感じます！　それから、あなたは着替えて、仕事に行きますが、あなたが今朝したことの勢いが、一日中あなたに従います。確かにあなたは世の中と関わるでしょうが、それにもかかわらず、あなたは自分の真我について考える時間があります。あなたはその「私」の中に留まります。すべてが自然に起こり、自分の仕事において、何をしようとも、「考える」ことなく、あなたは正しい決断をくだすことがわかるでしょう。

物事はあなたを悩ませません。あなたは世界に対して平和で、至福を感じます。あなたはこれについて人々に話したいという願望をもちません。人々は準備する必要があります。彼らは自力で自分自身を引き上げなければなりません。人々は、自己問いかけを練習することができるようになるために、準備をしなければならないのです。そして、その準備はたいてい前の人生でおこなわれました。ですから、本を書いたり、テレビに出たり、教えを広めようとしたり、何かをしたりすることは、「時間の無駄」だということが、あなたにはわかります。あなたはただ自分自身の人生を素晴らしいやり方で生きます。あらゆることがそれ自身の世話をし、自分の意識が拡大していくことに気づきます。

✣毎日早朝に、自分自身に働きかけてください

それは、まず自分自身について考えることから始まります。それから拡大して、世界を取り込み、宇宙を取り込みます。それからあなたは、この宇宙のあらゆることをスクリーン上のイメージとして見始めます。そして、あなたがそのスクリーンです。あなたは二度と心配しませんし、二度と何も恐れません。あなたはあらゆることの完全さを理解し、どんな間違いもありません。すべてがうまくいっています。何も間違っていません。でもあなたは毎日、特に朝、目を最初に開けたときに、こういうことをしなければなりません。そのときこそ、自分に働きかけるときです。もしあとまで待つと、マーヤーが非常に強力になってあなたを摑み、あなたをリーラに本当に引きずり込みます。しかし、あなたが毎朝自分自身に働きかければ、肉体はそれ自身の世話をし、マインドは消滅し、エゴは謙虚さに変わり、あなたは幸福になります。

あなたがしなければならないことは、何もありません。そしてあなたの肉体は、それがこの世ですることになっていることを何であれ、やります。でも、あなたはそれとは何の関係もありません。あなたは平和です。ジニャーニになろうという大志をいだく成熟した探求者は、必ず自分の「私」に対してワークをします。それが出発点です。「私」の跡をたどってください。私の「私」はどこから来たのか？　それを眺め、観察してください。朝、起きたとき、眺めてください。朝、あなたは非常に平和ですが、「私」について考え始めると、あなたのすべての問題、トラブル、世界があなたに襲いかかります。しかし自分に気づいて、その「私」を摑んで、次のように問いかけてください——それはどこから来たのか？　それは単にどこから来たのか？　少し前、私は平和だった。少し前、あらゆることは大丈夫だった。でも今、私は心配している。動揺している。自分の仕事、自分の財政、自分の健康について考えている。こういった物事について考えるその「私」は、どこから来たのか？

「私」の跡をたどってハートに戻ってください。人々は私に、ハートの中のどこを探したらいいのか尋ねました。私たちが話題にしているハートは、あなたの胸の右側にあります。中心より指二本分、右側です。それがあなたのスピリチュアルなハートです。それが源泉です。「私」はそこから出て来ました。ですから、「私」を外側に追いかけないで、内側に追ってください。違いがわかりますか？　その「私」が世界について考えるときに、「私」を摑まえないでください。私たちはプロセスを反転させます。あなたは「私」を追って、源泉に戻る必要があります。

するとあなたは、太陽の数千倍も輝く明るい光として、源泉を見ることができます。「私」はその光の中に戻り、その光と融合する、と想像することもできます。もしあなたの傾向がバクティ（帰依）なら、自分の好きな聖人や賢者のことを考えて、ハート・センターをその賢者として感じることもできます。そして、「私」は賢者、光の中へ戻ります。賢者があなたの「私」を吸収します。

私は皆さんに確約することができます。もしあなたがこれをほんの少しだけでも練習すれば、驚くべき結果を得るでしょう。しかし、何らかの理由で、たいていの人は、「私」を源泉へ追うことができる段階に至る前に、長年何かの形のヨーガを練習して、スピリチュアルな道にいる必要があります。でも中には、以前の経験が何もない人たちもいて、それでも彼らはすぐに自分の「私」の源泉は真我だ、と見ることができ、その瞬間に解放されました。
その秘訣は、「私」があなたを乗っ取ることをゆるさないことです。どうやって「私」はあなたを乗っ取るのでしょうか？　あなたはまず、それが世俗的物事と一体化することをゆるします。そして、あなたはそれらについて考えることで一体化します。今、例を一つ挙げれば、あなたは朝起きて、水を節約しなければいけない、家賃を払わなければいけない、新しい洋服を買わなければいけない、と考え始めます。「私」についてのこういった無数の物事。もしあなたがすべての世俗的物事は、「私」にくっついていることを思い出し続ければ、あなたは内向きになります。そして、「私」は源泉へ戻ります。

もしあなたが「私」を眺めるか、あるいは、誰にその思考はやって来るのかを尋ねることで、これを毎朝やり続けるとしたら、自分の人生に微妙な変化が起こることに気づくでしょう。最初に見る変化は、あなたが以前味わったことがないような平和が拡大することです。あなたはもうどんなことにも動揺しませんし、自分自身に驚くことでしょう。以前は自分を怒らせた物事が、それをするパワーがないことに気づくでしょう。自分が恐れていた物事、たとえば憂鬱、不景気、記憶喪失等々、また妻が牛乳配達人と駆け落ちした（たぶん、これはよい兆候です）など、こういった物事がもはや自分を悩ませないことに気づくでしょう。あなたはただ気分よく感じます。

✣あなたは何の理由もなく、喜びに満ち、幸福です

あなたはただ全面的に気分よく感じ、それは純粋な幸福へと変化します。あなたは何の理由もなく、ただ

幸福です。「何の理由もなく」途切れることなく、ただ幸福であることが一体どんな状態か、あなたは想像できますか？　それは世界とはまったく何の関係もありません。だからといってそれは、常にヒステリックに笑って歩きまわるということではありません。それはただ、あなたは幸福を感じていることを意味します。あなたはイラクの戦争の話を聞きますが、幸福です。イラクに戦争がなくても、あなたはまだ幸福です。あなたは働き、幸福です。あなたは働かず、幸福です。あなたは財産があり、幸福で、財産がないとしても、幸福です。言い換えるなら、世界がどんなことをあなたにもたらそうと、何の違いもないということです。あなたはもはや世界と物と一体化しません。あなたは世界を自分の真我として見ているか、あるいは、ゆっくりと徐々に確実にそう見始めます。仮に最初は数瞬間だとしても、いったんその「私」が源泉へ戻ると、あなたは喜びに満ち、幸福になります。

✣ギャップ――第四の意識状態

あなたは多くの平和と調和を経験し、すぐにそれを感じるでしょう。最初は続かないかもしれません。でも、少なくとも、あなたは数瞬間それを経験し、私が言っていることの真実を証明することができました。皆さんの中には、数瞬間これを経験することができ、今まで感じたことがなかった喜び、平和、至福を感じた、と私に言った人たちもいます。あなたは自分の真我、あなたの本当の自己を感じ始めたのです。あなたがこれを毎朝、特に朝、目覚めたときにやり続ければ、こういった期間はますます長く続くことでしょう。それらは拡大します。そしてあなたは、「第四の意識状態」と呼ばれているスペース、睡眠と目覚めの間のギャップに留まることができるでしょう。あなたはその状態により長い期間留まることができるようになり、私が話していることを感じるようになります。しかし皆さんの中には、練習というものをまったくしない人たちもいます。

✣完全なる明け渡しも同じことへ導きます

もしあなたがバクティ（帰依者）であるなら、本当は何もする必要はありません。あなたがするべきことは、ただ明け渡すこと、完全に明け渡すことだけで、その行為が同じ場所へ導きます。でも、あなたが大志をもったジニャーニであり、その問題を片付けて、あなたの「私」を掴みたいなら、それを源泉へ追って、完全に全面的に自由になってください。

✣「私」の中に留まる

生徒　それは、必ずしも努力と意志をもってやる必要はないわけですね。それは努力の問題というより、手放すという問題で、そのことだけが人をここまで連れて来ることができるわけです。

ロバート　そのとおりです。

生徒　ときには、明け渡す前の強烈な努力こそが、それがどれほど簡単かを理解させるのですね。

ロバート　そもそも、なぜあなたは努力するのか、と思います。

生徒　私は、努力には正当な場所があると思います。努力は熱意を非常に蓄積するので、人は目覚めることができます。そして、人が目覚めたとき、それがどれくらい簡単かを理解するのです。

ロバート　でも、覚えておいてほしいことは、誰のための努力か、ということです。努力するのはエゴです。エゴに抵抗するよりも、それを観察するほうがずっといいことです。エゴを努力なく観察してください。あなたはただ、自分自身が状況に反応する様子を観察してください。そして、自分が与えられた状況にどれほど反応し、どう影響されるかを見てください。あなたは以前と同じくまだ反応しているでしょうか？　自分のマインドが非常に静かになって、もはやそれほど速く動かないことに気づいてください。それはあまり遠くへ行きません。それは静かにしています。あらゆることはあなたのまわりで起こっていますが、あなたにとってではありません。あなたは人生で進行するすべての物事の観察者になります。あなたは観察しますが、反応しません。

生徒　それが、あなたの言う、「私」の中に留まるという意味ですか？

ロバート　少し違います。「私」の中に留まることは、「これは誰に来ているのか？　それは私に来ている。私はそれを感じる。では、私とは何か？」を問いかけることで、「私」をしっかりと捉えることです。これが「私」の中に留まることです。

生徒　人が「私とは何か？」を問うとき、静寂がやって来ますか？

ロバート　静寂はやって来るものではありません。なぜなら、静寂はすでに在るものだからです。

生徒　静寂の認識が現れるわけですね。

ロバート　「私とは何か？」を尋ねるとき、あなたはただ静かになるのです。

生徒　「私」の中に留まることとは、静寂の中に留まることですか？

ロバート　「私とは何か？」を尋ねることで、あなたは「私」の中に留まるのです。「私」をしっかりと捉えることは、「私」の中に留まることです。

生徒　私にはまだ、あなたが言う、「私」をしっかり捉えることが、どういうことかわかりません。

ロバート　「私とは何か？」を何度も何度も尋ねることで、「私」に気づいてください。「この『私』とは誰か？　それはどこから来ているのか？　私とは何か？　私とは何か？」

生徒　それだと、「私」の中に生きるよりも、むしろ「私」を疑うように聞こえます。

ロバート　同じことです。それが、「私」の中に留まる方法、唯一の方法です。

生徒　「私」の中に留まることと、真我の中に留まることの違いは何ですか?

ロバート　あなたが「私（i）」の中に留まるとき、あなたはエゴの中にいます。「私」とは本当はエゴ、小さい「私（i）」ですが、それは最終的には真我へと変容します。ですから、あなたが「私」の中に留まるとき、真我の中に留まるのです。なぜなら、たった一つの「私」しかないからです。この小さい「私（i）」は真我へと変容します。最終的には真我だけが存在します。しかし最初は、「私（i）」のように見えます。そして、「私は何か?」という質問をし続けることで、「私」を捉え続ければ、それは真我へ、「私は在る」へ変化します。ヴィチャーラ（自己問いかけ）は実際、マインドを静めるためにおこなわれるものです。もしそれを努力として見れば、それは努力になります。反対の思考も賛成の思考ももたないようにしてください。ただそれを平和的やり方でおこない、何が起こるか眺めてください。でも、それは戦争だ、それは努力だ、あるいは、それは難しいと自分に言わないようにしてください。

それをシンプルにしてください。観察し、眺め、シンプルに尋ねてください。そうすれば、あらゆることがそれ自身の世話をします。それはあなたの成熟さに依存しています。あらゆる人が異なっています。私は、あなたが世の中に関わるべきではない、と言っているのではありません。ただ自分がするどんなことにも、反応しないようにしてください。ただ自分自身と自分が反応する物事を観察してください。そして、自分の人生をシンプルに快適にしてください。

もしあなたが状況に反応しなければ、そのときいつも静寂の中にいます。あなたは市場にいることも、どこにいることもできますが、もし反応しなければ、あなたは常に静寂の中にいます。またあなたは洞穴にいることもできますが、もし自分のマインドをコントロールすることを学んでいなければ、あなたのマインドはあなたを怒りへと駆り立て、あらゆる種類の思考を考えることでしょう。それゆえどこにいても、まったく関係ありません。重要なことは今いるところで、あなたがどう反応するか、です。私が話してる静寂はもちろん内なる覚醒のことです。それは大志をもった成熟した人によって達成されます。最初、多くの人は、「騒音があってはならない」と、私が言わんとしているのだと考えます。それで人々はあらゆる人を静かにしようとして、そのせいで、彼らのマインドは騒がしくなります。しかし、あなたが本当に静寂の中にいるときは、外側に何が起こっていても、関係ありません。

私が話している静寂は、至高の存在のことです。
あなたは平和、完全な平和、すべてに浸透する愛を感じます。

9章　スピリチュアルな修行

ここにいるあらゆる人は、絶対的現実、純粋な気づきです。
これがあなたの本質です。
未来のいつかではなく、今ここで、そうなのです。
あなたが「悟った」ときではなく、あなたが答えを求めるときではなく、
今、この瞬間、これがあなたの本当の姿です。

なぜあなたはそれを受け入れないのでしょうか？

あなたが自分自身について考えるとき、自分自身を、生存のためにもがき、
生き延びるために戦わなければいけない、とるに足りない「人間」だと思っていますか？

あなたがこれを信じるかぎり、物事はあなたにとってはそうなります。

でも、あなたが自分の真我についての真理――あなたが喜びで、聖なるサット・チット・アーナンダであ

ること——を受け入れるやいなや、自由になります。
あなたはただこれを受け入れるだけでいいのです。

あなたが「経験しなければいけない」儀式はありません。
あなたが「唱えなければいけない」祈りもありません。
「あなた」はただ自分自身の本質——
純粋な気づき
ニルヴァーナ（涅槃）
至福
意識
——に目覚めればいいのです。
これが今この瞬間のまさにあなたの姿です。

✣知恵の始まり

あるジニャーニの話があります。彼は目を閉じ、頭を膝につけ、聖なるものに没頭して道路の脇にすわっていました。一人の少年が彼のところへ歩み寄り、尋ねました。「先生、私をあなたの弟子にしてもらえないでしょうか？　私に教えていただけませんか？」ジニャーニは言いました。「私には弟子はいないし、どんな教えも与えない。だが、今日一日、私の隣にすわっていることをゆるしてあげよう」。若者はすわって、観察しました。一日中、様々な信念、宗教をもった人々がジニャーニのところへ来て、彼に質問したり、彼に頼み事をしたり、ヒーリングを望んだり、様々な奇跡を演じてほしがったりしました。ある女性は自分の娘を結婚させたいと思い、娘が夫を見つけられるように、ジニャーニに祝福を望みました。また別の人は、仕事で成功するためにやって来ました。こういったことが一日中続きました。ジニャーニはけっして目を開けず、また質問にも答えませんでした。彼はまったく何も言いませんでした。四時頃、一人の乞食がやって来ました。彼は肩に荷物を背負い、髪はボサボサで、ボロをまとっていました。彼は二人のところへやって来て、「町へ行く道を教えてくれませんか?」と尋ねました。ジニャーニは目を開け、微笑み、飛び起きて言いました。「もちろんですよ。私についてきなさい」。彼は乞食を連れて、しばらく道を行き、彼のために荷物をもってやり、町へ行く道を示して、それから戻って来て、すわりました。

その若者は困惑していました。彼はジニャーニに尋ねました。「先生、私はあなたがしたことを理解できません。法律家、裁判官、様々な宗教をもった人たちがやって来て、あなたに奥深い質問をしたのに、あなたはそれらに答えようとはしませんでした。ところが、乞食はあなたを微笑ませ、目を開かせ、あなたは彼に道を教えてやりました。これを説明してくださいませんか?」ジニャーニは言いました。「今日来た人の中で、乞食だけがただ一人正直だった。彼は自分が欲しいものを知っていたので、彼は答えを得たのだ」。この話が何を意味するかと言えば、たいていの人は偽善者だということです。彼らは自分の利益のために教えを欲しがっています。彼らは絶対のことを考えているのではなく、この教えが彼らに物質的にどう役立つかを考えているのです。彼らは問題を取り除きたい、自分のライフスタイルを変えたい、物質的富を得たい、病気を治したいなどなど、なのです。

さて、これらはすべて正当な願望ですが、真我覚醒とは絶対的に無関係です。真我覚醒はあなたの本質です。それはあなたのあるがままの姿です。それはあなたの肉体とは何の関係もありません。それはあなたのマインドとも無関係です。それはあなたが関わっている出来事とも無関係です。ですから、真我覚醒するものは、肉体ではありません。肉体はけっして真我覚醒することはできません。マインドはけっして悟りを知ることができません。私がどれほどこのことを言っても、それでも人々はまだ、悟るのはマインドであり、肉体は意識の中を上り、自由になると信じています。それほど真理から遠いことはありません。あなたはその肉体ではありません。あなたは肉体をもっていませんし、マインドももっていません。すべての宗教的信仰をもちながら、すべてのスピリチュアルな修行をしながら、私たちはこれになりたい、あれになりたいと言います。私たちはマインドの平和が欲しい。豊かさが欲しい。私たちはこういったすべての物を欲しがります。しかし、私たちが本当に欲しいのは絶対的自由です。究極の現実は純粋な気づき、絶対的現実です。

これが、私たちの内部のどこかにある目標ですが、私たちはそれを知りません。私たちはそれを持ち運んでいて、究極の現実とはすでに私たちの一部です。それにもかかわらず、私たちはあらゆる種類の訓練、瞑想、サーダナをし、クンダリーニを目覚めさせようとします。あらゆる種類のタントラの練習をし、カバラを学び、タオイズムを練習し、こういったすべてをやりますが、すべてまったく不必要で、滑稽なものです。それらはすべて時間の無駄です。しかし同時に、それらは時間の無駄ではないのです！　それらが時間の無駄でないのは、もしそれらをやらなかったとすれば、あなたはここにいないでしょうし、アドヴァイタ・ヴェーダーンタを教えるクラスにもいないだろうからです。あなたは完全なる自由を求めることもないでしょう。あなたがやったすべてのことがあなたをここへ導いてきました。でも、すべてナンセンスのオンパレードです。どうしてその両方が正しいことが、ありえるのでしょうか？　それが必要かつナンセンスの束であることが、どうしてありえるのでしょうか？

あなたが目覚めることを拒否し、自分自身が肉体ではないと見ることを拒否し続けるかぎり、こういったすべての儀式、経験、すべての教えを修行する、聖書や聖典やその他を暗記することなどを通過しなければならないのです。本当は教えというものが自分を目覚めさせるわけではない、そして、自分を目覚めさせ、自分自身への、マーヤーへの、宇宙への、世界への束縛から自分を解放することができる人も場所も物事もない、という事実にあなたが目覚めるまで、あなたは何度も何度も、おそらくは何世にもわたって、こういったことすべてを通過しなければならないのです。あなたがこれを理解するとき、それが知恵の始まりです。

❖ あなたは純粋な存在になります

つまり、この世界のすべての教えもすべてのスピリチュアルな修行も、今まで自分がやって来たすべてのヨーガの練習もすべての訓練も、あなたをほんのわずかでも目覚めさせることはない、と理解することです。あなたは自分の時間を無駄にしてきました。何もあなたを目覚めさせることはできないからです。[*1] あなたは自分を目覚めさせてくれるだろう何かを、私が語るのを待っています。しかし、何もあなたを「目覚めさせる」ことはできないのです。もし「何か」があなたを目覚めさせるとすれば、それは目覚めではないことでしょう。もしあなたが自分を目覚めさせるために、「何か」に頼るとしたら、それは本当の目覚めではありません。起こることは、あなたが単に見始めることです。あなたは純粋な存在になります。でも、何もそれを起こすことはできませんでした。あなたが今までやってきたすべての大変な修行が、「自分をより速く目覚めさせる」だろうと思ってはいけません。私はあなた自身の恩恵のために、こういった偉大な真実をあなたに話しています。なぜなら、皆さんのほとんどの人たちが長い間ここにいるからです。この世界の何もあなたを目覚めさせません。あなたを目覚めさせることができるものは、何もありません。なぜなら、あなたは何か他のものに頼っているからです。こういったすべての物事は、ただあなたをマーヤーの中へますます引きずり込むだけです。

皆さんも私も、長年スピリチュアルな修行をやっている多くの人たちを知っています。彼らは聖書を前からも後ろからも暗誦することができます。彼らは美しい四行詩やスピリチュアルな本を暗記することができます。彼らは、アドヴァイタ・ヴェーダーンタや他の教えのポイントについてのすぐれた論者です。彼らは世界中をめぐって多くの先生を訪れ、多くの場所へ出かけます。しかし、彼らは以前と同じままです。彼らがしたことはただ、彼らの無知を増しただけでした。彼らはあらゆる異なった教えを加え、加え、加え続けます。彼らは自分自身を教えで満たし続けています。こういうことはけっしてあなたを目覚めさせません。あなたが自分自身を完全に全面的に空っぽにするとき、何かを学ぶべき者が誰も残されていないとき、そのときこそ、あなたは単純に自分を肉体ではないと見なすのです。あなたは自分自身を眺め、自分の本当の姿に覚醒します。でも、どんなことも、これをあなたに起こすことはできません。

では、いったいどんな態度をとればいいのでしょうか？　どんな態度もとらないことです。あなたは何をすべきでしょうか？　するべきことは「何も」ありません。あなたは何を勉強すべきでしょうか？　あなたは何を学ぶべきでしょうか？　「何も」ありません。あなたはどこへ行くべきでしょうか？　行くべきところはどこもありません。あなたは誰と付き合うべきでしょうか？　付き合うべき人は「誰も」いません。

こういった地点へ来ることができれば、あなたはすでに目覚めているのです。というのは、目覚めなければいけない人がいたことも、スピリチュアルな教えを実践「しなければいけない」人がいたことも一度もなかったからです。肉体をもった人がいたことも、存在していた「人」がいたことも、一度もありませんでした。皆さんの一部の人たちには、このことはとても奇妙に聞こえることを私は承知しています。それにもかかわらず、これは真実です。これが全真実であり、真実以外の何ものでもありません。あなたがこれを学ぶ唯一の方法は、「何も」学ばないことによって、です。静寂を守ることによって、です。自分のマインドが今何を考えているか見てください。皆さんの中には、「この男は正気ではない」とマインドの中で言っている人たちもいます。そのとおりです。

また中には、明日の昼食、自分がこれから着る服装、仕事に行くことを考えている人たちもいます。あなたのマインドはすぐに考え始めます。あなたが学ばなければならない教科は、いかにして考えることをやめるか、ということです。でも本当のところ、誰もこれをあなたに教えることができる人はいません。なぜなら、あなたに考えることを適切にやめさせることができる、どんな教えもないからです。あなたはそれを自分に望まないといけません。言い換えるなら、私を見る代わりに――私は先生ではないですし、あなたが目覚めることができるように、聖なるマントラを与えたり、何かの秘密を語ったりする人でもありません。そんなことは忘れてください――内側に向き、真理を見、真理になってください。他人にアドバイスを求めたり、何をすべきか、いかに生きるべきかを訊いたりしないでください。

仏陀が言ったように、自分自身の灯りとなってください。すべての答えはあなたの中にあります。でも皆さんの中にこんなことを言う人がいます。「ロバート、あなたはどうなんですか？　私たちはあなたのところへ、アドバイスを求めてやって来るのではありませんか？」と。私は、あなたが自分の真我を見るガイドであり、鏡です。私をあなたのための鏡として眺めてください。それだけです。私をあなた自身の鏡として見てください。私はただあなたをたった一つのやり方、完全さ、意識として見ることができます。私はあなたを私自身として見ています。あなたが私を見るとき、あなたは鏡の中を覗き見ています。あなたは何を見るのでしょうか？　あなたは自分自身を見ています。どのようにあなたは自分自身を見るのでしょうか？　堕落した、平凡で、病気がちの者として、エゴに取りつかれている者として、でしょうか？　それを振り落としてください。目覚めてください。あなたが私を見るとき、もし正しく鏡の中を見れば、あなたは静寂を見ます。どんなマインドもどんな運動もどんな肉体もなく、「誰」も家にいません。そのとき、あなたは真我を見るのです。そして、あなたはただ**それ**です。

覚えておくべきことは、あなたがこれに目覚めなかったのは、目覚めるべき人が誰もいないからだ、ということです。常にこれを覚えておいてください。多くの本、多くの教えはあなたに、「あなたは目覚めなければならない」と言います。「誰」が目覚めなければならないのでしょうか？　眠っている「人」がいたことは一度もありませんでした。目覚めつつある、眠っている「誰」かがいなければならないのです。でも、あなたの観点から考えると、自分が眠っていると信じ、自分が教えを必要だと信じます。あなたは誰かが、自分に触ったり、自分にマントラを与えたり、自分に何かしなければならないと信じています。あなたはいつも何かを欲しがっています。あなたはいつも、自分が外側から何かを得なければいけないと思っています。

外側は、あなたと同じように完全なる幻想です。それゆえ、あなたが外側から得られるものは、完全なるナンセンス、愚かさ、マーヤーです。どんな人もそれしかあなたに与えません。あなたはこういった言葉を聴いて、適切に行動しなければなりません。ただ、存在してください。これやあれになろうとしないでください。存在についてただ考えるのではなく、ただ存在してください。それゆえ賢明な人たちは、明日が来る前に自分自身を絶対的現実として知り始めるのです。彼らは、「この会が終わったあとで、私は何をしようか？　そうだ、出かけて、映画を見に行こう。夕食を食べに行こう。家に帰ってテレビを見よう、レコードを聴こう」などともはや考え続けません。代わりに、賢明な人たちは考えます。「私にはどこにも行くべきところがない。私には何もするべきことがない」と。それにもかかわらず、あなたは自分がしなければならないことをやるでしょう。

あなたは、もしそうしたければ、おそらくまだ映画に行くことでしょうし、テレビも見ることでしょう。夕食を食べることでしょう。でも、あなたは自分が何もしていないことを理解します。これは大きな逆説です。「あなた」が何かをしていると同時に何もしていないなどということが、どうしてありえるでしょうか？　でもこれがまさに起こっていることです。あなたの体は動きを通過し、あらゆる種類の行為をするように見えます。しかし、あなたは何もやっていないのです。私がこういうことを話すと、有限なマインドはそれを理解することができません。有限なマインドは、自分の権利のために戦い、議論し、それを主張したいと思います。そして、多くの人たちはこの種の教えを忘れ、自分の人生を忙しく生き、そして、言います。「まあ、何でも起こるがままにしておけばいいさ」と。私が話していることを理解できる人はほとんどいません。[*2]

❖私たちみんなが天国行きの地獄船に乗っています

最終的には、あらゆる人がこの道に来ます。あらゆる人がいつかは目覚めます。でも、あなたが今のように、肉体の中に、人、場所、物の世界に熱中しているかぎり、一つの人生が終わったらまた別の人生へ、また別の人生へ、また別の人生へと戻って来るように見えます。私が到達した結論にあなたも到達するまで。私たちはいわばみな、天国行きの地獄船に乗っています。あらゆる人が、好むと好まざるとにかかわらず、この場所へ到達します。あなたは、もし何もないこと、誰でもないことが私たちの本質なら、「第一に私はどうやってここへたどり着いたのだろうか？」と尋ねるかもしれません。それはよい質問です。誰がこの質問をしたのでしょうか？　私です。ですから、私がそれに答えましょう。何も起こっていません。あなたはけっしてここにたどり着いたのではありません。たどり着くべきここはありません。それは催眠のようなものです。皆さんの多くが、催眠術にかかった人たちを見たことがあると思います。そして催眠の中で、彼らは催眠術師が彼らに言うある物事を見ているように見えます。しかし、これらの物事は存在していません。

そして、同じことがこの世界とその中のあなたの外見についても言えます。あなたがここにいるように見えるのは、あなたは催眠にかかっているからです。あなたがある思考、ある感覚、ある感情をもっているのは、あなたが催眠にかかっているからです。あなたが真我覚醒したい、自由になりたいと感じるのも、あなたが催眠にかかっているからです。あなたが感じたり、おこなったり、行為したりするあらゆることは、催眠です。でも、あなたは行為したり、おこなったり、存在したりする者ではありません。あなたはこれすべてを超えています。あなたは無限のスペースであり、ニルヴァーナです。あなたは、あなたが考えるようなものではありません。あなたは永遠の幸福、純粋な喜び、平和です。これがあなたの本質です。あなたはあらゆる存在の実体、すべての物事がそこからやって来る土台なのです。でもあなたは、あなたから出て来るように見える物事ではありません。

✣進歩をどうやって知るのか

あなたがこれに近づいたかどうかは、あなたを圧倒する平和——あなたを乗っ取る幸福によって知ることができます。それは、何かが人生に起きたときにあなたが感じる幸福とは違います。それは、あなたが以前所有していなかった何かを、所有することの幸福でもありません。それはあなたがふさわしい環境にいて、平和を感じるというような平和ではありません。それは常にあなたといっしょにある平和と幸福です。でも、あなたが自分を肉体だと信じているかぎり、こういった平和や幸福をもつことは実質的に不可能です。それはできないことです。なぜなら、肉体とは世界の条件付けの一部であるからです。そのため、あなたは平和を探さなければなりません。幸福を探さなければなりません。あなたは、もし自分がこれをやれば、幸福になる、自分がこれをやれば、平和になると信じています。そして、あれやこれをやるとき、その幸福と平和はどれほど続くでしょうか？　ほんの短い間です。物事は変わり、環境も状況も変わります。あなたの家族も変わります。あらゆることが変わります。それゆえ再び言えば、自分が一個の肉体であるとあなたが信じているかぎり、本当の平和と本当の幸福をもつことは実質的に不可能なのです。必然的に私たちは平和と幸福を探しに行かなくなります。平和を探すことは間違いだからです。私たちがやることは、真我になろうとしないことによって、真我になることです。こういったことは、まずマインドを静めることから始まります。条件や状況にマインドが反応することをゆるさないことによって、です。

✣一時的なものと永遠なるものを心穏やかに識別する

私はただ否定的条件や状況についてだけ話しているのではありません。私はマインドに起こるあらゆることについて話しています。あなたが朝目覚め、美しい木々、空の太陽、山々、花々、鳥たちを眺めるとき、これらもまた偽のイメージなのです。それらはあなたについての真実ではありません。あなたは悪い物事とよい物事を交換しようとしている、のではないのです。あなたが見ている木々は冬には死んでしまうか、変化してしまいます。あなたが見るあらゆるものは変化します。あなたが今朝、朝食のテーブルのためにつんだ美しい花は二四時間以内に死にます。それらはもはや美しい花ではありません。私があなたに示そうとしていることは、あなたは自分の幸福や平和のために、この世のどんなものにも依存することはできない、ということです。それは間違った前提です。この世の物事はあなたを一時的に幸福にするだけです。あなたが、自分は肉体ではないという理解に達するとき、ときには、どんな世界も宇宙もなく、どんな神もいないという理解に達するとき、言葉では描写できないただ**それ**だけがあります。

✣永遠に続く喜びを探し求める

あなたは自分自身に対して本当に正直でなければなりません。私は本当に自由になりたいのだろうか？　私は本当に目覚めること、解放されることを待ち望んでいるのだろうか？　と。私はそれについて何をしているのだろうか？　自分自身に対して正直になってください。［近所の子どもたちの笑い声が聞こえる］。誕生パーティーを開いているこういった子供たちの声を聞いてごらんなさい。彼らが何をしているにしろ、非常に幸せです。でも、パーティーが終わったら、子供たちは家へ帰らなければなりません。明日は学校へ行かねばなりません。あるいは、雑用をしなければなりません。そして、自分が好きでないことをしなければなりません。まもなく彼らはまた遊ぶことを考え始めます。彼らはもっとパーティーを開きます。そして、彼らは成長するまで、これをやり続け、パーティーは止まることがありません。パーティー、またパーティー、またパーティー、です。彼らは幸福と平和、永遠に続く喜びを探し求めて、「パーティー動物」（大笑い）になります。それにもかかわらず、外側のどんなものも自分にそれを与えてくれないことを、彼らは理解しません。どんなものも与えてくれません。

あなたは自分自身に飛び込まなければなりません。あなたは静寂の中にただすわること、マインドを静めることを学ばなければなりません。それはひとりでにやって来ます。私が前に言ったように、あなたは祈ったり、サーダナをやったり、ある儀式をやったり、ある本を読んだりする必要はありません。あなたはただすわって、マインドを観察し、「この思考は誰に来ているのか？」と問いかけるだけでいいのです。静かにし、「私は神である」ことを知ってください。

生徒　瞑想はスピリチュアルな探求の目的に役立ちますか？

ロバート　初心者にとっては、それはある程度マインドを静めるために役立ち、あなたを一点に集中させます。それはマインドを一点に集中させ、そのためあなたは一つのことに集中できます。それは実際役に立ちます。しかし、あなたが進歩するにつれて、それはむしろ妨げになります。というのは、あなたは一体「誰に」ついて瞑想しているのか？　ということになります。瞑想するためには、あなたは対象と主体をもつ必要があります。あなたは対象について瞑想している主体です。でも真実はと言えば、現実には主体も対象もありません。ただたった一つの真我、たった一つのブラフマンがあるだけです。それゆえ、あなたは自分に問わなければなりません。「ブラフマンは瞑想しなければならないのだろうか？　神は瞑想しなければならないのだろうか？」と。

生徒　瞑想は私たちに恩恵を与えるのではないでしょうか？　アルジュナ自身（ヒンドゥー教の叙事詩『マハーバーラタ』に登場する英雄。クリシュナの弟子）、瞑想の中で導かれました。

ロバート　自分が神とは分離していると信じる人たちにとっては、そうです。もしあなたが自分は分離しているとか、ブラフマンが空の上やどこか他の場所にいるとか、神はどこか他の場所にいるとか、シヴァ（ヒンドゥー教の神々の一人）はどこか別の場所にいるとか、クリシュナ（ヒンドゥー教の神々の一人）はどこか別の場所にいると信じているなら、そのときには、はい、あなたはこういった神々について瞑想しなければなりません。しかしあなたが、タットヴァマシー、「**あなたがそれである**」と思い出せば、誰が誰に瞑想するのでしょうか？　あなた自身がクリシュナになりました。あなた自身がシヴァです、あなたがブラフマンです、あなたが**それ**です。あなたがしなければならないことは、真理に気づくことだけです。しかし、自分が分離していると信じるなら、そのときにはあなたはすすんで瞑想しなければなりません。

だから、ジニャーナ・マールガ（知識の道）は教えるのです。唯一の**一なるもの**だけがいて、私がそれである、と。二つのあなたがいたことはけっしてありませんでした。神とあなたがいたことはけっしてありませんでした。たぶん、今まで誰もあなたにこういったことを言った人はいないかもしれませんが、でも、あなたが「神とあなたがいる」と信じるかぎり、そのときは、瞑想しなければなりません。あなたは祈らなければなりません。あなたはすべての儀式をしなければいけません。あなたはプージャ（礼拝）をおこない、バジャン（神に捧げる賛歌）を歌わねばなりません。あなたが、自分は神から分離していると信じるとき、こういったすべてのことが必要です。だったら、一番上から始めたらどうですか？

生徒　**一なるもの**を顕現させるのは非顕現です。それは正しいことですか？

ロバート　はい、同じことです。「私と父は一つです。もしあなたが私を見れば、あなたは自分の父を見たことになります」（聖書からの引用）。同じことです。

生徒　静寂の中ですわることは、瞑想とは違いますか？

ロバート　いいえ、同じです。

生徒　目を開けて椅子にすわり、自分の庭を眺めているようなものでしょうか？　あるいは、何も対象物をもたず、目を閉じてそこにすわっているようなことでしょうか？

ロバート　何の違いもありません。

生徒　「私は何か？」などと、尋ねることでしょうか？

ロバート　もちろん、あなたは常にアートマー・ヴィチャーラ（自己問いかけ）を練習することができ、「私は何か？」を問いかけることができます。そして、思考がマインドに入るやいなや、「この思考は誰のところへやって来ているのだろうか？」と問いかけます。その「私」はあなたではないことを理解してください。そして、あなたは「私」の源泉を探し、それはあなたのハートの中にあります。

生徒　すると、「私」の源泉がしだいにゆっくりと現れ、ちょうど何か失ったものがあって、それが自分に戻って来るようだ、と思い出し始めるわけですね。

ロバート　はい、そんなふうにも言えると思います。その「私」が本当の「私」になるのです。

生徒　でも、人がそれを思い出せば出すほど、ますますそれに気づくようになり、それをもっと長い間思い出します。そして、それ以外のことはすべて忘れるのです。

ロバート　はい。

生徒　瞑想のことですが、すわって瞑想するとき、思考を止めようとするのですか？　あるいは、思考を退けようとするのですか？

ロバート　けっして思考を止めようとしないでください。もし思考を止めようとすれば、それはますます大きくなり、思考が勝ちます。なぜなら、マインドがとてもパワフルになるように見えるからです。しかし、現実においては、マインドは存在しません。どんなマインドもないのです。マインドというようなものはありません。ですから、静寂の中にすわり、ただ観察し、ただ眺める観照者となるとき、あなたは多くのことをすることができます。ヴィパッサナー瞑想をすることで、自分の呼吸を眺めることができます。自分の肉体の中の感情を眺め、呼吸を観察することができます。

でももっとよい方法は、やはり「私とは何か?」と問いかけることです。しかし、けっしてその質問に答えてはいけません。ただ静寂のままでその質問をし続けます。あなたが静かにしていると、思考があなたのマインドにやって来ることでしょう。そうしたら、ただ「これらの思考は誰のところへやって来ているのか? それらは私のところへやって来ている。私がこれらの思考を考えている。では、私とは何か?」と問いかけるのです。「私は何か?」は単に、「私」の源泉は何かという意味です。どこからその「私」は出て来たのか? あなたは「私」を追って、ハート・センターである源泉へ行きます。そしてある日、「私」が消え、あなたは完全に解放されます。

あなたを人間にするのは「私」です。この世界のあらゆることが「私」にくっついています。あなたは、「私はこう感じる」とか、「私はああ感じる」とか言いませんか? あるいは、「私はこれである」とか、「私はあれである」と言いませんか? 一日中、あなたはあなたの「私」を使っています。一日中あなたは、「私はこれである。私は幸福である。私は悲しい。私は病気である。私は具合がいい。私は疲れている。私はあらゆるものである」と言っています。しかし、アートマー・ヴィチャーラを実践するとき、あなたはこれに気づき、自分が、「私はこれである。私はあれである」と常に言っているのに完全に気づきます。そして、「さて、私は何か? この私は誰か? 誰がそれに誕生を与えたのか? どこからそれは起こったのか?」と質問することで、これを問います。

ただこの質問をすることで、あなたは平和を発見します。かつてラマナ・マハルシとかシャンカラ(八世紀の中世インドの思想家）、その他の賢者たちは、自己問いかけは成熟した人たちのためのものだと言いました。自己問いかけを理解するために、アドヴァイタ・ヴェーダーンタを理解するために、あなたはスピリチュアルな成熟をしなければならないのです。私が皆さんに、「あなたは何もないもの（nothing）であり、あらゆることが何もないものであり、あなたはどこへもたどり着かない」と言うとき……私が、「皆さんは役立たずだ（good for nothing）」と言うとき、あなたを褒めています。これが意味することは、あなたは感覚が認識するどんな物事に対しても役に立たない、ということです。

感覚が認識するあらゆるものは偽物です。どんなことも見たとおりではありません。あらゆることは蜃気楼、夢です。それはあなたが考えるようなものとは違います。ですから、何もないものであるということは偉大な祝福です。役立たずとはさらに偉大な祝福です。自分のあるがままを知ってください。自分の本質を理解してください。自己問いかけを実践してください。自分の真我であってください。自分の真我に目覚めてください。でも、ほとんどの人たちがこれを実現することができません。なぜなら、彼らは世界にあまりに巻き込まれていて、神としての、絶対的現実としての自分自身を彼らが求めることを、このマーヤーが妨害するからです。ですから、たいていの人たちにとってはとても困難なことなのです。普通の人たちが自己問いかけを練習できる地点に達するための方法が必要です。

✣神のことを考える

それでは、これからそのことについて少しお話しましょう。私に電話をかけてくる多くの人たちはたいてい、どうやって自分の問題を解消したらいいかを尋ねます。どうやってひどい結婚生活を解消したらいいのか？　どうやって次の仕事を見つけたらいいのか？　どうやって自分の人生から病気を取り除いたらいいのか？　どうやって大金持ちになるのか？　などなど。私がたいてい言うことは、「自分の問題を考えずに、神のことを考えてください」ということです。私は以前一度これについて詳しく話したことがあります。人はどうやって神のことを考えるのか？　人はどうやって神について瞑想するのか？　私が皆さんに一つヒントをあげましょう。神の最初の名前は何ですか？

生徒　「私は在る」、です。

ロバート　まさにそのとおりです。「私は在る」が神の最初の名前です。あなたが神のことを考えたいときは、自分の呼吸といっしょに「私は在る」を考えてください。「私は在る」が神の最初の名前です。

問題を忘れて、「アイ・アム（I AM＝私は在る）瞑想」をやってください。

目を閉じて、やってみてください。
息を吸って、「I（アイ）＝私は」と言い、
息を吐いて「AM（アム）＝在る」と言います。
また息を吸って、「I（アイ）＝私は」と言い、

息を吐いて「AM（アム）＝在る」と言います。

それはあなたの気分をよくしませんか？　ただ「アイ・アム（私は在る）」と自分自身に言うだけで、あなたは高揚します。ですから、やるべきことはこのことです。あなたがどんな問題をもっていても、それが何であるか、そして、どれほどあなたがそれを深刻に考えているか、それが個人的なものか、あるいは、世界的なものか、それがどこから来ているのかなど、私は気にしません。ただその秘訣は、自分自身を忘れることです。その瞬間、できるだけ長い間、その問題を忘れ、「アイ・アム（私は在る）」瞑想をやってください。もしあなたのマインドがさ迷うなら、それを元に戻し、「アイ・アム（私は在る）」瞑想をやってください。

私がこれをある人たちに説明したところ、彼らは、「ロバート、あなたは私たちに、マインドを取り除くように教えます。私たちはマインドを使って考えるのではなく、それを破壊すべきです」と言いました。なるほど、そのとおりです。それが最高の真理です。でも、たいていの人はこれをやることができません。アドヴァイタ・ヴェーダーンタは、成熟した人たちのためのものだということを覚えておいてください。それは前世で修行をした人たちのものです。それは人が小学校から始めて、最後に大学へ行くようなものです。自己問いかけ、アドヴァイタ・ヴェーダーンタは宇宙生活の大学のようなものです。あなたは自分自身を騙すことはできません。自己問いかけを実践するように努力して、あきらめる人たちが非常にたくさんいます。

それで私は彼らに、明け渡すように、完全に明け渡すようにと言います。それは別のやり方です。でもまた、これも困難になります。彼らはしばらくそれを試したあげく、いつもまた元の自分自身、個人的自己に戻ります。それで私は、「アイ・アム」瞑想を彼らに与えるのです。これは誰でもできます。どんなこともうまくいかないように見えるとき、「私は在る」に戻ってください。それは本当に非常にパワーがあります。それを軽く受け取らないでください。私はこのことを皆さんに保証することができます。もしあなたが一日、たった一日だけでも、「私は在る」を練習できたら、あなたのすべての問題は超越されることでしょう。あなたは今まで感じたことがないほどの幸福を感じることでしょう。今まであなたが知らなかったような平和を感じることでしょう。「私は在る」を練習し続ければ、あなたの思考はしだいに少なくなっていくことでしょう。あなたの個人的自己は背景の中に入り、あなたは内なる至福を感じ始め、自分がどんなことを経験してももはや問題ではないと感じることでしょう。何を経験しても、何の違いもないのです。なぜなら、これを経験するのは自分ではなく、神であるからです。そして、神は問題をもっていません。ただ、「アイ・アム」瞑想を使うだけで、あなたは自動的に幸福になります。

✣百万人の中の一人が神を探し求めます

バガヴァッド・ギーターの中でこう言っています。「百万人の中の一人が神を探し求める。さらに、その探し求める人たちの百万人の中の一人が、神を発見する」と。ちょっと難しそうです。そういうふうに見えますね。でもあなたが、「私は在る」を瞑想として使い始め、「私は在る」がますます深くなることをゆるせば、あなたの肉体的意識は消えて、「私は在る」が乗っ取るのです。

もしあなたが「アイ・アム」瞑想と自己問いかけをいっしょにやりたいなら、やってもかまいません。両方いっしょにおこなうことができます。どのようにやるのか説明しましょう。「アイ・アム」瞑想をやっている間に、思考が湧き起こり続けます。それらがよい思考か悪い思考かは何の違いもありませんが、思考が妨害し続けます。そのときあなたは、「これらの思考は誰のところへ来るのか？」と問うことができます。あなたはそれ以上どこへも行く必要はありません。ただ観察して、眺めるのです。そして、あなたのマインドが静寂になるとき、また呼吸といっしょに「アイ・アム」瞑想に戻り、眺めてください。

✣常に、「アイ・アム」瞑想に戻ってください

思考がまたやって来たら、「それらは誰のところへやって来ているのか？」と問いかけてください。この方法が上達するにつれて、あなたはその質問を完結させます。「思考は自分のところへやって来ている。自分の源泉とは何か？　私とは何か？　私の源泉とは何か？」問題をもっているように見える「私」は、あなたではないことを感じ始めます。あなたは、「私」が問題をもっている、「私」が病気だ、「私」が怒っている、「私」が心の平和がないと感じ、笑い始めます。というのは、理解があなたに告げるからです。「私」がすべての問題をもっているが、私（真我）はもっていないと。「私」が元凶なのです。「私」はこれやあれを欲しがるように見えます。そのことは、あらゆる欲望、必要性、自己強化についても言えます。これらすべては「私」に所属しています。では、この『私』とは何か？　それはどこから来ているのでしょうか？　もしその「私」が本当は自分でなければ、それでは、私とは何なのか？　そして、あなたは静寂を保ちます。

そしてまた、呼吸とともに「アイ・アム」瞑想に戻ることができます。あなたは息を吸って、「アイ（私は）」と言います。そして、息を吐いて、「アム（在る）」と言います。この方法に熟達するにつれて、面白いことがあなたの人生に起こるようになるでしょう。あなたは「私（アイ）」と「在る（アム）」の間に、ますますスペースを見つけます。それは自然に起こります。息を吸って、「私（アイ）」と言います。すると、突然そこから何も出て来なくなります。それから、「在る（アム）」といっしょに息を吐きます。また息を吸って、「私（アイ）」と言います。覚えておいてほしいことは、これを大げさにやるのではなく、またそれを起こらすのでもないということです。それは自然に起きることです。

✣意識の第四次元へ入る――そのスペースは至福であり、内なる光です

「私（アイ）」と「在る（アム）」の間のスペースこそ、意識の第四次元です。それは、目覚め、睡眠、夢のあとに来るものです。それはジニャーニの状態です。それはあなたの自由です。それは純粋な気づきです。純粋な気づきは、「アイ・アム（私は在る）」という言葉ではありませんが、「アイ・アム」瞑想は純粋な気づきへと導きます。「私は何か？」と「アイ・アム」瞑想を両方交互にやりながら練習を続けるとき、あなたが「私は何か？」と言う前に、より大きなスペースが生まれることでしょう。そのスペースは至福です。あなたは今まで感じたことがない何かを感じることでしょう。内なる喜び、内なる歓喜。あなたはただ全宇宙が真我であり、自分自身が**それ**であることを知ります。数ヶ月もたてば、言葉はますます少なくなることでしょう。あなたは「アイ・アム」瞑想から始め、静寂さの中にいるようになります。あなたはもう一言も発しません。あなたはただ静寂を経験します。その静寂とはニルヴァーナ、虚空です。それはどんな物でも

ありません。それが、私が話していた何もなさです。あなたはただ静寂の中にいます。

✣あなたが取り除くべきものは思考です

生徒　マインドは現実の世界に存在しますか？

ロバート　それは存在するように見えますが、見かけだけです。

生徒　では、それはそこにないわけですね？

ロバート　本当はどんなマインドもありません。

生徒　それはただ信念でしょうか？

ロバート　マインドは信念です。実際それはあなたの思考です。あなたの思考のすべてがあなたのマインドです。あなたの思考はマインドの外からやって来ました。あなたが自分自身から取り除かなければいけないのは、本当は思考です。ですから、マインドとは思考の寄せ集めです。過去についての思考、未来についての心配。これがマインドのすべてです。ですから、マインドを本当に理解するとき、それは消えます。マインドは虹のようなものです。虹は現実に見えますが、それに近づいてみれば、実際には存在していません。

それは視覚的幻想です。マインドもそんなものです。マインドのせいで、あなたは自分が単なる肉体にすぎず、肉体とともに経験を通過しなければならないと信じます。マインドは、「カルマがあり、輪廻転生があり、サンスカーラがあり、あなたが取り除かなければならない困った状態がある」と、あなたに信じさせることで、あなたを騙し続けます。でもあなたが、「誰のところへマインドは来るのか?」と問いかけるとき、マインドは逃げ出し、走り去り、あなたは自由になります。

生徒　ロバート、今の質問の中であなたがマインドに言及したとき、たとえば、料理を作るとか、パソコンを扱うとか、あるいは、高速で自分の車を運転することなどはどうなるのでしょうか?　こういった物事がマインドの中に入って来ます。

ロバート　マインドがなくなったときは、こういった物事は自然発生的です。あなたが真我、意識と呼んでいるものが、あなたにやる気を与えます。あなたはこうした物事を自然におこなうことでしょう。あなたがしなければいけないすべてのことが、為されるのです。しかし、これをやっているのは、もはやマインドではありません。それは意識、真我[*3]です。

生徒　ということは、こういった物事とマインドは別のものなんですね?

ロバート　マインドは本当は意識ですが、ただマインドであるように見えるだけで、それは夢のようなものです。マインドを放棄するとき、ただ意識だけが存在します。そして、あなたはただ意識によってのみやる気を与えられ、導かれます。

✣適切な行動と責任について

生徒　では、あなたはこういった日常的な事柄を何と呼ぶのですか？　それらはマインドではない、それらは、それ自身生きていないものの上にある、単なる対象物にすぎないのでしょうか？

ロバート　あなたが日常的物事と呼ぶことは、いわばあなたの肉体のようなものです。自分は一個の肉体であると信じているかぎり、あなたが世話すべき日常的物事があることでしょう。確かに、あなたはそれらの世話をしているように見えます。しかしそれらは、あなたが以前やったよりもはるかにうまく世話をされることでしょう。同時にあなたはいっぺんの疑いもなく、行為しているのは、あなたではないことを知っています。あなたは行為者ではない。それにもかかわらず、あらゆることが為されるのです。

生徒　私は、自分の義務を果たし、自分の日々の言動を内省し、仕事と人々が必要とすることの世話をしたいという気持ちが強くなっています。そのとき、自分自身に働きかけ、より観察することができます。これは克服すべきことでしょうか？

ロバート　あなたは適切な行動に傾いています。これは恩恵です。スピリチュアルな言葉を使って無気力になる言い訳をするよりも、これはよいことです。人を裏切ったり、独りよがりになったりすること、これは間違っています。あなたは自分が進歩していると感じていますが、ただそれにも利己的な面があります。ですから、適切な行動をすることが調和につながります。あなたはこれをハートの奥底で感じています。あなたは正しい道を歩んでいます。次のステップは、私たちが話し合った実践をとおして、全知全能の完全性に自分のマインドを明け渡すことです。そうすると、大きな重荷が軽減します。明け渡すことが、適切な行動が起こるようにあなたを導いてくれます。適切な行動をしないための言い訳であるエゴが解消されます。あなたは浮上する感覚を獲得し、調和が現れます。あなたの行動が好ましくない影響を生み出すことはないでしょう。戻って来る複雑な苦しみを作り出しません。というのは、すべての関係者にとって、あなたは適切な行動をするからです。これが自由です。

生徒　私の人生の中で適切な行動を実行することに関して、私のマインドの中の思考はどこに置かれるのでしょうか？　また、文字どおりの観点、古代の用語では、何が「正しい行為」を構成するのでしょうか？　それは、私の幼少期の宗教的な修行のようなもの、善と悪、あるいは、あなたが言及したラーマヤーナ（ヒンドゥー教の聖典の一つ）の教えのようなものでしょうか？

ロバート　ある意味では、思考はより高い現実、つまり真我、不変の現実、至高の存在に道を譲ります。もちろん、これはすべてに浸透する愛と慈悲と謙虚さに他なりません。これが真我の自由です。そして、すべての行動はこのようにしてこの真理から導かれます。そこにはすべての思考のあとに残るすべてを貫く平和があります。これが神です。これが、あらゆる状況において適切な行動へとあなたを導いてくれます。それはすでにあなたのハートの中にあります。あなたは、どのような行動が正しくて、どのような行動が間違っているかを知っています。

人のマインドは言い訳をします。というのは、人は感覚、エゴに囚われているからです。エゴは間違った行動を正しいものとし、正しい行動を間違ったものにする方法を求めています。恥ずべき行為をおこなうための口実として、間違っていることも正しいこともないと言って、敵意をもった、無礼で、失礼なことをしています。あなたがこの地球にいる間、すべての行動が愛とやさしさから生まれるまで、あなたは報復の法則の元にあります。しかし、あなたが自分のマインドの中で生きていないときには、何の努力も必要ありません。宗教的な修行は適切な行動の法則にもとづいているという点で、基本的には正しいのです。これらは単に調和と幸福の法則です。それらは苦しみを止めてくれます。すべての聖典はこの不変の真理を示すことにもとづいています。

生徒　ロバート、あなたが静寂について話すとき、マインドが静かであることを話しているのですね？

ロバート　私が完全に静寂になることについて話しているとき、マインドはそれ自身で静かになることはできません。マインドは思考の寄せ集めです。あなたが静かになるとき、マインドはゆっくりとなり、ついには、それの源泉である荘厳さの中へ消えてしまいます。実際、あなたはマインドを静かにすることはできないのです。

生徒　思考が消えるのですね？

ロバート　ただ静寂だけ、純粋な静寂だけがあります。

生徒　思考がない、ということですね？

ロバート　そういうふうにも言えるでしょう。もしあなたがマインドを静めようとすれば、それは大変なことです。なぜなら、マインドはそもそも存在していないからです。それゆえ、あなたは何を静めようとしているのでしょうか？「あなた」がただ静寂になる必要があるだけです。マインドはそれ自身の世話をします。あなたが静寂になるとき、マインドのように見えるものはそれ自身の意志で消えて行くことでしょう。なぜなら、それはけっして存在したことがなかったからです。

あなたが静寂になり、静止するとき、あらゆることがそれ自身で自分の世話をします。真我がそのあらゆる輝きと美をもって現れます。そして、それ以外のすべての見かけ上のものが消えていきます。ですから、「私はこれからマインドを静めるために、マインドを殺します」と言うのは、間違っています。静めるべき「マインド」があったことは一度もありません。あなたはただ静寂で「在る」必要があるだけです。マインドのことは忘れてください。あなたが本当に静かになったときは、そもそも自分はマインドを一度ももっていなかったことがわかるでしょう。あなたはマインドがない状態になります。あなたは「正気でなくなり」

ます！（笑）〔訳注：原文 out of mind は文字どおり訳せば「マインドの外に出る」で、慣用的に「気が狂っている」などの意味で使われる〕

生徒　普通、静かになることについて人々が話すとき、それは言葉についてですが、あなたが話していることは、ただ話す、話さない以上のものですね。

ロバート　そのとおりです。人々が話していることは、自分のマインドを静めることです。でも、私が話していることはまったくそのことではありません。私たちはマインドを静めようとしている、のではありません。私たちはブラフマンである内なる静寂へ、到達しようとしているのです。この静寂さの別名がブラフマン、絶対的現実です。これが本当の静寂です。あなたが残りの人生で、そして、永遠に静寂の中にいますように！

生徒　ロバート、人が自己問いかけをやっているとき、もっともよくある落とし穴というか、ごまかしは何ですか？

ロバート　一番大きなものは、マインドが、「自分は現実である」とあなたに思わせることです。しばらくすると、マインドはあなたに言うことでしょう。「なんでこんなことをして、時間をつぶしているんだい？おまえは酒を飲んだり、映画に行ったり、テレビを見たり、ボーリングをしたり、他のことをして忙しくすることもできるじゃないか。なぜ自己問いかけなんかして、時間をつぶしているんだい?」それから、またこうもあなたに言うことでしょう。「時間がどれくらいたったか見ろよ。まだ何もおまえに起こっていないじゃないか。そんなもの、あきらめろよ。昔の生き方に戻れよ」

あなたのマインドはあなたの友人ではありません。それはあらゆる種類のことを持ち出すことでしょう。それはまず、恐れ、過去や前世の恐れを持ち出すので、あなたはこれから起こることが不安になります。あなたは瞑想中に時々暗黒なスペースを見ると、恐くなります。あなたは自分のマインドにあらゆる種類の否定的状況が起こるのを見るかもしれず、しばらく問いかけをやめるよう促されます。たいていの人たちがこの状況を通過します。成功する秘訣は、問いかけ続けることだと常に覚えておいてください。「誰にこれは来ているのか? 誰がこれを見ているのか? 誰がこれを経験しているのか?」それは常に「私」です。「私」の中に留まって、自由になってください。

生徒　ということは、もし自分自身が虚空とか暗黒にいることを発見したら、あなたが言うように、この虚空は誰のところへやって来ているのかと、問うわけですね。

ロバート　はい、そのとおりです。マインドに留めておくべきことは、あなたを傷つけることができるものは何もない、ということです。どんな悪魔も悪霊も反キリストもいません。こういったすべては観念的なものです。「これは誰のところへ来ているのか?」とただ問いかけるだけで、それらは消えていきます。

生徒　なぜマインドは、常に否定的なほうへ行くのでしょうか？

ロバート　なぜなら、マインドは自分を消滅から救おうとしているからです。マインドは破壊されたくありません。それゆえ、マインドはあなたを脅します。それはあなたが真我覚醒について忘れるように、あらゆる種類の陰謀を作り上げます。結局のところ、誰が破壊されたいなどと思うことでしょうか？　マインドは、そのナンセンスを続けたいと思うのです。それゆえ、ときにマインドはあなたを脅して、この練習を放棄させるために、あらゆる種類の否定的なことを持ち出します。またときにはそれはあなたに素晴らしい物事を見せます。それはあなたに言います。「おまえにこれは必要ないよ。自分が得ているものを見ろよ。おまえのまわりには、素晴らしい人たちがいて、おまえは人生から望むものを得ているじゃないか。この教えは否定的な人々向けのものだ……」と。あなたのマインドはなんだってやります！　それはあらゆる種類のゲームをあなたとやります。頑張って、自己問いかけを続けてください。

あなたが完全に自由になることができる唯一の方法は、自分自身を完全に明け渡すとき、つまり、自分自身を完全に放棄するときです。あなたが世界のことを完全に絶対的に放っておくとき、人、場所、物事に反応するのをやめ、自分自身に働きかけるとき、あなたはある種のサーダナ、スピリチュアルな修行をおこない始めます。あなたはスピリチュアルな物事に非常に関心をもつようになります。スピリチュアルな修行をやるどんな理由もないのに、あなたがそれをやっているのは、ただ自分がそれをやりたいと感じるからです。あなたはまずハタ・ヨーガを練習することから始め、あらゆる種類のポーズ、アーサナ（姿勢）を習います。

そして、おそらく数年後あなたは体をねじ曲げることに飽きます。すると今度は、ラージャ・ヨーガを練習し始め、マインドをコントロールし、アシュタンガ・ヨーガ、八正道、プラヤナーマ呼吸法をおこないます。

あなたがどんな宗教にいても違いはなく、あなたは宗教の中の神秘主義を探し始めます。あなたがユダヤ教徒なら、カバラを読み始め、キリスト教徒なら、キリスト教神秘主義を読み始め、イスラム教徒なら、スーフィーの文献を読み始めます。それらすべてが同じ目標に導きます。もしあなたが誠実で、真剣であるなら、どんな宗教にいたとしても、自分の中で、「これすべてを経験している者は誰か?」と問う地点に到達します。ついにあなたは、自己問いかけを実践することができる場所へ到達したのです。「これらすべてをやってきたのは誰か?」あなたは自分自身を振り返り始め、考え始めます。「長年、私はこういった様々な方法を修行してきた。でも、誰が修行してきたのか? 誰がこれらすべてをやって来たのか?」そしてある日、何かがあなたに告げます。「私がやってきたのだ。私が修行してきたのだ。私がこういったすべてをやってきたのだ」。そして何かがまたあなたにこの「私」を探求するように告げます。自分の肉体、自分の自己、自分の個人的自己を完璧にしようとして、長年これらを修行してきた、捉えどころのない「私」とは何なのか? そして、あなたは静かになり、静寂を楽しみ始めます。あなたは静かに長い間すわり始め、「この私は誰のところへ来るのか? この私はどこから来るのか? 私とは何か? 自分自身の真理とは何か?」を問いかけることで、この「私」を探求します。あなたが物事をやることに巻き込まれているかぎり、あなたは行為者です。でも、「私」を取り除けば、あらゆることはひとりでに為されることでしょう。あなたはこれを理解し始め、その「私」をスピリチュアルなハート、意識である源泉へと追跡するのです。

✣至福の海

でも、こういったことは忘れてください。それらを望むことさえしないでください。ただワークをやれば、あなたは驚くことでしょう。それを欲しがれば欲しがるほど、それはあなたから逃げ去ります。あなたは自分自身を追いかけているのですから、それは当然のことです。あなたがすでに捕まえられているときに、あなたは自分自身を捕まえようとしています。ですから、あなたが自分を追いかけようとすればするほど、ますます速く自分自身から逃げ去っていくことになります。それをやめてください。このことは単純そのものです。考えるようなことは本当に何もありません。あなたは特別な言葉や用語を知る必要はありませんし、テキストを暗記する必要もありません。あなたはただ「私」の中にいるということを、忘れなければいいのです。「私」の中に留まってください。あなたがしなければいけないのは、それだけです。

「私」の中に留まってください。その「私」にしがみついてください。あらゆることがその「私」にくっついています――あなたの肉体、世界、宇宙。あなたが「私」の源泉を発見するとき、他のあらゆることがそれといっしょに至福の海の中へ入ります。至福とはあなたの探求の自然の結果です。あなたが探し求めるのをやめて、落ち着いて、本をわきにやり、自分自身に直面し、自分とは一体何なのかを見るとき、それはあなたが今まで想像できた、あるいは、やることができた他のどんなことよりも、より速く至福をもたらすことでしょう。それは、マントラを唱えることの中にはありません。それは、善い人や悪い人であることの中にはありません。それは苦行をしても得られません。それは単にあなたの「私」を観察することによるのです。「私」の中に留まる。「私はどこから来たのか？」と問うとき、あなたが言っていることは、「私の肉体はどこから来たのか？」ではありません。あなたは、「私」はどこから来たのか？　と問いかけているのです。「私」、です。

「私」はあなたの肉体から分離しています。あなたの肉体は「私」にくっついていますが、「私」はあなたの肉体ではありません。私は世界とは分離していますが、世界は「私」にくっついています。神は世界から分離していますが、神は「私」にくっついています。ですから、あなたが「私はどこから来たのか？」と問うとき、何かがあなたのマインドに起きます。あなたのマインドはますます弱くなります。そして、あなたのマインドがさらに弱く弱くなるとき、その「私」は拡大して、すべてに行き渡るようになります。

そのとき、私は真我の別名となり、あなたは「私」とは真我に他ならないことを理解し始めます。私は**それ**です。あなたは自由になります。分子、原子、亜原子粒子を通過して、ハートまでずっと「私」を追ってください。それは難しいことでも、簡単なことでもありません。それはただそのあるがままです。しばらく自分自身のことを考えてみてください。あなたが自分自身について考えるとき、どんな思考が自分にやって来るのか、眺めてください。皆さんの中には、「私は空腹だ」と言っている人たちがいます。また自分が必要なことを考えている人たちもいます。あなたが自分自身について考えるやいなや、あなたは自分の肉体について考えています。でも、あなたの真我はあなたの肉体ではありません。あなたの肉体は腐った肉の塊にすぎません。でも、それはあなたではありません。あなたは「私」です。「私は在る」です。あなたはこれでもなければ、あれでもない、「私は在る」です。「私は在る」。「私は在る」以外、何も存在していません。それについては何も言うべきこともありません。「私は在る」についてはどんなスピーチもできません。ただ、「私は在る」があるだけです。あなたが自分自身に「私は在る」と言うとき、何が起こるでしょうか？　あなたを覆う静寂、静けさがあるのではないでしょうか？　なぜなら、「私は在る」の別名は静寂だからです。

ということで、私が長年、「『私』をハートまで追ってください」と話してきたことの意味が、皆さんにはおわかりですね。「私」をハートまで追って行くとき、あなたは分子、原子、亜原子粒子を通過し、さらにさらに深く、自分の源泉へ戻って行きます。深く深く源泉へ、エネルギーの波へ、虚空へと戻ります。そしてついに、あなたの肉体全部が消滅し、ただ意識だけがあります。私がただ意識だけがあると言うとき、あなた自身とは何か別の意識があると言っているのではありません。あなたは死んではいません。あなたはまったく今までと同じままです。

ただ何か素晴らしいことが起こった以外は、あなたは同じ人です。あなたは全身で、腹の底から、存在の底から、自分が肉体やマインドであったことは一度もなかったことを理解します。あなたは一度もエゴだったことはありませんでした。あなたは常に意識でした。あなたは至福に満たされています。今あなたは、サット・チット・アーナンダという言葉が何を意味するか理解したと思います。私は、在りて在るものなり、究極の**一なるもの**、絶対的現実、ニルヴァーナ、それらすべてが意識と同義語です。あなたは打ち勝ちました。あなたは自由です！

この世の何も二度とあなたを悩ませません。あなたは死を笑います。なぜなら、あなたは一度も生まれたことがないことを理解したからです。あなたは一度も肉体として生きたことがありませんので、けっして死なないのです。あなたは常に同じ純粋な意識です。あなたが体をもっていてもいなくても、何の違いもありません。それはまったくあなたにとっては同じことです。他の人たちはあなたを見て、あなたの古い自己を見るかもしれません。あなたの家族や友人とかは、以前と同じようにあなたを見ることでしょう。でも、あなたは以前とは違います。あなたは完全なる幸福です。あなたは宇宙です。あなたはこれすべてが真我であり、「私はそれ」であることを理解します。

私が電話で、また直接によく訊かれることは次のことです。「ロバート、あなたは世界をどう見るのですか？」私は一体どう世界を見ることになっているのでしょうか？　また誰かが私にこう言います。「あなたは意識を見て、私たちを見ないのですね」。もし私が皆さんを見ないとすれば、私は機能できないことでしょう。もちろん、私は皆さんを見ます。また、誰かが私に言います。「あなたは明るい光や聖なるイメージを見るのですね」。もし私が明るい光や聖なるイメージを見るとすれば、トラックにひかれてしまうことでしょう。私はあなたが見るのとまったく同じものを見ます。何もないもの、です。

唯一の違いはこういうことです――私は世界を見て、笑います。なぜなら私は、「私」が知らないし、考えないことに気づいているからです。私は、世界が真我に他ならないことを理解しています。世界は意識です。それはそう見える世界ではなく、ただイメージが重ね合わせられたものです。それゆえ、賢者は世界を見ますが、世界はブラフマンであり、ただの見かけであることを理解します。一方、たいていの人たちは世界を見て、世界と一体化します。それゆえ、彼らは恐れ、挫折、苦痛、議論、戦争、人間の人間に対する非人道的行為を経験します。彼らがただ世界と一体化するから、です。

このよい例が、私たちがよく話すヘビとロープの話題です。それが無条件のイメージの重ね合わせです。あなたがヘビを見るとき、恐れます。なぜなら、灯りが暗いからです。でも灯りを明るくすれば、それがロープだと知ります。そのロープはあなたを二度と騙すことはできません。ロープのそばを歩くとき、あなたはそれがロープであって、ヘビではないことを知っています。ヘビは世界で、ロープは意識のことです。すると、誰かがこう言います。「それはいい例ですが、あなたが灯りをつけたら、それが本当はロープであったというふうに、あなたにとっては変るわけです。でも私が世界を見るとき、それは私にとっては変りません。世界が暗かろうと明るかろうと何だろうと、世界は私にとっては同じままです。あなたはこれをどう説明しますか？」

再び言うとしたら、その答えは次のことです。あなたは蜃気楼の中の水のように世界を見ています。水は変わりません。でも、あなたが最初に蜃気楼の中の水を見るとき、それを掴もうとして、砂を掴みます。そのあと、あなたはそれが蜃気楼だと知りますが、それはいつも水のように見えます。それはロープがヘビに変ったようには、変わりません。あなたは常に水を見ます。ただあなたはもはや反応しないというだけです。あなたが蜃気楼の中の水がある場所を通り過ぎるとき、笑います。というのは、あなたは水が本物ではないことを理解するからです。

✣世界に参加してください。でもそれに騙されないようにしてください

ですから、賢者は世界をそれとまったく同じように見ます。世界はもはや賢者を騙しません。それは蜃気

楼の中の水のようなものです。賢者は世界に参加しますが、それに騙されることはありません。賢者は世界に関心がありません。というのは、賢者は真我、意識と一体化しているからです。すると、学識者がやって来て言います。「ロバート、それらは大変よい例ですが、でもこんなふうに見てください。私が世界にいるとき、私はあなたを摑むことができます。私は街灯柱を摑むことができます。私は車を運転することができ、物事を感じることができます。一方、あなたの蜃気楼の水の例では、あなたは水を感じることができません。なぜなら、それは存在しないからです。それをどう説明するのですか？」

それでは、私は夢の世界に行かなければならないだろうと思います。夢の世界で、あなたは生まれ、成長し、学校へ行き、医者になり、結婚し、子供をもち、老いて、死にます。あなたはただ夢の中で生まれた赤ちゃんでした。夢の赤ちゃんは成長して、夢の十代になりました。そして、あなたは夢の医者であり、結婚する夢の人です。あなたは夢の女性と結婚し、夢の子供をもちます。あなたは老いる夢を見て、死ぬ夢を見ます。それはすべて夢の中で進行しています。ですから、こういった愚かな質問はやめてください。それはえんえんと続けることができますが、その代わりに、自己問いかけは、すべての煩雑な物事を切り捨て、あなたが自分自身にとっての真理を発見するもっとも簡単で最速の方法です。私が何を見ようが、それが何の違いをもたらすというのでしょうか？

私がどのように見ようが、それが何の違いをもたらすでしょうか？　夢の世界について、蜃気楼の中の水について、ロープに見えるヘビについて、なぜあなたは私が言うことを信じるべきなのでしょうか？　あなたは言います。「こういったことはみな素晴らしい例ですが、私はそれを感じることができません」と。また、こうもあなたは言います。「私は世界と一体化し、傷つきます。なぜなら、世界が私に影響を与えるからです」と。さらにこうも言います。「物事は私に影響を与えます。人間の人間に対する非人道的行為を見るとき、私は泣きます。楽しい映画を見たときには、私は笑います。人生から望むものを得たとき、私は幸福です。そうでないとき、私は悲しみます。それゆえ、あなたが私に話してくれるこういった例や物事は、私には何の役にも立ちません」と。

さて、それは知的な観察です。あなたは本で学んだことや他人の経験を、額面どおり受け取るべきではありません。あなたは自分自身の真実を成長させるべきです。私はあなたに、世界はブラフマンであり、ブラフマンは絶対的現実である、と言うことができます。現実は純粋な気づきですなどと、言うこともできます。でも、あなたが傷つくならば、それはあなたにどんな役に立つというのでしょうか？　あなたの人生で、あなたが非常に深刻に考えるような物事が起こります。あなたが理解していないのは、あなたの社会的肉体は、そのカルマを通過しなければならないということです。でもそれは、あなたとはまったく何の関係もありません。あなたは条件付けと一体化しています。

その真実を、あなたはまず何よりも自分に対して認めなければなりません。こういった偉大な真理を記憶することで、自分を騙さないでください。これらはあなたに役立ちません。あなたも私も、ニサルガダッタ、ラマナ・マハルシ、その他の人たちの本を暗記し、前からも後ろからも暗誦できる人たちをたくさん知っています。でも、誰かが彼らにぶつかると、彼らは怒ります。また自分が職を失うと聞くやいなや、彼らは泣き始め、心配します。物事がうまくいっているときだけ、本は彼らの役に立っているようです。そのとき、彼らは本から引用することができます。こういった偉大な真理を記憶することで、自分を騙さないでください。こうしたことはあなたに役立ちません。世界が自分に崩れ落ちてくるやいなや、彼らは本を投げ捨てます。彼らは、自分が読んだ一言も信じていないのです。そして、物事が改善し始めると、彼らはもっと本を買います（大笑）。それからまた、何かが彼らに起きると、本を部屋に投げつけ、言います。「こんなのナンセンスだ！」と。それから、物事がまたよくなると、彼らはまた出かけて、別の本を買います。こういったことがえんえんと続きます。おそらく私は皆さんの中の誰かについて話していますね。あなたはいつ成長するのですか？

それは、自分が経験することが、自分にとって重要であるときだけです。それはあなたが読むものではありません。あなたが今まで知らなかった真理を知ったからといって、一体それが何の役に立つのでしょうか。この先生はそれをこう表現しているけど、私はこの角度からもあの角度からもそれを知っている、とあなたが言うからといって、それが何の役に立つのでしょうか。今ここでもう一度、私はあなたに次のことを思い起こさせなければなりません。真理を知的に知ることは、あなたのためにまったく何の役にも立ちません。LSD（幻覚剤の名前）を飲んだほうがましなくらいです。[*4] なぜなら、あなたはそれでただ「元気になる」からです。何か自分が望まないことが自分にやって来たとき、あなたは大バカになり、怒り、激怒し、動揺します。あなたは自分がこの道において進歩しているのかどうか、知る必要がありますね？　あなたが最後に怒ったのは、いつでしたか？　何かがあなたにとって重要だった最後のときは、いつでしたか？　世界があなたを傷つけると思った最後のときは、いつでしたか？　自分に起こった何かよいことで、あなたが大喜びした最後のときは、いつでしたか？　こういったことは、あなたがまだ人間的特性を所有していることを示しています。あなたはまだ超越していません。

あなたは本の中に逃げることはできません。多くの人たちは、動揺し、考えたくないときに、テレビをつけます。しかし、スピリチュアルな道にいる人たちはスピリチュアルな本を開きます。それは、テレビをつけるようなものです。ただ違うことは、あなたがスピリチュアルな真理を暗記することです。

私はそれがテレビを見ることと同じだとは言いません。もちろん、テレビを見るよりよいことです。それにもかかわらず、あなたはこれを千年間続けて、それでもほとんど進歩しないということもありえます。あなたはどうやって進歩するのでしょうか？

一　本を参考のためだけに使うことによって
二　私があなたと分かち合った方法を実践することによって
三　自己問いかけを練習することによって
四　人生の経験を通過するとき、反応しないで、観察することによって

自分が怒るとき、観察してください。それを否定しないで、観察してください。もしあなたが自分自身を

そういうふうに落ち着いて観察することができれば、あなたは自分自身に問うことができます。「誰」が怒っているのか？　「誰」が落ち込んでいるのか？　それをずっと追ってください。これをできるだけ何度も何度も、必要なだけやってください。ある日、怒りがあなたを去り、落ち込みがあなたを去り、あなたの思考があなたを去ります。あなたはただ在るだけになります。

❖自分自身を騙さないでください――自分自身にまず働きかけてください

それが起こるまで、自分自身を騙さないでください。マーヤーは非常に強力です。マーヤーは世界の見かけの現実です。あなたが自分は肉体であると信じているかぎり、世界はあなたにとって非常に現実です。だから、まずあなたは自分自身に働きかけるのです。覚えておいてほしいことは、全世界だけでなく、あなたの肉体もあなたのマインドの現象です。それゆえ、マインドが消え始めるとき、あなたの肉体と世界もそうなるのです。でもまた、あらゆるものが消えるときに、あなたは意識そのものを見るわけではない、ということも覚えていてください。私が最初に言ったように、あなたが歩きまわって空っぽの空間を見るわけではありません！　ある人が私に言ったことによれば、彼は本の中で、賢者とは霧の中を歩きまわり、霧のような人々を見ると書いてあるのを読んだそうです。一体人々はどこからこういった考えを得るのでしょうか？　再び皆さんに言っておくなら、賢者とあなたとの違いは、あなたは世界を見て、それと一体化するということだけです。あなたはそれを現実だと思います。賢者は世界を見て、それは意識の上に重ね合わせられたイメージであることを知っています。ですから、賢者は意識と一体化するのです。

❖あなたが「私」の中に留まれば、人生を気楽に航海します

生徒　ロバート、あなたは本について、そして、人がこの道において、どれほど進歩しているのかについて、お話しされました。多くの先生たちと本は理論について語り、あまり実践には重きが置かれていません。実際、もし人が多くの本を見れば、著者たちはすべての様々な理論や、一つの物事が別の物事とどう関連しているのかなどなどを詳細に述べます。でも、彼らが語っていることの実践について、詳しく述べている本はあまり多くはありません。だから私は、ヴィチャーラの練習と、私たちが実際どれほど進歩したのかというあなたの言葉について、こうして少しまとめているわけです。実際のところ、私たちは自分がどれほど進歩したのか知ることができません。なぜなら、進歩とは非常に疑わしいものにもなりうるからです。ある意味では、人は進歩し、それに気づくかもしれませんし、気づかないかもしれません。一方で、物事はよくなるように見え、もっと理解が増すかもしれません。その一方、物事がきつくなるように見えるかもしれず、それが終わるまで、人は自分がどこまで来たのかわからないのです。

ロバート　あなたが世の中の栄枯盛衰を通過するとき、あなたの言っていることは真実です。でも、あなたが「私」の中に留まるならば、世俗的なあなたの問題は、あなたにそんなに深刻には影響しません。もしあなたが「私」の中に留まれば、気楽に人生を航海するように見えることでしょう。

生徒　でも、あなたも言ったように、ときには物事がきつくなることもあるわけです。

ロバート　物事はきつくなります。でもそれらは、誰にとってきつくなるのでしょうか？「私」の中に留まり、自分が通過するすべてのことを眺めてください。そうすれば、もう以前のようには、あなたは影響されないことに気づくことでしょう。それらはもはや意味あることではありません。それはまるで、あなたが「私」の中に留まっているため、火事の中にいるのにひどいやけどをしないようなものです。

生徒　でもときには、人がそれをやっているのに、気づかないこともあるかもしれません。人は自分自身を同じだと思うかもしれませんが、実際はわからないのです。

ロバート　ときには、あなたにわかることもあります。もしあなたが「私」の中に留まれば、物事に影響されず、ただ物事が行き来するのを眺めていることでしょう。あなたは反応することではなく、観察することで、より高みに上がるのです。それゆえ、安全なことは、常に「私」の中に留まることです。皆さんの中には、なぜ自分がスピリチュアルな旅においてあまり進歩しないのだろうか、と疑問に思っている人たちがいます。その理由を理解するのは簡単です。ただ自分の信念体系を見てください。

あなたの生き方を見てください。皆さんの中には、人生を変えるのを恐れている人たちがいます。あなたは自分の人生が永遠に今のままであってほしいと思っています。でも、それは不可能だということを、あなたは知っていますね。もしあなたが人生を変えるのを恐れていれば、人生がやって来て、ある日あなたの足元をすくうことでしょう。そうなれば、あなたは変化せざるをえません。あなたを引き止めるすべての物事、あなたの安全毛布、これについて考えてください。あなたの安全毛布は何でしょうか？　食べ物でしょうか？　異性でしょうか？　同性でしょうか？　あるいは、セックスしないことでしょうか？　こういったすべてのことがあなたを引き留めておきます。世界をよりよい場所にしようとして、運動に関わることもあなたを引き留めます。[*5]　さて、ここに新しく来た人たちの中には、私がこういったことを言うと、奇妙に感じる人たちがいます。あなたは言います。「私たちは世界を助けることになっているのではないですか？」と。

あなたは自分とは何かを発見することになっているのです。あなたにとって一番大事な仕事は、目覚めることです。それから、自分が世界を助けたいと思うかどうか、見てください。一体、何の世界でしょうか？　まず、目覚めてください。あなたが平和運動、あるいは反平和運動、これやあれやに関われば関わるほど、あなたは物質性の中にますます引き込まれていきます。これらはすべて立派なことです。銀行強盗になるよりよいことだ、と私も思います。ですから、もしあなたが何かをしなければならないとしたら、他の人たちを助けてあげてください。それについては疑問の余地はありません！

でも、真実を覚えていてください。「私は自分の真我を発見するべきだ」とあなたは言うべきです。あなたは他人を犠牲にして、自分を発見する必要はありません。これは間違っています！　でも、できるかぎり、一人でいてください。これはあなたの人生だということを理解してください。これはあなたの夫の人生でもなければ、あなたの妻の人生でもなければ、あなたの子供たちの人生でも、あなたの親戚の人生でもありません。これはあなたの人生です。あなたは今ここに存在しています。あなたはそれに対して何をしていますか？　どうしてあなたは、人々があなたを怒らせることをゆるすのでしょうか？　どうしてあなたは、あなたが何をすべきかを人々が言うことをゆるすのでしょうか？　あるいは、あなたのために決定することをゆるすのでしょうか？　すべての答えはあなたの真我の中にあります。ですから、あなたは自分の真我の内部に向かなければなりません。あなたは大きな情熱をもって、真剣に自分自身の内側に向き、自分の真我を発見しなければなりません。

世界は非常に強力に見えますし、人々も非常に現実に見えます。私たちの中には、いつもあらゆる種類の状況に巻き込まれているように見える人たちがいます。でも、自分自身の人生を見て、なぜあなたはそうしたものに巻き込まれるのか認識してください。正直に見てください。自分自身を直視することを恐れないでください。自分の行動、自分が発する言葉、自分の頭の中にある思考を見てください。そうすれば、あなたは自分がなぜそれほど進歩していないのか、わかることでしょう。今、もしあなたが本当に進歩したいと思うなら、マインドの中であらゆることを捨ててください。私が「あらゆることを捨てる」と言うとき、あなたが仕事をやめるとか、インドへ引越すとか、本を読むのをやめるとか、テレビを見るのをやめるとか、そういうことを話しているのではないことを、覚えておいてください。もしそれらがあなたのやりたいことであれば、私が言及しているのはそういったことではありません。私が言っていることは、あなたの肉体や世界で起こっているどんなことへの反応も、手放すということです。

世界のことも人々のことも放っておいてください。人々を変えようとしないでください。あるいは、人々にあなたの意見を理解させようとしないでください。どんな見解もありません。どんな意見も間違っています。私たちは意見を取り除く必要があります。あなたは目覚めたいと真剣に思わなければいけません。冗談ではなく、目覚めることは簡単です。あなたはただあらゆることをマインドの中で放棄すればいいだけです。それだけです。あらゆるものは意識であるという事実を考えてください。あらゆるものです。どんな物もそう見える姿とは違います。これにはあなた自身も含まれています。自分がいつも同じままでいて、外側の何かについてばかり話している人たちが多くいます。彼らは世界を変えようとします。彼らは世界を意識として見ようとし、人々を無視します。彼らは無関心になります。これも正しくありません。

まず、自分から始めてください。自分の習慣を正直に見て、自分がやっている物事を見てください。他の人たちのことを心配しないでください。あなたは自分のマインドで他人を創造していることを、覚えておいてください。あなたの人生の中にいるあらゆる人は、あなたが自分自身で創造したものです。そうでなかったら、彼らはどこから来たのでしょうか？　あなたは創造者であり、あなたの人生のあらゆる物事はあなたの創造です。あなたはこれを無意識におこないました。

カルマ的に言えば、あなたは今現在、自分の人生の中にいるあらゆる人たちを引き付けたのです。あなたがある種の思考をあるやり方で考えると、自分の人生にある人たちが引き付けられてきます。もしあなたのマインドが犯罪的思考、悪い思考でいっぱいなら、あなたはそういった人々を自分の人生に引き寄せることでしょう。それから、あなたは言うのです。「ひどい世の中だ。誰も信頼できない」と。ですから、まず自分自身から始めてください。自分が覚醒することを妨げている物事を、正直に見なければなりません。もうそうする必要がない日が来るまで、まずあなたは自分自身に熱心に働きかけなければなりません。

今、多くの人がスピリチュアルな修行に関して、私に近づいて来ます。私に非常に頻繁に近づいて来る人たちには、二つのタイプがあります。第一のタイプは、スピリチュアルな修行に深く惹かれている人たちです。彼らはすぐに平和と静寂を感じます。彼らはますますすべてに浸透している神に気づきます。彼らの多くがたくさん祈りながら育ちました。他の人たちは単に明け渡しを練習するために週に一度、寺院や教会に行くだけですが、これらの人々は、世界のやり方より、善良さや愛、意識を高揚させるスピリチュアルな修行に自然に心惹かれるという点で、自然と進化しています。ですが、こういった人たちはまれです。

❖反応しないことは、適切な行動をしないことではありません

そのような高次の性質のものに惹かれ、楽しむことは恩恵です。第二のグループの人たちは、いわゆるスピリチュアルな講話、セミナー、イベントなどに多く参加してきました。彼らは専門用語や歴史、宗教の起源などに非常に詳しいのです。そして、彼らはいつも同じことを言います。「ロバート、人が実践しなければならないスピリチュアルな修行は何もない（！）ことを知って、私はとてもうれしいです！　私は、自分がすべてに浸透している絶対的な存在であることを知っています。私は何もする必要はありません。私は外見との同一化を止めました」。そして、彼らはあなたが出会うもっとも不愉快な人々です！（笑）。彼らは多くの物事と多くの先生たちを知り、旅をしていますが、神、喜び、絶対の実際を体験したことはありません。もし経験していたならば、彼らはすべての人に愛とやさしさをもっていることでしょう。彼らはハートの中で平和になり、偉大な理解と偉大な明け渡し、人類のための偉大な思いやりをもっていることでしょう。そ

して彼らは、反応しないことは適切な行動をしないことではない、と理解することでしょう。それで、皆さんはどっちのタイプでしょうか？

そして、もしあなたが自分の本質を意識的に体験することを加速させたいのであれば、もしあなたが神を真に体験したいのであれば、あなたはこの世界より上に行かなければなりません。そのためのもっとも簡単な方法は、スピリチュアルな修行、つまり、すぐにあなたの意識を拡大する修行を毎日楽しむことです。というのは、究極の真実では、あなたはすでにすべてに浸透している意識ですが、あなたは自分自身に非常に正直になって、「私は本当にいつも究極の真実を体験しているのだろうか？」と、尋ねなければならないからです。もしあなたがすでにそうだとしたら、なぜ怒っているのですか？　なぜ心配しているのですか？

ここで謙虚さの出番です。謙虚さは真理だけを求めます。謙虚さは真理です。それゆえあなたは、自分の意識を高めるためにできる限りのことをします。そして、スピリチュアルな修行は謙虚さを加速します。それは徳を身につけることを容易にします。徳、愛、慈悲、謙虚さがなければ、人は死すべき夢から目覚めることはできません。不可能です。あなたは自分の本質は何だと思っているのでしょうか？　これが流れを開始します。あなたは、悪しき影響を受けるような行動、言葉、思考に惹かれることを自然にやめることでしょう。あなたは人間の人間に対する残酷な行為に参加しなくなります。あなたにしがみついている資質のすべて、本質の資質でないものが取り除かれ始めるのです。自然にです。

ですから、自分がそういったものを超えていると思っているなら、あなたはそうではありません。この瞬間に自分の進化を加速させたいのであれば、非常に注意深く自分自身を調査してください。自分自身に正直になりましょう。あなたは本当に心の底から幸せを感じていますか？　あなたは本当に自分の本質の真実を感じていますか？　意識の喜びを感じていますか？　あなたと知り合うことで、他の人たちはより幸せになっていますか？　あなたは人類の資源ですか？　もちろん真実はと言えば、真のスピリチュアルな実践は、あなたが世界を、濃密な幻想を見通すのに役立ちます。あなたは自分が本当に何であるかの真実、神の様々な舞台すべてを体験することができます。自分の中にある想像を絶する美しさを体験することができます。真理が言葉であることをやめて、あなたになります。

誰がこれらのことを定期的におこなっているのか、あなたにはわかります。そこには誠実さ、真実、他の人たちに対するやさしさがあります。彼らは人間の人間に対する非人道的行為のベールを突き破り、全知全能を経験したからです。皆さんは言います。「ロバート、あなたが究極の真実から話すとき、スピリチュアルな修行はないと言いますが、その一方で人はそれらをおこなう必要があるとも言いますね」。確かにそうです。というのは、あなたは成長して、自分の本質の真理へ戻るためにここにいるからです。しかし、この世界の圧力は非常に強いので、そのせいで、あなたは向きを変え、間違ったことが正しく、正しいことが間違っていると信じるのです。それは非常に微妙なことです。

何かがあなたを不快にするとき、世界のせいで、それは当然だとあなたは信じるのです。それにもかかわらず、真理は非常に単純です。だからこそ、純粋で美しいもの、真実のものに自分のマインドを置きなさいと言われているのです。なぜなら、これらの物事はあなたの本質に属するものだからです。これは大きな助けになりますが、あなたしだいです。もしあなたが、自分はそういったものを超えていると言ってただすわっていたいのなら、それはあなたしだいです。なぜなら、あなたはすでに自分の本質を知っているからです。あなたはこの世界の悲惨な見かけの中にすわっていることもできますし、あるいは、現実を覗き込むこともできます。でも、自分自身に注意してください。あなたにはどのような傾向がありますか？　あなたは他の人たちの中にどんな感情を生じさせますか？　あなたは人々を傷つけていますか？　あなたは自分に熱中するあまり、他人に損害を与えていませんか？　ある生徒が言いました。「人々は自分の本当のアイデンティティに目覚めたと言いますが、彼らを激怒させるときは注意してください」（笑）。おそらくそういった人々は自分の本当のアイデンティティは怒りだと思っていたのでしょう。もちろん、死すべき運命の苦境への理解はあります。だからこそ、人は愛に満ちた思いやりにしがみつかなければならないのです。

もう一度言えば、私は究極の真理から話しています。
それにもかかわらず、
あなたが究極の真理に留まるまでは、
真理を覚醒させる物事に従事することが必要です。

＊1――私は皆さんに、修行を放棄するように言っているわけではありません。日々修行に励むことを忘れないでください。ただ、私がこういったことを言っているのは、修行ではなく、真我の覚醒こそ核心であると知ってもらうためです。

＊2――ここでは、エゴを失って、純粋な真我の生きた具現となる道に言及しています。この教えは受け身ではありません。私たちは、「あらゆることをそのままにしておこう」とは言いません。まったく反対です。私たちは他人の苦しみを軽減します。困っている人のところへ最初にかけつけ、助けます。私たちは他人の世話をします。私たちは自己中心的になって、自分のことだけかまうわけではありません。その秘密は、私たちは自分ではなく、真我が行為していることを知っていることです。そうやってこの世界が私たちを束縛する力を失うのです。

＊3――『バガヴァッド・ギーター』では、これを次のように説明しています。いったんあなたが至高の存在に明け渡せば、あなたを通じて活動しているのはそれです。あなたの人生は調和的になります。

＊4――神に覚醒した人、悟った人はけっしてドラッグをやりたいという願望をもたないことでしょう。これは妄想です。ドラッグは神を覚醒することと何の関係もありません。

＊5――あなたが覚醒し、目覚めるとき、あなたはまだ人々を助け、世界の苦しみを軽減します。違いは、それをやっているのは「あなた」ではないことを、あなたが知っていることです（ロバートは生徒たちに、ホームレスの子供たちのためにおもちゃをもって来るように頼み、そのときにこれに関する質問に答えました）。

10章　明け渡す

「何か素晴らしいもの」

本当は何も言うことなどありません。言葉は余分なものです。
私が言葉を使うただ一つの理由は、あなたが言葉の中にある静寂を感知できるようになるためです。
静寂こそが真理です。あなたは真理を言葉で説明することはできません。
言葉は無意味で、冗長になります。
あなたが真我への深い明け渡しを通じて、自分自身を準備し、
自分のあらゆる執着、自分の肉体、自分のマインド、
あなたにとって重要なあらゆることを放棄するとき、
真理は、それ自身の意志であなたのところにやって来ます。

あなたが何かに執着しているかぎり、現実はあなたから逃げることでしょう。
現実がやって来るのは、あなたが自分自身を放棄するときだけです。
自分のエゴ、自分の必要性、自分の願望、自分の欲望を放棄するとき、
何かを起こそうという気持ちを放棄するとき、
あなたが真我覚醒しようという努力さえ放棄するとき、
あなたがただただ放棄するとき、だけです。

すると何か素晴らしいことが起こります。
あなたは拡大し始めます。
でも、拡大するのはあなたの肉体ではなく、あなたである意識です。
あなたはあらゆるところに浸透し、絶対的現実になります。
それは自然に起きることでしょう。

✣あなたは誰に明け渡すのでしょうか?

生徒　先生、私は誰に明け渡すべきなのでしょうか?

ロバート　あなたの真我に、です。遍在し、全知で、全能である真我に対して、です。あらゆるところへ浸

透していいる真我に対して、です。究極の**一なるもの**、純粋な気づき、サット・チット・アーナンダ、パラブラフマンである、真我に対して、です。その真我に明け渡してください。というのは、あなたは本当に**それ**だからです。

そして、あなたは自分が聞いたことに驚いて、ただ明け渡し始めることでしょう。あなたは仕事をしている間、お皿を洗っている間、テレビを見ている間、常に明け渡すことを覚えておいてください。すると、ある日内なるグルがあなたのマインドを源泉のほうへ引き付けてくれ、あなたは目覚めるのです。あなたは解放され、自分の真我になります。そのときあなたは自由です。

あなたが信じないかぎり、あなたに影響を与えたり、害を及ぼしたりできることは、この世、あるいは、他のどんな場所にもありません。世界の移り変わりは思考上の信念からできています。あなたが見ているものはあなたのマインドの投影です。そして、それは絶えず変化し続けるので、あなたはこれが現実だとは言えないのです。たとえば、あなたの肉体は　〇年前、二〇年前、あるいは、あなたが受胎されたときと同じではありません。だったら、どうしてあなたは自分の肉体を現実だと言うことができるでしょうか？　世界もまた二〇年前とは同じではありません。あらゆるものが変化しました。では、どうしてあなたは世界が「現実」だと言うことができるでしょうか？　たいていの人たちがその話題に入ることを恐れています。なぜなら、私たちは何事も永遠ではないと感じ始め、それが恐れをもたらすからです。もし何も永遠でないとすれば、それでは私とは本当は誰なのでしょうか？　私とは何なのでしょうか？　私はどこから来たのでしょうか？　自分自身の源泉とは何でしょうか？　これらの質問は、ただあなただけが答えることができます。

あなたの中にはもっと美しくもっと壮大で、もっと素晴らしい何かがあります。

しかし、この喜び、この至福を見つけるために、いわゆる人生の重荷から完全なる自由を見つけるために、あなたは自分で掘り起こさなければなりません。あなたは何かを放棄しなければなりません。あなたは今のままで、つまり、同じ気質、同じ価値観、同じ先入観、同じ観念をもったままで、自由になることはできません。あなたは方向転換し、人生についてもっているあらゆる観念を完全に放棄し、完全に自分のエゴ、自分のマインド、自分の肉体、自分の先入観を明け渡さなければなりません。

では、あなたは誰にこれらを明け渡すのでしょうか？　あなたの真我へ、です。あなたの小さい自己なら、神へ、と言うことでしょう。でも、あなたは神を何だと思っていますか？　神はあなたの問題を欲しがりません。なぜあなたは自分の重荷を神に与えるべきなのでしょうか？　この神が何なのか、この神がどこから来たのかを発見してください。するとあなたは、自分のイメージの中に神を創造したのだということに、すぐに気づくことでしょう。そんな神は存在していません。まあ、何もないよりもいいでしょうけれど。自分にはどこかに父親のような存在がいると知ることは、よいことです。あなたはその存在に泣きつき、叫び、自分の問題のことで責めることができます。でも、私たちが成長し、進展するにつれて、自分がしがみついていたすべてのこういった物事を手放すにつれて、何かが起き、私たちは軽くなります。重荷は自然と消えるように見えます。

あなたがかつてもっていた唯一の重荷は、あなたのマインドだけです。それ以外の重荷はありません。ですから、ほんの数瞬間自分のマインドを止めることができれば、自分がどれほど平和であるかを見てください。思考がないときには、恐れもなく心配もありません。不安もなければ、欲望も強欲も、傷も敵もありません。こういった物事を私たちのところへ来させるのは、マインド、思考です。私たちが実際こういった状況を創造しています。私たちが自分自身の現実を創造しているのです。今日現在、あなたが生きている人生を考えてみてください。あなたの所有物、あなたの友人、あなたの愛する人たち、あなたの従業員たち。こういった物事は、運か偶然によってあなたのところへ来たのでしょうか？　もちろん、違いますね。あなたは自分自身でこういったすべてを創造しました。というのは、あなたは間違った自己を信じ、自分は経験を通過しなければいけない一人の人間であると想像したからです。あなたは幼い頃から、今日あなたが信じているような物事を信じるように、洗脳されてきたのです。

✣永遠の命の泉から飲むために

ですから、あなたが本当に自由、解放を望むなら、それを探しに出かけてはいけません。それはどこにも見つかりません。というのは、それはすでに、あなたの真我の内部に存在しているからです。あなたはすでに**それ**です。だったら、あなたはどこに探しに行けるというのでしょうか？　誰があなたに与えることができるのでしょうか？　もしあなたが水を飲みたいなら、蛇口をひねります。蛇口が見えないとき、「水が欲しい」と泣き叫びます。でも、蛇口を見て、それをひねれば、水が出てきます。

あなたが幼い子供だったときは、蛇口のひねり方を知りませんでした。それで、あなたは水が飲みたければ泣き叫び、大騒ぎをし、するとお父さんかお母さんが蛇口をひねって、水をあなたに与えてくれました。同様にあなたの現実である永遠の命の泉から、あなたは水を飲むことができます。

ただ、そのためにはあなた自身が蛇口をひねらなければなりません。あなたは自分であらゆることを手放すことで、蛇口をひねるのです。あらゆることを手放すのです。私があらゆることと言うとき、本当にあらゆることです。あなたは自分自身をひっくり返さなければなりません。あなたはひっくり返った自分が、どんなふうに見えるか想像できますか？　それはそんなにひどい光景ではないでしょう。

ここに来ているほとんどの人たちがアドヴァイタ・ベーダーンタ哲学を信じていて、もし人が正しい言葉を聞けば、その人は賢者の恩寵によって目覚めて、自由になると信じています。これが当てはまる場合もあります。しかし、あなたが聖なる本で読んだこういった人たち、賢者の恩寵によって触れられる人たち、こういった人たちは、それが起こる前に自分たちの宿題をやってきたのです。あなたはそれを自分自身で望まなければなりません。そして、あなたが充分に強く望むとき、何かがあなたに起こります。もしあなたが人生で他の何よりも解放を望むのなら、それが私たちが今まで話してきたことですが、あなたの残りの物事を放棄し始めることを意味しています。これが解放を望む唯一の方法です。これは正当な願望です。なぜなら、あなたは何かを要求しているわけではなく、自分がもはや必要としない物事を放棄しているからです――自分の怒り、卑小さ、悪い習性、短気、強欲さといった、私たちが長年持ち運んできたすべての物事のことです。

こうやって内なる神に向かって話すことで、あなたは解放を望むのです。これは完全なる明け渡しです。「主よ、私の怒り、強欲、悪い習性を、短気を取り除いてください」。そして、あなたはそれを完全に放棄します。いったんこれをおこなえば、あなたは自動的に解放されます。ですから、おわかりのように、この反対のやり方ではいけません。それは、自由、解放、自己覚醒を探そうとすること、あなたがすでにそうあるものに何かを付け加えることではないのです。あなたは自分がすでにそうであるものに、何一つ付け加えることはできません。なぜなら、あなたは自分自身のゴミでいっぱいだからです。そえゆえ、あなたは自分のゴミ箱を空っぽにするように、自分自身をひっくり返して、自分自身を空っぽにしなければならないのです。そうすれば、そのとき、あなたは自分自身がすでに自由であることを発見することでしょう。

私がこういう物事について話している最中でも、皆さんの中には、小さい自分、自分のエゴであまりにいっぱいで、自分の物事をけっして完全に手放し、放棄できない人たちがいます。というのは、あなたのエゴは、「もしこれをやれば、自分はどこにもいなくなるだろう」と言い続けてきたからです。でも、これこそまさにあなたがいたい場所ではないでしょうか？　どこにもない場所！　あなたが「どこにもいない」とき、あなたがどこかにいないとき、そのどこにもない場所には何もありません。この何もないことこそ、あらゆるものです。この何もないものこそ、努力のない純粋な気づき、絶対的純粋な現実、サット・チット・アーナンダ、ニルヴァーナ、と私たちが呼ぶものです。これこそ、あなたが自分の物事をすべて放棄したあとで、残されるものです。

✣真我の中に避難してください

あなたの本当の姿、本質をあなたは自分自身で探さなければなりません。そしてもちろん、肉体との一体化を止めることで、それをおこないます。状況に反応しないでください。それは、自分の真我であることです。それは、言葉や節や句を知ることではありません。それは、聖典を暗記し、他人に印象づけることではありません。それは自分の真我であることです。自分の真我であるためには、思考プロセスを止めなければなりません。常に覚えておくべきことは、あなたの思考こそ、あなたを自分の真我から遠ざけるということです。

あなたのところへやって来るあらゆる思考が、あなたの敵です。よい思考さえもそうです。というのは、よい思考はあなたを騙すからです。それは、あなたのマインドがあなたを騙しているのです。あなたの思考は、この世界が現実で、あなたはそのために奮闘し、世界を楽しみ、それを価値あるものだと受け取るべきだと感じさせます。しかしそのとき、あなたは変化の法則の元にいなければなりません。あなたは幻滅します。なぜなら、人生の物事は、しばらくたつと、もはや同じままではないからです。そのとき、あなたは自分の真我に飛び込み、自分の真我の中に避難しなければなりません。真我の中に避難するとき、あなたは平和を経験します。自分の真我の中に避難するとき、あなたは調和と喜びを経験します。外側の世界は変化の法則の元にあり、たえず変化し、同じままではないことをあなたは知っています。それなのに、なぜ多くの人たちが外側の世界、人、場所、物の中に避難するのか、私には不思議です。ですから、何であれ、あなたが避難所にするもの、それが人であれ、場所であれ、物であれ、あなたが避難所にするものは、あなたの失望の種になります。

✣ヘビになったジニャーニ

かつて売春宿で育てられた少女がいました。これが彼女のそのときの運命でした。彼女はそこから逃れることができませんでした。でも、彼女はいつもラマナ・マハルシに祈っていました。「神様、もしこれが、私が歩かなければならない運命ならば、どうか私といっしょにいてください。もしこれが私の運命ならば、私は自分の人生が変わることを祈りません。でも、あなたの強さとあなたの愛が、いつも私とともにありますことを祈ります」

さて、道の反対側にいわゆるジニャーニがいて、彼は市場の真ん中で、あらゆる人々に向かって、あなたは意識だ、絶対的現実だと語り、説教し、叫んでいました。これが長年続きました。ついにこの二人が共に亡くなるときが来て、彼らは神の前に行きました。神は少女に言いました。「あなたは地上に戻って、ジニャーニにならなければならない」。それから、神はその野心的ないわゆるジニャーニに、「あなたはヘビとして地上に戻らなければならない」と言いました。神は言いました。「あなたにはハートというものがない。しかし、この少女は私に自分のハートを差し出し、私に明け渡したのだ」

その男は言いました。「神様、どういうことですか？　私はあなたの徳をあらゆる人たちに激賞してきました。私はすべての人々に、彼らは意識であり、絶対的現実であると教えてきました。それなのに、あなたは私をヘビとして地上へ送り返そうとなさいます。私が一体何をしたというのでしょうか？」神は言いました。「あなたにはハートというものがない。あなたはおしゃべり学校から来た。あなたが自分の生涯でやったことと言えば、しゃべる、しゃべる、しゃべる、しゃべる、ただそれだけだ。しかし、この少女は私に自分のハートを差し出してくれた。彼女は私に明け渡し、自分の運命を呪わなかった。彼女は自分の試練、艱《かん》難《なん》のときに、ただ私にいっしょにいてほしいとだけ望んだ。それで私は彼女に生きてゆく強さを与えて、今では彼女は自由だ。しかし、あなたはまだ学ぶことがたくさんある。だからあなたは、ヘビとして地上に戻らなければならない」

こういう話は私たちに考えさせますね。私たちは自分の人生で実際には何をしているのでしょうか？　私たちはたくさんの本を読み、たくさんの先生と会い、頭で知っただけのたくさんの知識をもっています。でも、私たちのうちどれくらいの人が、神に自分のハートを差し出しているでしょうか？　そして、神は遠く離れているわけではありません。神とは本当は真我です。でも、その真我に接触するためには、あなたは多くの謙虚さをもたなければなりません。神の恩寵を感じるには、あなたは完全に明け渡し、多くの謙虚さをもたなければならないのです。あなたは、「私は何も知りません！　あなたがすべてです」という態度をもたなければなりません。こういった類の態度があなたを自由にします。それにもかかわらず、私たちのなかのどれくらいがこういった態度をもっているでしょうか？　私たちの多くは真我覚醒してジニャーニになることを考え、プライドが高くなっています。そしてあなたは実際、今までよりもずっと利己的になったのです！

✣心からのバクタ（帰依者）とジニャーニ（知者）には、本当は何の違いもありません

私たちは、「あなたより私は神聖である」という態度を他人に対してもっていますが、これはまったく役に立ちません。実際は、バクタ（帰依者）とジニャーニ（知者）に違いはないのです。人が神に明け渡すとき、他の人生はなくなります。彼らは、自分が何をしても、それは神がやることだと理解します。それゆえ、それはよいことなのです。彼らはけっして不平を言いません。彼らはけっして自分の問題を考えません。彼らは自分自身よりも他の人たちと彼らの問題を考えます。すると、他の人たちは、「私」こそが自分の問題と生存に責任があることに気づきます。それで、彼らはその「私」を源泉へ、ハートへ追っていき、彼らは自由になります。この段階では、バクティ（帰依の道）とジニャーナ（知識の道）の両方の融合があります。[*1]

✣バクタはジニャーニであり、ジニャーニはバクタです

ですから、もし自分は他の誰よりもすぐれていると思う先生がいれば、彼らは利己的に見えます。注意してください。たいていのジニャーニは教える役をまったく引き受けません。彼らはほとんど言うことがありません。結局のところ、話すべき何があるというのでしょうか？

✣恩寵が入って来るように、自分のハートを開いてください

ただ存在するだけで充分です。あれやこれであるのではなく、ただ在る。ただサットサン[*2]に存在する。そして、私がアイスクリームについて話そうが、ジェリービーンズについて話そうが、まったく何の違いもありません。言葉それ自身が価値をもちます。なぜなら言葉の音が、あなたが感じる恩寵だからです。でも言葉の意味は、あなたのマインドの中で解釈されるものです。だから、私が何を言っても、皆さん一人ひとりに異なって解釈されるのです。というのは、それはあなたを通じてフィルターがかかるからです。そして、あなたの意識とあなたの存在が言葉と混ざり、あなたの人生の生き方に従って、言葉が出て来ます。もしあなたがマインドを通さずに聞くなら、そのときには本当の意味を得ます。言い換えるなら、私が言うあらゆることに、あまり重きを置き過ぎてはいけないということです。

ただ自分のハートを開き、その恩寵の部分が入って来て、あなたがそれを拾い上げ、自分自身を高めるようにしてください。これをどうやっておこなえばいいのでしょうか？　それはただ静かになることで、ただ思考活動をやめることによって、です。あなたは自分が知っているどんな方法によっても、思考活動をやめることができるでしょう。もしあなたがプラーナヤーマをおこなうのが好きなら、それをしてください。もしヴィパッサナー瞑想をやるのが好きなら、そうしてください。自分の呼吸を観察したいと思うなら、それをやってください。自己問いかけをやりたいと思うなら、それをやってください。つまり、自分のマインドに考えさせないために、あなたがしなければいけないことは、何でもやってください。

✣空っぽなマインドは覚醒ではありません

ヴィチャーラ、自己問いかけは、あなたのマインドを考えさせないためのものです。ただ、それだけです。すべてのヨーガの練習は、あなたが思考を止める場所へと導きます。すべての貴《たっと》い宗教的教えはあなたの思考を一点に集中させます。そして、あなたのマインドが止まるとき、あなたは自分の真我になります。あなたは自由です。あなたが本当に通過しなければいけない儀式は何もありません。あなたは自分を浄化する必要もなければ、自分の罪悪感、サンスカーラや、その他何でも取り除く必要はありません。空っぽのマインドと一体化することが、あなたのために役立ちます。でも、空っぽのマインドは覚醒ではありません。それは覚醒の一歩手前の段階です。

覚醒は空っぽのマインドではありません。覚醒は説明することができません。覚醒とは、あなたが想像できるあらゆることも、どんなことも超えていると言うだけで充分です。でも、空っぽのマインドを達成すれば、そのときには覚醒への道にいます。この段階で、あなたの真我の中にいるグルがあなたを内側に引っ張り、あなたは自分自身の真我に目覚めるのです。

✣自分自身を目覚めさせるステップ

ステップ1――第一に、あなたは謙虚さを成長させなければならない、ということです。あなたは愛ある思いやりにハートを開かなければなりません。

ステップ2――二番目に、あなたはまるで自分自身と自分の問題が存在しないかのように、それらを忘れ、他人を助けなければなりません。自分自身を他人に与えてください。なぜなら、たった一つの真我だけが存在し、私は真我として存在しているからです。

ステップ3――三番目に、あなたは先生の言葉を引用して、「私はブラフマンである。私はマインドがない。私は意識である」と自分自身に言うのをやめなければなりません。なぜなら、それは実にあなたのエゴを膨らませるからです。そして、あなたは自分自身を他の誰かや何かと比較することを止めなければなりません。言い換えるなら、あなたは何もないものにならなければならない、ということです。さて、このことは、皆さんの一部の人たちを傷つけます。なぜならあなたは、「私は学校に長年通い、職業をもち、あれやこれやをやっています。それなのにあなたは、私が何もないものにならなければならない、と教えます」と言うからです。でも、意識は何もないもので、それはどんな物でもありません。あなたが神と呼ぶものも何もないものです。ですから、もし何もないものが神にとって充分によいものなら、それはあなたにとっても充分によいものであるはずですね？（笑）あなたが、「私は何もないものには絶対ならない。私はひとかどの人物である。私は長年勉強してきたんだ。私は重要人物である……」と自分自身に言うことがあなたを引き止めている、ということがわかりませんか？　あらゆる賢者は経典を投げ捨て、本を投げ捨て、肉体を投げ捨て、知識を投げ捨て、小さい自己の自分自身を投げ捨てた地点へたどり着きました。こういった物事すべてを取り除いたとき、そのとき、あなたは自分自身の真我となるのです。

✣明け渡しはマインドの中で為されます——完全なる信念をもってください

なぜ、ある人たちは目覚めるのにこんなにも長くかかるのか、わかりますか？　なぜなら、彼らは何かにしがみついているからです。彼らは、自分はこれを手放すことができますが、あれは手放すことができませんと言います。私が言わんとしていることは、あなたが何も気にしない地点に到達する、という意味ではありません。また、あなたが仕事をやめるとか、家族から離れるとか、どこかへ行くということを意味しているのでもありません。明け渡しはすべてマインドの中で為されなければなりません。これすべてを自分のマインドの中でおこなうのです。自分のマインドを使って、これらすべてをやってください。すると、マインドは内側を向き、ハートの中へ消えて行きます。ですから、自分の人生を見て、何が自分を引き止めているのか見てください。

あなたは何に執着しているのでしょうか？　この世の中で、あなたは何が重要だと思っていますか？　あなたは執着と目覚めの両方をもつことはできません。あなたは、人、場所と物事にマインドの中で執着して、同時に目覚めることはできません。もし解放を望むなら、あなたは犠牲を払わなければなりません。その犠牲とは、手放すこと、すべてを放棄すること、明け渡すことです。「すべてはうまくいっている」ということに完全なる信念をもってください。ただ「すべてはうまくいっている」とは何を意味するのか、解釈しようとしないでください。あらゆることは、まさに今あるがままで、そのふさわしい場所にあることをただ理解してください。どんな間違いもありません。あなたがこういった物事を考え始めるにつれて、自分がけっして手放す必要がないものとは、「私」だと理解する地点へ自動的にやって来るようになります。あらゆることはその「私」にくっついていました。しかし、あなたがその地点へ到着するのに、どれくらいかかるでしょうか？　あなたはまず、他のあらゆることをしなければいけません。

✣ 利己的な人間はもっと利己的になります ですから最初に、謙虚さをもたなければなりません

だから、「ジニャーナ・マールガ」それ自身を教えることは、一部の人たちにとっては危険なのです。というのは、利己的な人間はさらに利己的になるからです。それはあなたのエゴを膨らませます。ですから、あなたはまず謙虚さをもって、それから私たちが討論してきたようなことを通過する必要があります。もしあなたが本当にこれをやりたいと思うなら、あなたはやります。あなたは行動することで、これを実現するのではありません。ただ静寂の中ですわって、自分のマインドと肉体を自分の真我に明け渡すことによって、おこなうのです。「私は在る」がそれ自身の世話をします。おわかりのように、「私は在る」はあなたの本質です。それゆえ、あなたはそれを生み出そうとする必要はないのです。

あなたがしなければいけないことはただ、自分を引き止めている物事を放棄しなければならない、ということを理解することだけです。あなたの全信念体系が出て行かなければなりません。あなたは何にしがみついているのでしょうか？　あなたのマインドの中で何がそれほど強力になっているのか、考えてみてください。恐れでしょうか？　仕事でしょうか？　もしあなたが目覚めたいと思うならば、こういったすべてのことは無意味です。それでもまだ、あなたは仕事をもちます。それでもまだ、あなたは自分がここにやりに来

たことをやります。私はこの点を強調しなければなりません。なぜなら、私たちは常に信じているからです――私が皆さんのほとんどから受ける質問は――「もし私があなたの言うことをやったら、どうやって私は機能するのでしょうか?」というものです。だから私はあなたに、「恐れをもたないでください。あなたは機能しますから」と言い続けています。

あなたは自分が想像するよりもはるかによく機能します。あなたのエゴが働いていて、「マインドがなくて、どうやって私は機能することができるのだろうか?」と考えている今は困難です。でも、あなたは機能するのです。ここに、言葉では説明できない何かがあります。究極の状態になるとき、あなたは他のあらゆる人と同じような人間になります。だから、賢者とは何かを知ることは難しいのです。なぜなら、本当の賢者はあなたと私とまったく同じように見えるからです。究極の状態は、他のみんなと同じように機能します。唯一の違いは、あなたの内部にある何かのおかげで、あなたは次のことを理解していることです――あなたは鏡のようなもので、あなたの肉体、あなたの物事、宇宙の他のあらゆることはその上に映るイメージであることを。あなたは人間でありかつ人間を超えたもの、両方になります。あなたは自分の人間性を行動するように見えますが、同時にあなたは人間ではありません。これは説明するのがもっとも困難な状態です。というのは、それは言葉を超え、思考を超え、理性を超えているからです。

理性的になっても、人は解放されることはできません。それは人間の能力を超えています。だからあなたは、それについて考えることもできず、説明しようとすることもできないのです。あなたはそれについて論じることさえできません。あなたができることは、ただ自分の物事を取り除くために、自分がしなければいけないことをやることだけです。ただそれだけです。

そうすれば、他のあらゆることは、自ら自分の世話をすることでしょう。

＊1――帰依者（Bhakta）。帰依者はカトリック教徒、ヒンドゥー教徒、その他の宗教の人であるかもしれません。その要点とは、彼らが神のこの形態を愛し、明け渡したということです。

＊2――サットサン（Satsang）とは行くべき場所ではありません。それはあなたの人生の生き方です。

ある人たちが私に言います

「ロバート、いつも最高の真理だけを話したら、どうですか？」と。

また、「ロバート、どうかあなたの話すことを私たちが理解できるように、話してください」と、
頼む人たちもいます。

ですから、ここにジレンマがあります。

私は自分がするべきことをやるだけです。

私は何も計画しません。

あらゆることが即興です。

私はリハーサルをしません。

私は何も書きません。

私はただ、自分から出て来たことを言うだけです。

ロバート・アダムス

11章　放棄

あなたは絶対的に何も放棄するものはありません。
明け渡すものも、手放すものも、何もありません。
あなたはすでに解放されているのです。
けっして存在したことがない何かを、自分は手放さなければならない、と
どうしてあなたは信じることができるのでしょうか？
あなたは自分の執着を手放さなければならない、と信じています。
どうして真我が執着をもつことがありえるでしょうか？
あなたは自分の恐れすべてを、
憂鬱すべてを、
自分を煩わせるすべての物事を明け渡さなければならない、と思っています。
誰に対してでしょうか？　これらの物事はあなたのものではありません。

これらはあなたに所属していません。
あなたは純粋な現実です。あなたは不滅の真我です。
あなたはけっして生まれたことがなく、けっして生きたことがなく、
けっして去ることがありません。
あなたは**一なるもの**、すべてに行き渡っている**一なるもの**です。
したがって、あなたは放棄するものを何ももちません。
というのは、そもそもあなたは一度も何かを所有したことがないからです。

自分は放棄すべき何かをもっていると信じることは、実に利己的なことです。
あなたが明け渡すべきものは、何もありません。
エゴだけが、何かが明け渡されなければならない、
何かが放棄されなければならない、
何かを手放さなければならない、と信じています。
そもそも、何かをもっている人とは誰でしょうか?
誰もいません。
ここにあるただ一つの現実。あなたはそれだ、ということです。

✣私たちは分離していません――たった一つの真我があるだけです

あなたは私といっしょに、静寂の中ですわるためにやって来ました。静寂の中にすべてのパワーがあります。静寂の中にすべての答えがあります。幸福が自然とあなたの元にやって来ます。喜びがあなたの元にやって来ます。静寂の中ですわるとき、あなたは自分が誰かを思い出します。私たち全員がたった一つの真我だとわかるようになります。これはどういう意味でしょうか？　それは、私たちは分離しておらず、一つであり、たった一つの真我であるという意味です。私たちみんながたった一つの真我なのです。

たった一つの真我が、選択のない、努力のいらない、純粋な気づきを通じて、それ自身を表現しているのです。選択のない、努力のいらない、純粋な気づき、これがあなたの本質です。純粋な気づきです。これについて考えてみてください。あなたは純粋な気づき、選択のない、努力のいらない、純粋な気づきです。純粋な気づきとはどういう意味でしょうか？　純粋な気づきとは、単にあなたはすべてに行き渡っている意識だという意味です。あなたの本質はあらゆることの中に遍在しています。あなたは、全世界はあなたの考え、あなたのマインドの直接の産物であることに気づいています。それはただ気づくだけです。あなたは、木々、山々、空を、境界のないスペース、純粋な意識のように気づきます。あなたは自分自身の現実、自分の真我の真実に気づいています。あなた自身が純粋な気づきであり、あなたはそれです。これについて熟考してください。真我は純粋な気づきであり、あなたはそれなのです。

✣どうやって「私－思考」を超越するのか？

このことがあなたにとってどんな意味があるのか、ただあなたが知ってくれさえすればいいのに、と思います。あなたは完全に自由で、絶対的に自由です――努力のいらない、選択のない自由。それ以外のあらゆることが幻想です。それ以外のあらゆること、世界、宇宙、個人的神は幻想です。他のあらゆることが幻想です。では、これほどまで現実に見えるこういったすべての物事は、どこからやって来るのでしょうか？

このすべての人々はどこからやって来るのでしょうか？　あなたが一日中見ているこういったすべての物事は、どこからやって来るのでしょうか？　あらゆることはどこからやって来るのでしょうか？　それは、「私－思考」からです。

「私－思考」が小さい自己を生み出します。そのせいで、あなたは自分が一個の肉体である、マインドであると考え、目の前にあるものが自分の状況であり、自分は問題をもっていると考えます。だから、あなたは物事を通じて働かなければなりません。「私－思考」がこういったすべてをあなたに対しておこないます。それはあなたの人生を完全に破壊し、現実を隠し、世界を生み出します。ですから、真我に戻ってください。あなたは「私－思考」を超越しなければなりません。これは、あなたが今までもっている知識をすべて忘れることによって、為されます。あなたが知っているすべての知識、です。あなたが生まれたときから、教えられてきたあらゆることが、放棄されなければならないのです。あなたのすべての信念、あなたのすべての教義、先入観、それらすべてが去らなければならないのです。

それらが去ったときに、あなたは真我に留まり、あなたは無条件で、選択がない気づきになります。私たちは自分が所有しているものに執着します――人、場所、物。私たちはそれらを自分のマインドから追放することができません。この執着ゆえに、私たちは何世も生きるように見えます。私たちが多くの経験を通過するのは、単に私たちが何かに執着しているからです。それは精神的なこともありますし、物質的なこともあります。もしあなたが誰かを憎むなら、もし何かや誰かを情熱的に憎むなら、それは執着です。あなたはこの地球、あるいは、この地球に似た別の惑星へ何度も何度も戻って来ることでしょう。あなたは自分がそんなにも憎んでいるその人と様々な環境で、何度も何度も出会うことでしょう。あるときは、彼はあなたの娘かもしれず、母かもしれず、夫かもしれず、妻かもしれません。でも、あなたがそんなにも軽蔑しているその人とあなたは何度も何度も出会い、その人はあなたを動揺させるために様々なことをやり、あなたは再び憎みます。このことを理解するまで、あなたはけっして自由になれません。

❖あなたは言葉で表現できない何かになります

理解とは、内側に入り、その人を忘れ、自分自身の現実を見ることです。「私－思考」を源泉まで追跡することです。結局のところ、憎んだり、愛したりするのは、「私－思考」です。それが、人、場所、物に執着しています。「私－思考」が超越されるとき、ただ真我だけが残ります。そのとき、あなたのカルマも終わり、あなたの肉体も終わり、あなたの神も終わり、あなたは完全に自由になります。しかし、あなたが人、場所、物、そして、たぶん自分の肉体に執着すれば、あるいは、あなた自身のマインド、あの人、あの場所、あの物事を深く感じるかぎり、それらを手放すまでけっして自由にはなれません。

あなたがもはや執着しない物事は何であれ、向こうのほうから退いてくれます。あなたがもはや執着しない物事は、向こうもあなたに執着しません。あなたが人、場所、物事についての意見を手放すとき、成長し、進化します。あなたは言葉で表現できない何かになります。それは説明できない何かです。非常に素晴らしい何かで、そんなに素晴らしいものが存在していた（！）とは、あなたが夢にも思わないような何か、です。でも、それは実際存在しているのです。

あなたは全世界――鉱物界、植物界、動物界、人間界と調和しなければなりません。あなたが全世界と友人になるとき、あなたはアートマー・ヴィチャーラをやる必要もなければ、「私」を追跡する必要も、「私」について心配する必要もありません。ただ世界と調和することだけが、あなたを自由にします。結局のところ、あなたがあらゆるものを無条件に愛するとき、それ以外にあなたに何ができるでしょうか？　他には何もありません。

というのは、分離のゲームをあなたとやるのがエゴだからです。エゴのせいで、あなたは誰か特別な人を愛し、そして、憎みます。エゴのせいで、あなたはある動物たちを軽蔑し、食べます。またエゴのせいで、毒のあるツタはバラよりも悪いとあなたは考えます。エゴのせいで、あなたは生命を格付けします。賢者はあらゆるものを同等に見ます。他の何かより劣っていたり、よかったりするものは何もありません。ただこのことを聞いて、それを自分のハートで感じることが、あなたを目覚めへと導きます。あなたが自分の問題だと思っていることを考えてください。なぜそれらは問題なのでしょうか？　それはどんな違いを生むのでしょうか？

あなたは何かについてひどいと感じたり、あるいは、復讐する必要を感じたり、あるいは、自分の肉体に何か起こるかもしれないと心配したりしますが、この世のどんなことも、そんな重要性は何もありません。あなたは愛する人のことを心配し、世界の状況について心配しています。あなたがそのように感じていると き、自分がこれらの物事に責任を負っていると想定しています。結局のところ、あなたは実際に生まれることを頼んだわけではありませんでした。あなたはあなたの両親の元に生まれることを、頼んだわけではありませんでした。あるいは、あなたが生まれた国や宗教へ、都市や州へ生まれることを頼んだわけではありませんでした。

そういった物事に責任を負っているパワーが、どうやってあなたを世話するかを知っています。あなたが助けなければならないことは、何もないことがわかりませんか？　言い換えるなら、神はあなたの助けを必要とはしていないのです。あなたがしなければいけないのは、ただ深呼吸して言うことだけです。「神様、私の心配を受け取ってください。私はこれを終わりにします。私はもう二度と心配しません。私はもう二度とどんなことにも動揺しません」と。さて、あなたはどこから来ているのでしょうか？　朝、目覚めたとき、あなたは何を見ますか？　自分の人生が自分の思いどおりにいかないことを、心配していませんか？　どこか遠くへ先生を探しに行かなければいけない、と思っていませんか？　その先生はあなたに必要なものを与えてくれることでしょう。あなたを啓発し、幸福にしてくれる特別な本や、あなたが取り組むことができる何かを与えてくれることでしょう。すると、あなたは平和になり、リラックスし、しばらくその状態は続きます。でも、どれも長続きはしません。続くのはほんのしばらく、数瞬、数日、数ヶ月、数年くらいです。そして、あなたはまた元の状態に戻ります。なぜなら、マインドはけっして破壊されていなかったからです。

あなたの仕事はこういった物事を考えるマインドを破壊することです。そのために、あなたはここにいるのです。エゴを完全に破壊するために。それが、あなたが自由になる、完全に自由になる唯一の方法、たった一つの方法です。私があなたに話しているこれらの知恵を考え、私の言っていることが当たっているかどうかを見てください。あらゆる教えはマインドのものです。あなたが追いかけているあらゆる先生、彼または彼女があなたに与えるあらゆる教えは、マインドからのものです。ただマインドからのものなのです。でも、マインドがなければ、あなたは探すべきものがありません。マインドは探し、見たがります。もしマインドがなければ、眺めるべき、見るべき、誰が残されているでしょうか？　ですから人生は、求めることと、求める対象とともに展開していくのです。こうやって私たちは対象物を見て、それらと一体化させられるのです。私は見る人と対象物の両方を超越するように言います。この対象物は誰のところへ来ているのかと問うことによって。誰がこの対象物を見ているのか？　この源泉は何か？

あなたはこういった質問を一日中繰り返さなければなりません。私のみじめさの源泉とは何か？　私の幸福の源泉とは何か？　あなたのマインドは批判的になろうとしていませんか？　その自分自身に気づいて、尋ねてください。「これは誰に来ているのだろうか？　この批判は誰のところに来ているのだろうか？　それは私のところへ向かってる。私はこれを考える。でも、私は本当にこれを考えているこの『私』だろうか？　私は一人の『私』だろうか？　私はどこから来ているのか？　私とは何か？　この思考する者とは何か？」

そして、それを超えてください。自分のマインドにやって来るすべてを超え続けてください。すべての答えを超えてください。あなたが完全な平和に残されるまで。もはや答えがなくなるとき、あなたは完全に自由で、平和です。あなたが答えを探しているかぎり、平和や幸福を経験できません。常に覚えておくべきことは、たとえあなたが世界をよりよい場所にしようと努力しているとしても、世界は改善するためのものではない、ということです。あなたは世界を改善できません。それは数日間、数ヶ月、数年しか続きません。この世界は、改善するためのものではまったくありません。それは、マインドの中で取り除くための世界です。

世界はマインドの中で始まります。いつか世界がよりよい場所になったら、自分は幸福だろうと考えないでください。それはけっして起こらないことです。時の始まりから、人類はこの世界を改善しようとしてきましたが、そういった努力は無駄でした。物事はしばらくはよくなるように見えますが、結局以前よりももっと悪くなります。なぜでしょうか？　それは、それがこの世界のあり方だからです。[*1]この世界が生存していくためには、摩擦が必要です。もしこの世界に何の摩擦もなければ、この世界は完全に分解してしまうことでしょう。あなたはどんな世界も経験しないことでしょう。それは善と悪、右と左、上と下、前方と後方でできています。ジェット機が飛ぶためには、同じだけの力、抵抗が押し返さなければなりません。そうやって飛行機は飛ぶのです。それは抵抗が必要なのです。もし抵抗がなければ、飛行機は飛ぶことができないでしょうし、地面から離陸できないでしょう。人生もそれと同じことです。何かを達成するためには、抵抗がなければならないのです。このことについて考えてみてください。あなたが人生で達成したいと望むすべてのことは、それを達成するためには、抵抗をもたなければならないのです。もし抵抗がなければ、達成することも何もないことでしょう。

❖それは、あなたが理解できるよりはるかに美しいものです

だから私はあなたに、アドヴァイタ・ヴェーダーンタは、この世界のどんなこととも全く関係ないと言うのです。あなたは自分自身をよりよい人間やより有能な人間にしようとします。これはあなたをさらに世俗的にするだけです。あなたはこの惑星を完全に離れなければならないのです。そして、あなたがこの惑星を離れるとき、「火星のようなところへ飛び去らなければならず」（笑）、そこであなたは内側に入り、現実に触れます。あなたが現実に触れるとき、起こっていることが理解できます。その現実はあなたが今まで理解でき、価値を認めたどんなことよりも美しいものです。ですから、探すのをやめてください。見るのをやめてください。自分はこういう人間だとあなたが思うものであることをやめてください。自分がマインドの中でおこなっているあらゆることをやめてください。

もし自分が考えることをやめると、自分に何が起こるだろうか、と皆さんが心配することを私は知っています。でも、あなたは常に世話され、必要なすべての物事を手に入れることでしょう。では、自分に起こりうる最悪のことは何かを考えてください。あなたは死ぬこともありえます。でも、死というようなものはありません。みんながこのことを知っています。あなたは財産を失うこともありえます。でも、あなたはこの

世界に無一文でやって来て、無一文で出て行くのです。こういった物事を心配しないでください。カルマ的に言えば、あなたは自分が通過しなければいけない経験を通過するのです。でも、これはあなたの肉体のためであって、あなたのためではありません。もう自分が完全に自由であるとわかりませんか？

✣絶対的善

あなたの本質は、絶対的善、パラブラフマン、絶対的現実です。あなたは真我であり、あらゆるところに浸透する真我です。だったら、あなたは何を恐れることができるというのでしょうか？　誰があなたに何をすることができるというのでしょうか？　あなたは自由です。あなたは全体です。あなたは完全です。そして、唯一のあなたしかいません。あなたと私は一度も存在していたことがありませんでした。唯一の**一なるもの**だけがあります。その唯一の**一なるもの**が絶対的現実であり、あなたがその唯一の**一なるもの**です。あなたは至福の肉体です。目覚めてください。あなたにこういったすべての愚かしいことをするように頼む、すべての感情を取り除いてください。目覚めて、自由になってください。自分の人生をシンプルにしてください。

恐れをもたないでください。恐れとは、あなたが執着しているものの別名で、それがあなたを引き止めます。自分には考えるべき重要なことがある、とけっして信じないでください。すべての物事は重要ではありません。あなたが何を考えていても、それは重要ではありません。あなたが何かを考えなければならないかぎり、それは重要ではありません。でも、あなたは自分自身に言います。「考えることなく、私はどうやって機能することができるのだろうか?」と。自分が言ったことを考えてください。「考えることなく、『私』はどうやって機能することができるのだろうか?」あなたではなく、「私」です。あなたが本当に言っていることは、考えることなく、「私」はどうやって機能することができるのだろうか? ということです。あなたが言及しているのはどの「私」でしょうか? エゴの私は存在するために考えなければなりませんが、「私は在る」意識は自ら存在しています。考えるべきことは何もありません。ですから、あなたが何かについて考えているときは、「私－小意識」、いわゆる「私－エゴ」が考えているのだということを理解してください。

もしあなたが「私－エゴ」を超えて、「私－大意識」に戻るなら、あなたの思考は止まります。思考はまったくなくなることでしょう。再び言えば、現実には考えるべきことがあるでしょうか? 現実は現実です。それはあらゆるところに浸透する遍在です。現実が考える余地や空間はありません。現実は現実自身を知っているパワーです。それ自身を知っているパワーが意識、絶対的現実です。それはそれ自身だけを知り、他の何も知ることができません。なぜなら、他の何も真我を離れて存在しないからです。絶対的現実の中にはどんな二元性もありません。二元性はただ人間のレベルだけに存在します。それは見かけだけで、真実でも現実でもありません。あなたはこのことを自分に言うことができます。

❖神の意識に完全に明け渡してください

世界を見てください。世界は壮大な冗談です。それは現実に見えます。よい物事、美しい物事、恐ろしい物事。それらすべてが詐欺です。世界は二元性の世界です。あらゆる善のためには、悪がなければなりません。バランスが必要なのです。あらゆる悪のためには、善がなければなりません。あらゆる上のためには、下がなければなりません。あらゆる前進のためには、後進がなければなりません。私たちはこの世界をけっして理解することができません。それはあまりに複雑です。ですから、そこから抜け出てください。自殺することによってではなく、マインドと肉体を超えて、自分自身の真我に目覚めることによって。そうやってあなたはそこから抜け出るのです。自分自身をかわいそうに思うのはやめてください。自分の思考、世界、自分の肉体にあまりに注意を払いすぎないでください。何でもやって来るにまかせてください。

自分自身の真我に完全に明け渡してください。あなたの真我は神、意識です。状況ではなく、「私は在る」と一体化し始めてください。状況を放っておいてください。私が前に言ったように、あなたはどんなことにも責任がありません。自分の罪悪感を取り除いてください。あなたは一つであることの永遠性をマインドの中で感じなければなりません。私たちが成長し、人生でこのことが最優先になるまで、スピリチュアルな道においてそれほど進歩しません。あなたのハートがあるところに、神はいるのです。今日考えてください。「私」が執着していることは何だろうか？　この世界で私にとってそれほど意味あることは何だろうか？　と。そしてそれこそが、あなたを引き止めていることを理解してください。内側を向き、「私」がこれを感じているのだと気づくことによって、それをマインドの中で手放してください。「私」がこれを必要としていると感じているのです。その「私」はどこから来ているのか？

❖「私」の跡

「私」の跡を追って、源泉へ行き、解放されてください。あなたが「私」をその源泉に追うとき、そのときあなたのすべてのトラブル、問題、あなたの人生、あなたの世界が源泉の中に消えてしまいます。それが起こるまで、あなたは問題をもっている「私」ではない、ということを理解してください。それがポイントです。時々、落ち込んだり、心配したり、急いだり、動揺したり、恐れたりするのは、その「私」です。そんなふうに感じるのは、落ち込んでいる「私」ですが、でもそれはあなたではありません。あなたはその個人的「私」ではありません。たとえあなたがその「私」を追っているとしても、あなたは蜃気楼、視覚的幻想を追っているのです。なぜなら、あなたはその「私」ではないからです。あなたは絶対的現実、ニルヴァーナ、サット・チット・アーナンダであり、あなたはその「私」ではありません。もしあなたがその「私」でないとすれば、そのときは誰が問題をもっているのでしょうか？　誰が病気をもっているのでしょうか？　誰が疑いをもっているのでしょうか？　誰が困難をもっているのでしょうか？　たいていの人間がもっているこういった世俗的な問題を、誰がもっているのでしょうか？　「私」です。でも、私はその「私」ではないのです。でも、「私」がその問題をもっているのです。あなたは私が言わんとしていることがわかりますか？　その「私」がその問題をもっているのです。自分（Me）ではなく、「私」です。

この場合、「自分」とは、絶対的現実、純粋な気づき、意識のことです。それゆえ、これは今までに発明された最高の精神療法（セラピー）です。というのは、あなたは一歩後ろに下がって、「私」が問題をかかえているのを眺めることができるからです。本当の自分、真我はけっして問題をもつことができないということを、あなたは知的に理解することができます。問題をもつことは不可能なのです。それにもかかわらず、「私」は問題を感じます。あなたはすぐに自分に気づいて、「はい、私は問題を感じます」と理解します。おわかりのように、自分ではなく、「私」が問題を感じるのです。それから、しばらくあなたは問題を忘れ、今度はまた言います。「私は落ち込んでいる」。そして、あなたは自分自身に気づき、笑います。あなたは言います。「私」は落ち込んでいる、「私」は憂鬱である、でも自分（Me）ではなく、「私」です。それから、しばらくまた忘れ、今度は、「私は具合が悪いと感じる」と言います。そのとき思い出してください。あなたは言います。「私」は具合が悪いと感じる、と。自分ではなく、「私」です。あなたはこれを一日中やっています。

最終的に起こるのは、あなたは自分の真我から「私」を分離するということです。あなたはもはや自分の肉体を「私」として見ません。あなたは自分のマインドをもはや「私」として見ません。しかしあなたが、「私」は世界の中のあらゆるものだと理解するとき、「私」はまたこの肉体でもあり、マインドでもあるはずです。そのときあなたは、自分はこの肉体ではなく、このマインドでもないけれど、「私」はこの肉体であり、マインドであることを理解します。「私」はこの肉体であり、「私」はこのマインドです。「私」がすべての問題です。あなたは自分自身を分離します。あなたは眺め、「私」がこれらすべての問題をもっていることを観察します。すぐにあなたは自分自身を大笑いすることでしょう。あなたは自由を感じることでしょう。

もしこれを練習すれば、あなたは今までに感じたことがない自由を感じることを、私は確約することができます。あなたは遍在と内在する至福を感じます。この肉体は、一個の肉体としては存在しないことがわかるでしょう。あなたは自分自身を眺め、その肉体を見て、笑うことでしょう。あなたは、それが自分の肉体ではないことを知ります。どんな肉体もありません。それは蜃気楼の中の水のようなものです。どんな水もありません。それはそう見えるだけです。あなたは一個の肉体をもっているように見えますが、でも本当はもっていないのです。それが肉体のあり方です。そして、「私」は本当には存在していません。あなたはこの啓示を今、理解できますか？

どんな「私」もなく、肉体もありません。それでは、何が「老いて、死ぬ」のでしょうか？　何が病気になるのでしょうか？　何が落ち込むのでしょうか？　その答えとは、誰でもなく、何でもない、です。落ち込んだり死んだりする人は誰もいません。精神的苦痛をもっている人もいません。何かをするために残されている人も誰もいません。あなたは完全に自由です。あなたがこのように感じるとき、どこへも行くところがありません。なぜなら、どこへ行こうと、あなたは真我だからです。これ以上にあなたを幸福にすることはありません。それはすべて同じです。あなたは一つの物と別の物をもはや区別しません。あらゆる物は、あなたが物を作るために使ってきた一塊の粘土のようになります。でもあなたは、それすべてが同じ粘土の塊から来ていることを理解しています。

あなたの人生も同じようなものです。何かをやっている人は誰もいません。やるべきことも絶対的に何もありません。やるべきことが何もないと私が言うとき、あなたが静かにすわって、一日中椅子に腰掛けている（！）ということを、必ずしも意味しているわけではありません。これは逆説的に見えます。あなたの肉体は何かをおこなっているように見えることでしょう。でも、あなたはいっぺんの疑いもなく、どんなことをやっている人もいないということを知ります。そのことについて考えてください。これは非常に重要なポイントです。あなたは映画に行ったり、もし仕事があれば、仕事に行ったり、家に帰ったり、結婚したり、離婚したり、泳ぎに行ったり、何であれ自分がすることをやります。それにもかかわらず、誰も何もやっていないことをあなたは知っています。どうしてそんなことがありえるのでしょうか？

どうしてあなたが何かをやっているように見えながら、それにもかかわらず何も為されていないのでしょうか？　空は青く見えます。でも、調べれば、空も青もありません。あなたは何かをやっているように見えますが、行為者はいません。実際何かをする必要があったり、何かをしたりする人は、誰もいません。だから、時間と空間といったものはけっしてなかったのです。あなたはまったく別の次元にいて、そこではあなたはまるで動いたり、働いたり、経験したりするように見えますが、実際は何も為されていないのです。この状態は考えるのが困難だと私は認めますが、でもそれが真実です。今まで誰も何もしたことがありません。唯一の**一なるもの**だけがあり、その一なるものはすべてに浸透し、遍在しています。唯一の**一なるもの**だけがあります。もし**一なるもの**がすべてに浸透し、遍在しているなら、どこに何かをする余地があるでしょうか？

こういうふうに考えて、眺めてください。この世界にあなたしかいないとしたら、あなたが宇宙そのものだとしたら、すべての惑星、すべての星々、月、地球、人々、場所、物事は、あなたの中にあることになります。あなたは何かをする空間をもちません。それにもかかわらず、あらゆることがあなたの中で為されるのです。それと同じことです。これが実際あなたについての真実です。あなたは小宇宙であり、大宇宙です。

あなたが二元性、無知の中で働くとき、あなたは小さい人間のように見えます。あなたはあたりを見まわし、自分と同じような何十億の人間を見ます。あなたは彼らと議論し、戦い、愛します。あなたは仲間の人間といっしょに様々な活動をします。でもあなたが自分自身に対して働きかけ、意識の中を上がり始めると き、何かがあなたに、唯一の**一なるもの**だけがあると告げます。あなたと私、がいるわけではありません。「私」だけがあります。そして、その「私」は存在していません。それゆえ、存在している物で、あなたが理解できるものは何もありません。存在といったようなものはないのです。宇宙を創造する神はいません。*2 何かを起こしているどんな存在もいません。最高の真理とは何も起こっていない、ということです。

でも、あなたは言います。「ロバート、そういうことはあなたにとっては真実でしょうけど、でも私は苦しんでいるのです。私は精神的苦しみをもっています。私は病気のようです。私は人々と問題をかかえています。なぜでしょうか?」それは単に間違った一体化のせいです。あなたは見かけの存在と一体化しています。見かけの存在と一体化するかぎり、あなたは見かけ上、存在しているように見えます。そして、見かけ上、存在していれば、あなたは問題をもつのです。生まれたあらゆる人間は問題をかかえます。例外はありません。自分が生まれたと信じるかぎり、あなたは問題をもちます。それゆえ、自分が生まれたという観念をあなたは取り除かなければなりません。あなたは、自分が見かけ存在しているという観念を取り除かなければなりません。
そして、自分が問題をもっているという観念を取り除かなければなりません。言い換えるなら、あなたは自分の現実に目覚めなければならないのです。誕生も死もなければ、問題もない。誰も死にません。なぜなら、誰も生まれなかったからです。私はこんなふうにえんえんと続けることができますが、でも、私の話していることをあなたが経験しなければ、どうしてあなたは私を信じることができるでしょうか？　ここにいる皆さんの一部の人たちは、この現実を一瞥したことがあることを私は知っています。だから、その人たちは私が話していることが真実だと知っています。でも、ほとんどの人はまだ経験していません。

あなたはどうやってこれを受け入れることができるでしょうか？　あなたはこれを自分の真我の中で経験しなければなりません。それが、あなたが目覚めることができる唯一の方法です。世の中では実験しないでください。あなたはどうやって世の中で実験するのでしょうか？　それは、こういった木が美しいとあなたが信じるときです。美しい夕日、美しい日の出、美しい花、美しい人々。そういった物事はよいことに聞こえるかもしれませんが、それらはあなたの目覚めを妨げます。なぜでしょうか？　それは、存在しない外側の原因とあなたが一体化しているからです。美しい木はあなたのマインドから来ていることを、あなたは理解していません。美しい夕日はあなたのマインドの中にあるのです。そして、あなたが認めるすべての美、すべての醜さは、すべてあなたの真我の中にあるのです。そして、あなたがその真我なのです。ですから、目覚めたいと思う人たちは、美しいものを見るときは、自分がそれを投影していることを理解しています。それらは両方ペテンです。同じ硬貨の両面なのです。そして、あなたは問いかけ始めます。「誰にこれは来ているのか？」そのことを考えてください。

窓の外のあらゆる美しさを眺めるとき、それに驚いて賞賛する代わりに、「これを見ているのは誰か？」と尋ねてください。言い換えるなら、あなたが外の向こうに見る美しさは、実際は内側のここから来ています。あなたがその美しさなのです。それが向こうに存在しているのは、ただあなたがここに存在しているからなのです。あなたが夜、熟睡しているとき、それを見る人がいますか？　木はありません。花もありません。あなたは熟睡していますが、それにもかかわらず、目覚めています。熟睡は真我覚醒に一番近いことです。あなたは今までに、自分が熟睡から出て来たとき、「私は気分がいい」となぜ自分が言うのか不思議に思ったことはありませんか？　熟睡から出て来て、気分が悪い人は誰もいません。あなたは悪夢を見るかもしれません。でも、私が言っている意味は、あなたが本当に熟睡して目覚めたとき、もし自分に気づけば、気分がいいことがわかるでしょう。あなたは素晴らしく感じます。あなたが考え始めたときだけ、気分が変化します。それを自分で確かめてください。なぜでしょうか？　本当に熟睡は至福だからです。でも、それは無意識の至福です。解放は意識的至福です。

解放は、あなたが目覚めて、意識しているときです。あなたは特に何を意識しているわけでもなく、ただ意識しています。それが解放です。ですから、あなたが自分の外側に何かを見て、それに巻き込まれるとき、自分に気づいてください。それは自分から来ていることを理解し、質問してください。「それは誰に来ているのか？」と。あなたが**それ**です。皆さんの多くがハイキングへ行ったり、山へ登ったり、自然の一部になることが好きだということを、私は知っています。そのことは問題ではないですが、でもこれらの物事が自分の外側にあるとは信じないでください。これらの物事はあなた自身です。あなたがそれです。

「これは誰に来ているのか？」と質問するとき、あなたは再び理解します。「**それ**は私に来ている、私がそれを認識している」と理解します。それからあなたは、あなたが「私」（エゴ）ではないことを思い出します。「私」（エゴ）がそれを認識します。でも現実には、あなたはその認識者ではありません。あなたはその観照者ではありません。「私」（エゴ）がそれを認識します。「私」（エゴ）がその観照者です。これは非常に重要なポイントです。私はあなたにそれを理解してほしいと思います。なぜなら、それはあなたの全人生を変える可能性があるからです。あなたが世界で何を見ても、「私」（エゴ）がそれを認識していると理解してください。でも、「私」（エゴ）を真我だと見なさないでください。あなたは自分自身に気づいて、「私」（エゴ）が認識しています、と言わなければなりません。これは、あなたがそれを認識しているという意味ではありません。それを認識しているのは「私」（エゴ）です。あなたが自分自身をその「私」（エゴ）から分離するとき、すべては何でしょうか？　意識です。あなたが「私」（エゴ）だと信じるとき、あなたの人間性が活動します。あなたが、「私」（エゴ）は世界であることを認識するやいなや、あなたは自分自身を「私」（エゴ）から分離しました。すると、意識が活動し、あなたは目覚めます。言い換えるなら、あなたがあなたの「私」（エゴ）から分離できるとき、あなたは目覚め、解放されるのです。

このゲームを毎日おこなってください。あなたは何を見ても、それが自分の肉体であれ、マインドであれ、他の人々であれ、誰かがあなたの気に入らないことをするとき、あなたがおこないうる最悪のことは、反応することです。なぜかわかりますか？　なぜなら反応するとき、あなたは自分の人間性を肯定し、あなたのエゴが強化されるからです。しかし、あなたがもはや反応せずにいると、エゴはどんどん弱くなります。「私」とエゴは同じものです。皆さんの多くは、人生のひどい出来事、人間の人間に対する非人道的行為、テレビで目にするすべての卑劣な物事を見るとき、それらから自分自身を切り離したくなります。でも、よい物事も同じなのです。あなたはよい物事でもなければ、悪い物事でもありません。あなたはどんな物事でもありません。悪いものをよいものと取り替えようとはしないでください。自分自身とゲームをしてください。あなたが美しい夕日のことを考えるときいつでも、自分自身に気づいてください。自分自身に、「これは誰のところへ来ているのか？　それは私のところへ来ている。私がそれを認識している」と尋ねてください。あなたが「私とは何か？」を尋ねる前に、覚えておくべきことは、あなたはその「私」ではない、ということです。認識する「私」はあなたではない、ということです。

言い換えるなら、あなたが今後しなければならないのは、あなたが「私」に言及するとき、あなたは自分自身について語っているのではない、ということです。あなたはそのことを覚えていることができますか？「私」という言葉を使うたびに、あなたは自分自身に気づいて、「『私』は自分（Me）ではない。自分（Me）とは、私とは何か？　である」と言う必要があります。自分（Me）とは、「どの源泉から、その『私』が来ているのか？」という質問です。でも、その「私」はあなたとは絶対的に何の関係もありません。もしそれがあなたと何の関係もなければ、あなたはそれを放棄するために奮闘しなくてもいいという意味です。もしその「私」が本当にあなたに所属しているとすれば、あなたは自分の手に戦いをもつことになるでしょう。というのは、あなたは「私」を取り除くあらゆる方法を探すからです。でもあなたが、その「私」があなたに所属していないことを思い出すとき、戦うべきことはありません。あなたは単に、あなたはその「私」ではないと理解するだけです。では、「私とは何なのか?」もしあなたが、私が今述べたようなやり方で、これを練習するなら、あなたが「私とは何か?」と言うとき、あなたはまったく新しい啓示を得ることでしょう。ようやくまさに最後になって、あなたは「私とは何か?」を問います。ついにあなたは、その「私」が自分ではないと理解するようになったのです。

それゆえ、「私」にくっついているあらゆるものが、自分(Me)ではないのです。私の問題、私の家、私の家族、私の誕生がすべてその「私」にくっついています。その「私」は存在しないゆえに、何も存在しないのです。もし何も存在しないのなら、そのとき私とは何か?

覚えておくべきことは、「何も存在せず、私は意識である」などと、けっして言ってはいけないということです。なぜなら、あなたは自分が話していることを知らないからです。それは単なる言葉にすぎません。「その『私』は存在しない。でも、私はサット・チット・アーナンダです」とけっして言ってはいけません。これらはあなたにとっては単なる言葉です。あなたは宣言するのではなく、問いかけなければなりません。宣言してはいけません。ここは、あなたが肯定的宣言をおこなう形而上学の教室ではありません。肯定的宣言はあなたの人間性を改善するための幼稚園です。あなたがしようとしていることは、あなたの人間性を取り除くことであって、改善することではありません。

あらゆることが質問です。私はその「私」か？　私はこの肉体か？　私は、この「私」にくっついているどんなものでもないのか？　ではそのとき、私とは何か？　もしあなたがここまでたどり着いたなら、「私は何か？」と言うとき、あなたは深い静寂に入ることでしょう。あなたは長い道のりをここまでやって来ました。

ということで、簡単にポイントをまとめてみましょう。明日の朝から、起きたとき、何を見ても、自分自身に言ってください。「あれは自分（Me）ではない」と。あなたが何を感じても、素晴らしく感じても、気分が滅入っても、何の違いもなく、自分自身に言ってください。「あれは自分ではない」と。何を聞いても、何を感じても、何に触っても、何を嗅いでも、「それは自分ではない」と自分自身に言ってください。しかしそれから、「私がそれを嗅ぐ、私がそれを味わう、私がそれに触る、私がそれを感じる、でもそれは自分ではない。感じること、触ること、味わうこと、嗅ぐことなどの感覚の経験を通過しているのは、『私』である。でも、私はその『私』ではない。それでは、私とは何か？」では、今みなさんにやってほしいことは、目を閉じて、これを自分自身の中で練習することです。全プロセスを経験してください。窓の外を眺め、木々を眺め、それらがどれほど美しいか眺め、その木々は無から来ているのではないことを理解してください。それらは「私」から来ています。ですから、木々の美しさは「私」です。でも、私はそれとは何の関係もありません。でも、「私」は関係しています。では、私とは何か？　これを自分自身で練習してください。

静かにしていてください
✣真我であってください
静止してください

この話題に関して素晴らしいことは、あなたはすでに悟っているということです。あなたはすでに真我覚醒しています。でも、あなたはそれを信じることを拒否しています。どうやってそれを信じることを拒否するのでしょうか？　それは、それ以外のあらゆることを信じることによって、です。世界を感じることによって、です。あらゆる状況があなたを煩わせ、心配させ、それらに反応させることをゆるすことによって、です。まるであなたは催眠にかけられたように、世界や状況があなたの現実を覆い隠します。そして、あなたは他人と関わる世界があると信じます。克服すべき、超越すべき世界があると信じるとき、あなたは両手に戦いをかかえることになります。真実はと言えば、あなたは超越すべきことも、克服すべきこともありません。静寂があなたの現実です。考えることをやめて、静寂の中にいてください。静かになってください。マインドが静止することをゆるしてください。

何が起こっても、気にしないようにしてください。起こっていることは、いつも起こっていることであり、あなたがいなくなっても、それは起こり続けます。この世の中のことを心配したり、それに巻き込まれたりしないでください。世界は来ては去っていくようなものです。世界の背後にすわり、自分は本当は何か、自分の本質を思い出してください。あなたは絶対的にこの世の中とは無関係です。それは奇妙に聞こえることを私は承知していますが、あなたは絶対的にこの世界とは無関係なのです。まったく無関係です。この世界はあなたにまったく所属していません。

というのは、あなたはまったくここにいないからです。それは何の間違いもありません。あなたはどこにいるのでしょうか？　あなたはどこにもおらず、かつあらゆるところにいます。こういうことを熟考したらどうでしょうか？　こういうことについて考えてみたらどうでしょうか？　ただ真我であってください。この世界と世俗的な物事を認めることを拒否してください。自分自身を、純粋な気づき、努力のいらない、選択のない、純粋な気づきとして知ってください。自分の真我をこのように知ってください。朝、目が覚めたとき、ベッドから起き上がり、自分自身に言ってください。「私は選択のない、努力のいらない、純粋な気づきである」と。そして、静かにしていてください。あなたは自分がどれだけ気分がいいかに驚くことでしょう。「私は選択のない、努力のいらない、純粋な気づきである」。でも、あなたは自分を誰か他の人だと思います。あなたは、自分が男とか女とか、名前、職業、人生の計画をもっていると思い、自分自身をこれらのものとして言及します。でも、私はあなたに言います。あなたはこれらのものではまったくありません。これらの物事を振り払ってください。自分のプライド、エゴを取り除いてください。あなたは自分が物事を起こさなければいけない、自分が人々に先んじなければならない、と信じています。でも、起こらなければいけないことは、すでに起きたのです。

✣愛情にあふれること、至福に満ちることは非常に簡単です

平和になることは非常に簡単です。愛情にあふれること、至福に満ちること、幸福になることは非常に簡単です。あなたはただ自分にやって来るすべての思考――すべての思考、すべての感覚、すべての感情――を拒否すればいいのです。ただそれらを拒否してください。それらを拒否することで、パワーを与えないようにするのです。それらが自分の内部で何かとして感じられることをゆるすことで、あなたはそれらにパワーを与えるのです。自分の思考が感情的性質を帯びるとき、あなたはそれらにパワーを与えます。しかし、それらが感情的性質を帯びることをあなたが拒否するとき、思考は消えます。言い換えるなら、それらにパワーを与えているのは、あなたです。それがよいものであれ、悪いものであれ、あなたがあなたの状況を創造しているのです。

あなたは、世界をあなたが見るように見ている者です。ただ真我だけを見てください。ただ現実だけを見てください。ただ空っぽさだけを見てください。実に簡単なことなのです。ただ今すわっているようにすわり、観察してください。分析せず、自分の思考を変えようとせず、自分の思考と戦わず、ただそれらを観察し、眺めてください。そして、準備ができたとき、「誰にこれらの思考が来ているのか?」と質問することができます。

あるいは、ただすわって自分の思考を眺めてください。自分のマインドにそれが好きなことを何でもさせてください。好きなだけマインドを意地悪にしてください！　マインドがあなたにあらゆる種類のことを言

うのをゆるしてください――恐ろしい物事、幸せな物事、間違った物事、正しい物事。マインドは、あなたのためにただトラブルを起こすためだけにここにいます。それがマインドのすべてです。でも、マインドがあなたにとってトラブルを起こさないようにすれば、それは消えるのです！　どうやってそれをおこなうのでしょうか？　自分の思考に反応しないことによって、です。それらが何かとして感じられるのをゆるさないことによって、です。これらの思考はどこから来るのでしょうか？　どこでもありません。それらは「間違った想像」と呼ばれています。これらの思考はどこから来るのでしょうか？　どこでもありません。それらは「間違った想像」と呼ばれています。あらゆる思考は間違った想像です。間違った思考は、蜃気楼の中の水のようなものです。そこにあなたの思考があります。それらはあなたのところへ来るように見えますが、それらは存在していません。もしそれらが現実であるなら、あなたはそれらを摑み取り、それらにしがみつき、それらを蓄え、箱の中に入れて保管することでしょう。でも、あなたはこれをすることができません。そのことこそ、それらが実体をもっていないことの証明です。であれば、それらがどうしてあなたを恐がらせることができるのでしょうか？

常に覚えておくべきことは、考えることを完全にやめる、ということです。マインド的には何も機能していないのです。それにもかかわらず、皆さんの中にはまだ、考えることをやめれば、自分が野菜になってしまい、機能することはできないだろうと信じている人たちがいます。それは真実ではありません。以前のあなたは機能しなくなるでしょうが、新しいあなたは非常によく機能することでしょう。あなたは常によく機能しているように見えます。でも、機能している－人は誰もいないのです。あなたはそう見える者ではありません。私が何回このことを皆さんに言っても、あなたはまだ、考え、考え、判断し、判断し、結論に到達し、自分の人生をうまくいかせようとしています。あなたは手放さなければなりません。全面的に、完全に、絶対的に。どんな肉体もどんなマインドもどんな苦痛も、何も感じないくらいになるまで、あなたは完全に手放さなければなりません。あなたが進歩するのはそのときだけです。これについて考えてはいけません。思考は役に立ちません。あなたが真我に覚醒するのを助けてくれるどんな思考もありません。それは、ただ全面的な完全な手放し、放棄です。あなたは何を放棄するのでしょうか？　あなたはエゴ、マインド、物事についての意見を放棄します。あなたが放棄するのはそれだけです。

しかし、それにもかかわらず、木が現れるように見え、それは成長するにつれて、美しい木になります。あなたもそれと同じように見えます。しかし、あなたは自分がその見かけではないことを知ることでしょう。あなたは自分が完全に自由で、遍在していることを知ることでしょう。すべてに浸透しているのです。全世界があなたの内部で起こっているのです。もしあなたが小さい自己でなければ、どんな世界もありません。あなたはその小さい自己でない状態さえも超え、そこは小さい自己でないものさえないのです。あなたはその小さい自己でないものさえも超え、それを描写するどんな言葉もありません。それにもかかわらず、それはあまりに美しく、至福で、喜びに満ちているので、もしそれを少しでも味わえば、あなたはけっして戻って来ないことでしょう。

✣真理に触れられる

あなたはけっして人間次元に戻りたいと思わないことでしょう。この覚醒にほんの少しでも触れられた人たちがたくさんおり、彼らは真理に触れられました。彼らが人間的自己に戻ったように見えるとしても、そこに何かあることを思い出すことができます。彼らはその感触を忘れません。こういった人々こそ、覚醒に至るまで最後まで頑張って前進する人たちです。最後まで行くとは、何を意味しているのでしょうか？　それは、自分の人生を映画として眺めることを意味しています。あらゆる経験がスクリーン上のイメージです。それは、あなたがいかなる意味においても自分の人生を規制するという意味ではなく、ただ観察して、それを眺めるという意味です。人生を理解をもって眺めるのです。ただ、自分のマインドの中に入って来る感情を見、そして、恐れと傲慢さを眺め、それらについて何もしないということです。それらを眺め、見通し、自由になるということです。ただそれらを見通すことで、あなたはそれらから自由になることができます。

あなたを煩わせる感情について考えてください。おそらく、あなたは不機嫌な性質とか、恐がる気質とか、その他何でももっているとします。第一に、それを見なければなりません。それから、その中へ深く深く潜ってください。そうすれば、それは完全に消え去ることでしょう。それはあなたを二度と煩わせないことでしょう。でも、それらを変えようとするとき、すべてがしばらくはうまくいくように見えます。それからまた、あなたは以前いたのと同じ状況に自分がいることに気づくのです。違った場所で、違った人々と。そのとき、あなたは何も変える必要はありません。ただ静かにして、見る必要があるだけです。静かでいるとき、あなたが見ているものが、あなたを見返すことでしょう。あなたが世界を解釈なしに、執着なしに見るにつれて、世界とは何かがあなたに明らかにされることでしょう。世界はあなたにとって、何もないものとして現れることでしょう。意識のスクリーン上のイメージとして。あなたはまったく何の理由もなく、輝くばかりに幸福になります。あなたは今まで夢にも思わなかった平和を発見することでしょう。

あなたはこれを望む必要があります。あなたはこれを愛する必要があります。あなたはこの世の他の何よりも、これを望む必要があります。ただし私は、「私がもっていないものだから、それが欲しい」という意味で、言っているわけではありません。私が言っている意味は、あなたがそれであることを、感じ、信じ、知るということが必要です。人生に起きているように見えるすべての物事を手放すことによって、それがあなたのために明らかにされることが必要です。あなたは常により深く進んで行くことによって、あなたがそれであることを、感じ、信じ、知るということです。人生に起きているように見えるすべての物事を手放すことによって、それがあなたのために明らかにされることが必要です。あなたは常により深く進んで行くことによって、それがあなたのために明らかにされり続けることによって。あなたが長年人生で持ち運んだ物事を放棄するまで、真我の中に深く潜り込んでください。目覚めることができない人は誰もいません。なぜなら、あなたの真我はすでに目覚めていて、あなたの自己（the self）以外にあなたを押し留めるものは何もありません。自己（the self）というとき、私が指しているのは、あなたのマインドと思考のことです。あなたの思考だけが、あなたを押し留める唯一ののです。それらの思考を眺め、それらがあなたに何かをするのをゆるしてはいけません。それらがあなたを脅かすのをゆるしてはいけません。自己問いかけを練習しなければいけないことを、思い出してください。これらの思考は誰のところへやって来ているのか？　自分のマインドの中で常に考えるべきことは、思考は何もなく、これらのすべての思考は蜃気楼だということです。

ということで、皆さんは静寂の中で私といっしょにすわりに来ました。ですから、ただ静かにし、あなたは、努力のいらない、選択のない、純粋な気づきであることを知ってください。これを自分のハートの深いところで知ってください。思考があなたにやって来るやいなや、それらを無視してください。思考がやって来ては去って行くがままにしてください。どんな思考にもまったく関心を払わないでください。そうすれば、それらはひとりでに消えて行きます。でも、それらを変えようとすると、それらのパワーはもっとずっと強くなります。覚えておくべきことは、悪い思考をよい思考に置き換えたり、よい思考を悪い思考に置き換えたりしようとしない、ということです。思考があなたにやって来たら、ただ無視してください。ときには朝に、自分の声を張り上げて、「私は努力のいらない、選択のない、純粋な気づきである」と叫んでください。するとそれらは、あなたが本当は誰であるかというメッセージを届けてくれることでしょう。そして、一日中そんなふうに過ごしてください。

❖あなたの内部に純粋な喜びが湧き上がります

静かにしていてください！　もし充分に静かにしていることができれば、あなたは自分の内部にこの純粋な幸福が湧き上がって来るのを感じることでしょう。まったく何の理由もないのに、あなたはただ幸福になります。でもそれは、あなたが静かに、静寂に、平和に満ちたときに初めてやって来ることです。それから、サットサンに来るときは静かな人で、世間に戻ったときは、一日中、誰かと議論し、世の中のあらゆることを間違っていると思い、怒り、激怒し、動揺する人であるというような、二人の違った人間であってはいけません。同じ人間でいてください。すべてに浸透する意識、それであってください。

自分の人生の何かが間違っている、と自分が信じることをゆるさないでください。そうした思考が起こる前に、そのことに気づいてください。そして、自分に言います。「私は努力のいらない、選択のない、純粋な気づきである」と。何が起こっても、自分に言ってください。自分自身の真実を知ってください。神は問題などもっていません。あなたももっていません。というのは、あなたは**それ**（神）だからです。

✣これはあなたの機会です――自分自身に慈悲をもってください

この教えはたいていの人たちにとってはバカバカしく聞こえることを、私は承知しています。しかし、それにもかかわらず、時の始まりから、リシ（聖賢）たち、賢者たちが伝えてきた教えは、これです。まさにこれなのです。これは目覚めるためのあなたの機会です。だったら、これを利用したらどうですか？　どこかで何かが間違っていると信じたり、考えたりすることで、一瞬でも時間を無駄にしないようにしてください。この世界で今日起こっているあらゆることは、以前にも起きたことです。違った時代で、違った人々で、違った場所で。これらの物事すべてが以前にも起きたことがあります。

この世界でそれらの物事は常に起きてきました。これがこの世界の性質です。生きるのに美しい世界、永遠の平和と静寂さ、喜びと豊かさのある世界を望んでいる人たちが非常にたくさんいます。しかし、これらの物事は一時的なものです。これはこの世のあり方ではありません。でも、面白いことには、喜びについて考えるのをやめ、悲しみについて考えるのをやめ、よい物事と悪い物事について考えるのをやめるとき、何か素晴らしいことがあなたに起こります。というのは、あなたはもはや何にも執着していないからです。そして、この非執着の中で、あなたは愛とやさしさ、美しさと喜びをまったく別のやり方で感じます。今、目覚めてはどうですか？　私のためにそうしてくれませんか？　目覚めてください。私の頼みを聞いてください。これらのゲームをやめてください。自分自身に慈悲をもってください。

❖本当の太陽を輝かせてください！

あなたを怒らせたり、動揺させたりする思考をやめてください。過去を忘れてください。もしあなたがマインドではなく、肉体でもなければ、どうして過去のあなたがありえるでしょうか？　個人である肉体のことをけっして気にしないようにしてください。あなたは過去について心配する必要はありません。まったくないのです。というのは、始まりがあったことも、終わりがあったこともけっしてないからです。あなたは一度も生まれたことがありませんので、けっして死ぬことができないのです。あなたは生存していません。私の言うことを分析したり、理解しようとしたりしないでください。ただそれで在ってください。あなたが自分自身に、「私は努力のいらない、選択のない、純粋な気づきである」と言うとき、このことは、過去も未来も超え、あらゆることを超え、あなたを現在のあなたである真我へと目覚めさせます。今すぐ、その真我に目覚めてください！　今すぐ、それに、あなたの真我へ、目覚めてください。愚かなマインドを黙らせ、本当の太陽を輝かせてください！

❖道を知っているパワーを信頼してください

おわかりのように、あなたは自ら存在し、自ら居住し、自己充足している世界に住んでいます。つまり、どういうことかと言うと、あなたが必要とするすべての物事は内側から満たされている、ということです。**道を知っているパワー**を信頼してください。でも、これはあなたがこのやり方を受け入れたときだけ、起こります。もし自分が必要とする物事が、人、場所、物からやって来ると思っているなら、あなたは常に両手に戦いをかかえることになります。なぜならあなたは、よりよい仕事を得たり、銀行口座にお金が入ったりすることを希望し、また誰かがやって来てあなたの問題を助けてくれればいいなあと希望しているからです。こういったことは、すべて間違った思考です。ただ真我を信頼することさえ学べば、あなたの人生に奇跡が起こるのです！　ただあなたが真我を信頼することさえ学べば。では、どうやって真我を信頼することを学ぶのでしょうか？　それは、人生をあるがままに信頼することです。私は、ある人たちやある環境、ある状態を信頼しなさいと言っているのではありません。私はただ人生を信頼しなさいと言っているのです。人生を信頼するために、人々、場所、物事を超越してください。

✣あなたはあらゆる存在の実体を信頼します

あなたは意識を信頼します。言い換えるなら、**道を知っているパワー**があることをハートで感じ、信じるということです。あなたはそこから出て来ました！　ですから、あなたもまた**それ**であるわけです。あなたは**それ**なのです。あなた自身が**そのパワー**です。あなたはそれについて心地よく感じます。私が、「**道を知っているパワー**を信頼しなさい」と言うとき、私が言わんとしていることはこういう意味です。**道を知っているパワー**の中にいること以外、あなたの人生で修正すべきことは何もありません。変えるべきことも何もありません。達成すべきことも何もありません。おこなうべきことも何もありません。それほど簡単なことです。それにもかかわらず、私たちの一部の人たちにとってはとても困難なことです。なぜ困難なのかと言えば、思考が私たちのところへやって来て、あらゆることを台無しにすることをゆるすからです。あなたは自分の思考、自分の考えをコントロールしなければなりません。あなたが考えることから自由であるとき、常に意識の中にいます。意識こそ**道を知っているパワー**なのです。まもなくあなたは、自分自身が日々ますます幸福で平和で、調和に満ちることがわかるでしょう。

✣永遠の今

何があなたのマインドを本当に動揺させ、悲しくさせ、恐れさせることができるでしょうか？　それは自分に起こるかもしれない、とあなたがただ考えていることだけです。でも、あなたが永遠の今に住んでいるなら、[*3]もしあなたがこの瞬間に存在しているなら——あなたは実際存在しています——この瞬間に問題はありますか？　この瞬間には問題はありません。ただ明日、来週、再来週について考えるとき、初めてあなたは問題に行き当たるのです。でも、何も起こっていないこの瞬間の中に留まっていることをあなたが学べば、[*4]この瞬間は次の瞬間になります。そして、次の瞬間は次の時間になり、次の日になり、次の週になり、次の年になります。これが瞬間から瞬間へと生きる生き方です。

でも、私たちは何をしているでしょうか？　私たちは瞬間を日々に拡張します。私たちは未来を見たいと思います。ですから、私たちは何かが自分に明日、明後日起こるだろうと思います。でも、それを自分がゆるさなければ、どんなこともあなたに起こることはできません。あなたは信じることで、それについて考えることで、それが起こることをゆるすのです。それを恐れることで、あなたはそれにパワーを与えます。でも、私はあなたに真実を言いますが、この全世界において恐れるべきものは何もありません。何の恐れもありません。恐れは存在しないのです。ただ真我だけが存在します。これらの言葉の意味を黙想してください。ただ真我だけが存在し、私は**それ**です。これは奥深い声明です。すべてがうまくいっています。すべてがうまくいっています。すべてが完全にうまくいっています。そのことをけっして忘れないでください。それについて考えないでください。それについて分析しないでください。ただそれをハートに受け入れてください。すべてはうまくいっています。それで終わりです。私たちのほとんどの人がここにいるのは、真我覚醒したいと思っているからです。私たちはモクシャ（解放）、自由、目覚めを経験したいと思っています。

あなたが常に覚えておくべき三つのポイントがあります。もしこれらの三つのポイントを覚えていれば、あなたはすでに目覚めていることでしょう。あなたは自分のハートで、これらのポイントを覚えておかなければなりません。これらの三つのポイントを統合し、消化し、その生きた具現となることで、あなたは意識になります。あなたがすでにそうである純粋な気づきです。

✣第一のポイント

最初のポイントはこのことです――あなたの肉体やマインドに何が起こっても、それはあなたに起こったことではない、ということを覚えておいてください。あなたの肉体やマインドに何かが起こっているように見えても、たとえば、あなたがガンやエイズであろうが、あなたのマインドが幸福であろうと、確信に満ちていようと、それはあなたではないのです。あなたは絶対的にそれと無関係です。自分の人生に何が起きていても、かまわないようにしてください。あなたは物質的には、この地上において比較的幸福かもしれませんし、もしくはみじめで、病気かもしれません。でも、それはあなたと何の関係もありません。これはあなたのマインドと肉体であって、あなたではありません。あなたはブラフマンです。あなたはニルヴァーナです。あなたは絶対的現実です。あなたの肉体とマインドの中で進行していることは、絶対的にあなたとは関係がありません。これが最初のポイントです。

✣第二のポイント

あなたが覚えておくべき二番目のポイントは、次のことです――あなたのすべてのカルマ、サンスカーラ、何かしなかったことの罪、何かしたことの罪、あなたに責任がある罪深い行為、こういった物事は、もしあなたが今ここに自分自身の中心を置けば、あなたに触れることができない、ということです。言い換えるなら、今ここは全知です。今ここはすべてに浸透し、全知で、今ここは意識です。今ここは境界のないスペースであり、努力のいらない、選択のない、純粋な意識です。あなたが今ここにしがみつくとき、今ここと一体化するとき、過去はもはや価値がありません。今ここには、過去もなく未来もありません。「私は在る」だけがあります。究極の現実、究極の一つであることがあり、あなたはそれです。あなたが今ここに生きるとき、あなたのカルマはもはや存在せず、リンスカーラはその軌跡の中で完全に止まり、罪はなくなり、あなたはいわば生まれ変わるのです。あなたは新しい男、女になります。あなたは自由です。

✣第三のポイント

あなたが覚えておくべき三番目のポイントは、次のことです――あなたは放棄すべきものをまったく何ももっていない、ということです。明け渡すものも手放すものも、何もありません。あなたはすでに解放されています。一度も存在したことがない何かを、どうやって手放さなければならない、とあなたは信じることができるのでしょうか？　あなたは自分の執着を手放さなければならないと信じています。どうして真我が執着をもつことができるでしょうか？　自分の恐れのすべて、憂鬱のすべて、あなたを煩わせているすべての物事を手放さなければならない、とあなたは思っています。一体誰に明け渡すのでしょうか？　これらの物事はあなたのものではありません。これらの物事はあなたに所属していません。

あなたは純粋な現実です。あなたは不滅の真我です。あなたは一度も生まれたこともなければ、一度も生存したこともなければ、一度も去ったことがありません。あなたは唯一の**一なるもの**、あらゆるところに浸透する一つなるものです。したがって、あなたは絶対的に何も放棄すべきものがありません。というのは、そもそもあなたは何ももっていないからです。自分が放棄すべき何かをもっていると信じることは、本当に利己的なことです。あなたが明け渡すべきものは何もありません。何かが明け渡されるべきだ、何かが放棄されるべきだ、あなたは何かを手放すべきだと信じているのは、実際はエゴです。そもそも何かをもっている人は誰でしょうか？　誰もいません。たった一つの現実があり、あなたが**それ**です。

もしこれらの三つのポイントを統合し、消化し、それらの生きた具現となることで、それらを覚えているなら、あなたがしなければいけないことは、それですべてです。これらの三つのポイントを覚えておけば、あなたはどんなサーダナやテクニックも練習する必要はありません。あなたはマントラを唱えたり、色々な種類の瞑想をしたりする必要もありません。というのは、あなたはすでに目覚めているだろうからです。再び言えば、瞑想しなければいけないのは、エゴです。サーダナやテクニックを練習しなければいけないのは、エゴです。あなたはエゴでしょうか？　あなたは何でしょうか？　あなたはどこから来たのでしょうか？　あなたはここで何をしているのでしょうか？　あなたはどこへ行こうとしているのでしょうか？　これらの質問の答えとは：

私は在る。私は在る。
私はこれではない。私はあれではない。私は在る。
私は今までもずっとそうだったこれであり、
これからもずっとそうであるこれ、である。
私は、在りて在るところのものなり。

あなたのスヴァルーパ（本当の姿）は絶対的現実です。あなたは、あなたが一体化している人ではありません。その人は眠り、目覚め、様々な経験を通過し、心配し、考え、イライラし、ときに幸福で、ときに悲しみます。でも、それはあなたではありません。もはや自分をその人として考えないでください。朝、目を覚ましたとき、深呼吸をして、自分自身についての真理に覚醒してください。目覚めたときに、あなたが自分自身に最初に言えるのは、次のことです。

私はブラフマンである。私は不滅の真我である。

銃弾も私を殺すことができない。火も私を焼くことができない。
水も私を溺れさせることができない。
私はそれである。

そして、あなたの本当の自己、真我に喜んでください。あなたのハートに幸福を感じてください。静寂の中で沈黙の中で、自分の現実を感じてください。そこには、どんなマインドも思考も言葉もありません。そのときあなたは何でしょうか？　あなたはただ在る、のです。

✣これらの言葉は静寂の言葉です

もし私がこれ以外の何かを言うなら、それは重複です。あまりに多くの言葉、あまりに多くの物語、あまりに多くの教えがあります。にもかかわらず、私があなたと分かち合った三つのポイントだけを覚えていさえすれば、それで充分です。これ以上なぜ話すのでしょうか？　より多くの言葉を聞けば聞くほど、あなたはますます混乱します。実際、あなたが静寂の中ですわった最初の時間があなたにとって一番よい時間でした。あなたが聞くべきある種の言葉、非常に少数の言葉があり、それからあなたが常にいるべき静寂があります。私があなたに話している言葉は、本当は静寂だということは興味深いことです。これらは、静寂、真理、無限の真理、現実、意識、至福、純粋な気づき、究極の一つであることの言葉です。これらすべては真我です。

そして、あなたがそれです。

＊1――それにもかかわらず、私は皆さんに言っておきますが、目覚めたあとでも、目覚めた者は苦しんでいる人たちを助け続けます。というのは、彼らはそれ以外に何もできないからです。

＊2――すべてに浸透している真我として残っている、本当のあなた（YOU）から分離している神はいないのです。

＊3――ロバート・アダムスは数十年前、「永遠の今ここ」という彼の教えと個人的経験を、こういった観念にまったくなじみのない文化に紹介し、それを真理の内部に含まれている究極の宝石として定義し、この現実を広めてきました。

＊4――ここでのポイントは、単に現在の瞬間を認識するということではなく、無限なるものの栄光、至福、荘厳さを直接経験するということです。神を直接に経験するということです。永遠の今ここが、永遠の無限なるものを啓示します。

12章　神

あなたが思考もなく、
必要も要求もなく、
願望もないとき、
そのときあなたは神です。
あなたは宇宙です。
あなたは聖なる愛です。
あなたは美しいのです。

✣世界それ自身は幻想です
しかし、世界としての神は現実です

あるがまま、それが神です。二五年間ラマナ・マハルシといっしょにいた彼の帰依者の一人が、息子を亡くして、悲しみに暮れていました。それで彼は、ラマナとの謁見《えっけん》を頼みました。ラマナはお昼の一二時から二時まで休憩します。彼はその帰依者に会うことに同意しました。その帰依者がホールに入って来ると、ラマナは目を閉じて、長椅子に横たわっていました。その帰依者は泣き始め、ラマナに自分のすべての問題を訴え、自分がどれほど息子を愛していたかを語りました。そして、彼はラマナに尋ねました。「神とは何ですか？」と。ラマナは答えませんでした。

彼はおよそ一五分間も沈黙していました。それから、彼は目を開けて、非常にやさしく言いました。「あるがままが神です」と。それはまるで、誰かが「世界は現実ですか？」と尋ねるようなものです。世界それ自身は幻想です。しかし、世界としての神は現実です。私たちが進歩するにつれて、神もけっして存在したことがなかったことを発見します。ですから、世界もけっして存在したことがなかったのです。でも、話すという目的のために、神がいるから宇宙がある、となるわけです。もっとも微小な微生物から銀河全体まで、あらゆるものは神が表現されたものです。

❖あらゆる星、あらゆる惑星はそれ自身では、何の存在の基盤ももっていません

あらゆるものが神です。あらゆる葉っぱ、あらゆる土のかけら、あらゆる星、あらゆる惑星はそれ自身では、何の存在の基盤ももっていません。神がいるから、他のあらゆるものが存在するのです。ラマナが、「あるがままが神です」と答えたその意味はこういうことです。彼は帰依者に、あなたの息子が死んだのも

神である、あなたの息子が生きているのも神である、ただあなたのマインドの中以外、どちらに何の違いもないと説明しようとしたのでした。私たちはただマインドの中だけで区別します。もしマインドが静められれば、死と生の違いは何もないことでしょう。[*1] 私たちは考えるゆえに、区別をするのです。誰かが死んでそれが悪い、誰かが生きていてそれがよいというのは、思考上の観念です。でも、そんな違いはないのです。神だけがいます。存在するあらゆるものが神です。神と離れて存在することができるものは何もありません。[*2] でも、私は、神はあなたのマインド以外に存在しないとも言います。だから現実には、どんなものも存在していないのです。

話の筋道についてこれますか？ あなたが考えるかぎり、見かけの存在があり、人があり、場所があり、物があります。あなたが考えるのをやめれば、見かけの存在の余地はありません。なぜなら、静寂と見かけの存在は同時には存在しえないからです。存在するように見えるあらゆることが静寂の反対です。静寂は意識であり、絶対的現実であり、サット・チット・アーナンダです。真我はそれ自身として存在し、それにもかかわらず、あなたがそれを修正し始めるとき、あなたは、神が存在すると言うのです。神は意識の最初の修正です。そして、世界を創造し、それから世界を消滅させ、また創造するのは神の仕事です。誰が神にその仕事を与えたのでしょうか？ 誰がおこなったのでしょうか？ なぜ神は、世界、宇宙を創造し、それからそれらを消滅させ、またしばらくして、それらを存在へと戻したいと思うのでしょうか？ でもこれが、私たちがあらゆる聖典から読みとれることです。その情報はジニャーニではない人たちのためのものです。というのは、そういう人間は無知に浸っているからです。

あなたは無知の人間に世界がどのように存在するようになったのか、説明しなければなりません。さもないと、そういった人は満足しないことでしょう。それゆえ、あなたはすべての修正の中に入るわけです。真我があり、真我は意識であり、意識はそれ自身を修正し、あなたは神をもつのです。神は自らを修正し、あなたは見かけの存在をもちます。

ラマナは、もし彼がこういうことをその帰依者に説明すれば、その帰依者は理解しないだろうと知っていました。もし彼が、真我だけが存在していて、あなたの息子は一度も生まれたことはないので、それゆえ死んだのではないとその帰依者に言ったなら、そのことは彼にとってはあまりのことで、理解できないことでしょう。それゆえラマナは、その代わりに「神がいる」と言ったのです。あるがままが神です。それは帰依者の気分をよくします。なぜなら、彼の息子は神の手にゆだねられ、すべてはうまくいっていると彼は理解するからです。

しかしそれにもかかわらず、もし私たちが疑い深いマインドをもっているなら、「神はどこから来て、なぜすべての物として現れるのか？　神の目的とは何か？」と尋ねます。私たちのほとんどがどんな目的もないことを知っていません。どんな物もそう見えるようには存在していません。あなたの本質は純粋な気づきです。純粋な気づきは普遍的で、それ以外のものの場所はありません。言い換えるなら、あなたはそう見える存在と純粋な気づきを両方同時にもつことはできないのです。さもなければ、様々な見かけがあなたに示すように、多様性をもつことになるでしょう。美しい木があり、空があり、花々があり、動物がいて、昆虫がいます。もし純粋な気づき、つまり、真我が自己充足しているなら、どうしてそれ以外のものがありえるでしょうか？　どこからその余地は来るというのでしょうか？

✣空間

それはまさに空間のようなものです。あなたが家具でいっぱいの部屋をもっているとしたら、その家具が占有している空間に何が起こるでしょうか？　あなたが家具を部屋から取り除いたとします。空間は変化しますか？　空間には何も起こりませんでした。空間は部屋が家具で満ちていようと、そうでなかろうと変わりません。現実もそれと同じです。現実は存在しています。真我は真我として存在しています。でも、まるで世界には物事があるかのように、まるで宇宙、人々、動物、惑星があるかのように見えます。植物界があり、鉱物界があります。こういったすべてが現実に見えます。それゆえ、あなたは質問しなければなりません。「これは誰にとって現れているのか？　誰がこれを見ているのか？」あなたは今では、それが「私」だということを知っています。「私」が原因です。もしその「私」がなければ、宇宙もなければ、神もなければ、創造もありません。

しかし、ラマナはこのことを帰依者に言うことができませんでした。なぜなら、帰依者は理解しないだろうからです。それゆえ、彼は言ったのです。「あるがままが神です」と。世界は存在するように見えます。しかし、世界はそれ自身ではけっして存在することができません。では次の段階は、神は世界として存在していると言うことです。でも私はあなたに、神も世界もなく、どんなものもそう見えているものではない、と言います。この見かけは、「間違った想像力」と呼ばれています。では、誰が悪いのでしょうか？「私」です。「私」を責めてください。あなたは間違いを犯すたびに、それは「私」の間違いであると言ってください。なぜなら、どんな間違いもないからです。それは可笑しく聞こえますね。なぜなら、それが真実だからです。もしあなたが「私」と一体化しなければ、どんな物も存在しないことでしょう。ただあなたが自分の「私」と一体化するので、物事が存在するのです。

では、偉大な秘密とは、その「私」を源泉へと追い戻すということです。もしあなたが本当にその「私」をその源泉へと追い戻せば、どんな神もいません。神はどこから来たのでしょうか？　私が「神」という言葉について話しているときでも、皆さんの中には、空の高いところにいる人物、人間的タイプの神について考えている人たちがいます。誰が神を創造したのでしょうか？　それは同じような古い質問です。もし神が宇宙を創造したなら、誰が神を創造したのか？　それには、どんな言葉による答えもありません。というのは、それは思考を超えているからです。あなたが自分のマインドを静めたとき、この質問への真実を知ることでしょう。マインドがもはや存在しないとき、答えが自然と現れます。というのは、あなたがその答えだからです。さもなければ、どんな答えもありません。でも私は、神といったものは存在しないことを、あなたに請合うことができます。創造といったものもありません。宇宙といったものもありません。ですから、世界といったものもありません。そして、あなたといったようなものもありません。「私」といったようなものもありません。では、何が残るのでしょうか？　静寂さだけです！

✣多くのジニャーニはバクティ（帰依）－愛ある献身をおこないました

私は多くのレベルで話します。多くのジニャーニはバクティをおこないました。私は、皆さんの多くがバクタ（帰依者）であり、私が皆さんの楽しみを奪っていることを理解しています。私は、あなたが礼拝するあなたの神を取り去っています。あなたの神とは、仏陀、クリシュナ、イエス、モーセの形態であれ、誰であれ、あなたが礼拝したい存在です。でも、私は多くのレベルで話します。ジニャーニに関するかぎり、自分の真我と離れた神が存在することは不可能です。でもそれにもかかわらず、ニサルガダッタ・マハラジ、ラマナ・マハルシ、そして、その他の多くのジニャーニがバクティ（帰依）をおこないました。

✣ラマナ・マハルシ、ニサルガダッタ・マハラジ、そして、その他多くのジニャーニが祈りました

ラマナはアルナチャラの形態でのシヴァに祈ったものでした。ニサルガダッタもまたシヴァに祈ったものでした。では問題は、彼らはなぜそれをやったのか？　ということです。そしてその答えとは、他の人たちのため、というものです。あなたにとってもはや神がいない段階へ到達することは、非常に超越した段階です。私はバクティの人たちが自分の礼拝をあきらめることを期待しません。皆さんもご存知のように、日曜日に私たちはプージャをやり、詠唱をやります。誰に対して詠唱しているのでしょうか？　ハリ（インド神話の神）、ラム（ヒンドゥー教の神）、シヴァに対して、です。私がここで再びあなたに言っておかねばならないことは、あなたが自分を行為者である、自分は肉体とマインドであると信じているかぎり、自分を騙して自分がそうではないと考えたりしないでください。というのは、もしあなたがそう信じていないとすれば、あなたは今のように状況に反応しないことでしょう。

✣自分の練習を放棄しないでください

物事は現実であると信じているかぎり、あなたは神に祈らなければなりません。なぜなら、あなたにとって神は本当に存在しているからです。あなたは神のことを「カルマの法則」と呼ぶことができます。現実にはカルマは存在しません。しかしながら、私たちのどれくらいの人がそんな現実をもっているでしょうか？それゆえ、あなたがするべき一番よいことは、ジニャーナ（真我の知識）を実践しつつ、プージャもやり続けるということです。それをあきらめないでください。もしあなたがジャパ（神の名前を詠唱する）をやっているなら、どんな練習をしているにしろ、それを続けてください。でも、自己問いかけも練習してください。あなたが自己問いかけを練習するかぎり、何か非常に興味深いことが自分に起こることに気づくでしょう。あなたは自分が少しずつ、ゆっくりと確実に、礼拝を手放し始めることに気づき、ついにはあなた自身が、自分の礼拝の対象になる日が来るのです。もしあなたがクリシュナを礼拝してきたなら、自分の真我をクリシュナなどとして見ることでしょう。しかし、時期が来る前に、ジニャーナのように振舞うとすれば、あなたは多くの問題を抱え込むことになるでしょう。というのは、あなたは「そんなこと、私の知ったことではない」という態度を育てるからです。それは、私たちがここで話していることではありません。

✣ジニャーニの謙虚さ

ここで、ジニャーニがどんなふうに行動するかのヒントを一つあげてみましょう。かつて山の小さい掘っ立て小屋に一人で住んでいたジニャーニがいました。彼は輝くばかりに幸福でした。あるとき、彼が散歩から戻って来ると、彼は二人の泥棒が自分の家に押し入っているのを見ました。彼は窓に忍び寄り、彼らが何を取ろうとしているか見ていました。もちろん彼は何も所有していませんでした。床に破けた毛布があっただけでした。それで泥棒たちは呪い始め、一人がもう一人に言いました。「こいつはここに何ももっていない。仕方ないから、この毛布だけ取っていこう」。そして、彼らは毛布を盗んでいきました。

次の日、彼は直感的に二人の強盗が警察に捕まったことがわかりました。それでどんな状況になっているか見に行くために、彼は警察署へ急ぎました。巡査部長が彼を見て、尋ねました。「入ってください。あなたから盗んだのはこの男たちですか？」彼は、「はい、そうです」と答えました。それから、警察官はまた尋ねました。「彼らは何を取りましたか？」彼は答えました。「彼らは私の帽子とシャツとズボンと靴を盗みました」。すると二人の泥棒たちは叫び始めました。「こいつはなんてウソつきなんだ！　彼は何ももっていなかった。彼は破けた毛布一枚しかもっていなかった」。すると、警官はまた尋ねました。「この話は本当ですか？」ジニャーニは答えました。「私が頭に毛布をかぶれば、それは私の帽子になります。それを肩にかければ、私のシャツになります。それを腰に結びつければ、私のズボンになります。その上を歩くときには、私の靴になります」。もちろん巡査部長は笑って尋ねました。「彼らを訴えますか？」ジニャーニは言いました。「いいえ」。そして、二人の泥棒は彼の弟子になりました。

✣ジニャーニは他の誰よりも愛と慈悲をもっています　ジニャーニは善の道具です

この話の意味は、ジニャーニだからといって、慈悲をもたないわけではないということです。本当のジニャーニは他の誰よりも愛と慈悲をもっています。でも、ジニャーニはどんなものにも執着していません。そして、ジニャーニは誰かの援助、誰かを助けるために、最初に駆けつける人となることでしょう。それは矛盾しているように聞こえますが、そうではありません。ジニャーニが肉体を持ち続けるかぎり、肉体はジニャーニの支配化にあり、それはこの世界の善のための道具となります。

✣あなたは、ジニャーニがバクティと同じように神に祈っているのを見るかもしれません

それゆえ、あなたはジニャーニを判断することはできません。というのはあなたは、ジニャーニが何であるか、わからないからです。あなたは、ジニャーニがバクティと同じように熱心に神に祈っているのを見るかもしれません。それにもかかわらず、ジニャーニは神はいないことを知っていますが、それを他の人たちのためにおこなうのです。ですから、私があなたに、神も宇宙も世界も人々も存在せず、それゆえ絶対的現実だけが存在すると言うとき、そのことをあまり深刻に受け止めすぎないようにしてください！　自分の理解がどのあたりなのか、見てください。自分自身に対して誠実になってください。自分自身を騙さないでください。あなたが何をしていても、何を経験していても、静寂の中で自己問いかけを練習するなら、物事が湧き起こり始めます。物事が起こり始めます。自分の感情と反応が変化し、自分がより利己的ではなくなり、

愛情あるやさしさを育て、この宇宙とは一体何かを理解することに気づくでしょう。そして、あなたは平和です。

✣神を礼拝することはあなたを純粋にします

生徒 ロバート、神を礼拝すること、あるいは、神を信じることは覚醒の邪魔になる、とあなたは思っていますか?

ロバート 反対です。神を礼拝することはあなたを純粋にします。それはあなたを純粋にし、そうすれば、あなたは「私」をその源泉に追うことができます。一方、もし神を礼拝しないとすれば、あなたはただすべてを知的に知り、あなたのハートは固くなります。神を礼拝することは、あなたを柔和にし、成熟させ、親切な人にし、あなたを一点に集中させ、より高く引き上げます。ですから、神を礼拝することはとてもよいことです。でも、あなたはどんな種類の神を礼拝するのでしょうか? サットグル(内なる師)や仏陀、キリストといった形で、神を礼拝することはいいことです。

生徒 なぜそうなのですか?

ロバート もし形をもたない神を礼拝すれば、エネルギーはそれほど強くないからです。あなたはどんな種類の神を礼拝していますか? 形も形態もない目に見えない神、でしょうか。すると、あなたは疑いをもち、あまり確信できません。あなたが送り出すエネルギーはそれほど強くはありません。でも、形ある神を礼拝するとき、その神に自分のすべてのエネルギーを与えたり、その特定の神に完全に明け渡したりすることができます。それが礼拝の目的です。自分のエゴ、プライド、肉体、出来事、人生を、その神に完全に最終的に明け渡すこと、するとあなたがその神自身になるのです。

生徒　ロバート、一つの形態に集中するほうがよりよいのですか？

ロバート　もちろん、そうです。というのは、あなたは一点に集中するからです。それはあなたのマインドを一点に集中させます。そして、あなたのマインドはあなたの召使になり、ついにマインドが消えます。それは太陽のようなものです。太陽光があらゆるところへ広がるとき、太陽光をある一点へ集めたときほど強力にはなりません。太陽光がある一点へ集中すると、火が起きます。それほど強力です。しかし、太陽光が四散するとき、その光はあまり強くありません。同様に多数の神を礼拝するとき、あなたは自分のエネルギーを四散させ、礼拝はあまり強力にはなりません。

✣ただ一つの個人的神を礼拝することの必要性について

生徒　たとえそれらを多かれ少なかれ同じ意識の代表だと考えても、ですか？

ロバート　それをやるのは大変です。あなたは仏陀とキリストとムハンマドとクリシュナを、同時に礼拝することはできません。

生徒　すべての存在はキリスト意識であるという意味において、そうできるだろう、と私は考えました。

ロバート　では、あなたはどうやって彼らを礼拝するのですか？　どうやってそれをやるのですか？

生徒　一つの単位として、です。

ロバート　あなたはどうやってそれをやることができるのですか？　あなたは何を考えるのでしょうか？

生徒　彼らすべてが代表している、底を流れる意識を考えます。

ロバート　もしあなたがそれをやることができれば、素晴らしいことです。それでも私は、あなたが一人ひとりのことを考えて、自分のエネルギーを四散させるだろうと思います。それに対して、もしあなたが一人だけを対象としてもてば、彼らは最終的には一つに融合します。言い換えるなら、もしクリシュナを礼拝するなら、もしあなたがクリシュナを正しく礼拝するなら、最終的には仏陀、キリスト、シヴァなど、あらゆる人がクリシュナになるのです。ですから最初は、一人を礼拝するほうがよりいいのです。そうすれば、全宇宙がその**一なるもの**になります。

❖神はすべてに浸透しているのでしょうか?

あるとき、聖人が死んで天国へ行きました。彼は天国の門に近づいて、ノックしました。神が外に出て来て、尋ねました。「何かご用ですか?」聖人は答えました。「私はあなたの召使です。私はやって来ました」。神は言いました。「申し訳ないが、ここにはあなたの場所がない。あなたは中に入ることができない。では、さようなら」。聖人はすわりこみ、沈黙して眺め、このことについて黙想し始めました。「なぜ神は私を中に入れてくれないのだろうか? 私はずっと善人だったし、聖典を実践してきたのに」。彼はこのことについて半年間考えて、ついに自分自身に言いました。「答えがわかった」。彼はドアをノックし、神が門のところへ出て来ました。聖人は言いました。「私を中へ入れてください。私はあなたのつつましい召使です。私は長い間あなたの名前を唱え、あなたに頭を下げ、あなたに祈った者です」。神は言いました。「申し訳ないが、ここにはあなたの場所がない」。再び神はドアを閉めました。今回は、聖人も完全に動揺しました。彼は何が問題なのかわかりませんでした。「私はずっと善人、聖人だった。なのに、あいつはなぜ私を中に入れてくれないのだろうか?」彼は自問自答しました。「私が正しい答えを得るまで、ここにすわろう。もし必要なら永遠の時間がかかっても」。数世紀が過ぎ去り、彼は黙想し続けました。いずれにせよ、彼はすでに死んでいるのですから、時間は問題ではありません(笑)。

なぜ自分が中に入れてもらえなかったのか、長い間熟考したあと、彼は一息ついて、自分に尋ねました。「ちょっと待てよ、天国に入りたいと思っているこの私とは何なのか? 神の名前を唱えてきたこの私とは何なのか？　誰が聖典を実践してきたのか？　私とは何か？」突然、彼は笑い始めました。答えがやって来たのです。彼は立ち上がり、天国のドアをノックしました。神が出て来て、尋ねました。「どなたですか？」聖人は答えました。「あなたです」。神は門を開き、言いました。「息子よ、中に入りなさい。ここには、私とあなたの両方を入れるのに充分な場所がないのだ」。私たちにも同じことが言えます。私たちは、自分が真我覚醒したいと要求します。私たちは、自分がすでに真我覚醒していることを理解していません。私たちはただ、「私が行為者である」という信念を手放せばいいのです。真我覚醒に関するかぎり、あなたが過去に何をしたのかは関係ありません。いったんあなたが真理を知れば、あなたは自由になります。真実はと言えば、どんな過去もありません。過去があったことは一度もありません。世界には基盤がありません。それを一つにまとめているものは何もありません。それゆえ、あなたが何をしても、そのことがあなたをいわば天国から締め出すことはできないのです。

✣カルマの法則――悪事を働いてはいけません

とはいえ、まったく何も問題ないからといって、このことが外に出て悪事を働く許可をあなたに与えているわけではありません。まったくそうではありません！　あなたに関するかぎり、自分は行為者である、肉体・マインド現象である、とあなたが信じているかぎり、あなたがおこなうあらゆることはあなたに戻って来ます！　カルマの法則があなたを捕らえることでしょう。自分は人間であると信じているかぎり、あなたはどんなことからも逃れることができません。あなたが自分を一人の人間、個人的私であると信じるかぎり、そのときには個人的神がいます。そして、そこに祈りが入ってくるのです。あなたがその神に祈れば、あなたは助けられます。

✣明け渡しと委託について

もしあなたが明け渡し、委託すれば、あなたの個人的神があなたの世話をしてくれることでしょう。あなたが委託しているとき、自分のエゴを放棄しています。あなたは言います。「私は無で、あなたがすべてです」。これがあなたを助け出します。そしてある日、あなたは自分が祈った神は、まさに自分自身に他ならないという事実に目覚めることでしょう。どうして神があなたから分離することがありえるでしょうか？　神はどこに住んでいるのでしょうか？　神の性質とは何でしょうか？　あなたは、「私はそれだ」ということを理解し始めます。あなたは自分の真我の中に自由を発見します。あなたは、神が私自身の中にいるのではなく、私が神の中にいることを見始めます。私が神と呼ぶものは意識です。私は意識している。私は気づいている。私は存在している。私は在る。それ以外には何もありません。

あなたは自分自身を遍在と見始めます。あなたはもはや自分の肉体や個人的私に制限されません。あなたの仕事はマインドがさ迷うのを防ぐことです。マインドはあなたによって、しっかりと捉えられなければなりません。あなたのマインドはあなたの友人ではありません。それはあなたを人間的にします。そのせいで、あなたは自分が一個の肉体であり、分離していると信じます。肉体はマインドの投影であり、それは自分のマインドの中以外どんな存在ももっていないことをあなたが見るとき、また世界の総体もあなたの肉体と同じだということを見始めます。それはあなたのマインドが現象化したものです。これは自由の始まりをもたらします。束縛が壊れ始めます。あなたは世界を見て、世界が真我であることを理解します。そして、私がその真我です。それ以外の何もありません。

あなたは神が何であるかの考えをもっています。神が恐れをもつことを想像できますか？　神が物事の進行している様子に不平を言ったり、これやあれが正しいとか間違っているとか非難したり、「私はむしろあれよりこれがいいのに」などと言ったりするのを想像できますか？　神の中にはどんな二元性もありません。世界は観念を超えた究極の一つであることです。でも、マインドはこのことを理解できません。「私は在る」のあとで、「神」という言葉が来ても、あなたのマインドは騙します。ですから、『神』という言葉は誰にやって来るのか？」と尋ねてください。「私は在る」だけで充分です。あなたがなるべきものはそれだけです。「私は在る」。それ以外のあらゆることは余分なことです。どんな考えがあなたのマインドに浮かんでも、それが誰にやって来るのかを問いかけてください。そして、静寂に耳を傾けてください。「私は在る」を聴いてください。

生徒　私はあなたの言うことを覚えておくことができるでしょうか？

ロバート　あなたの内部に覚えている何かがあります。あなたの中の何かが知っています。もしあなたが静かにすわり、顔に微笑を浮かべていれば、こういったことが前面にやって来ます。これは興味深い質問です。誠実な生徒は開いたハートをもっているので、最高の真理が明かされます。私の言葉はあなたの脳によっては記憶されないこともあるかもしれませんが、ハートはけっして忘れません。あなたが静寂の中で休み、静かにすわり、静かなままでいるとき、何かがあなたのハートの中で働き始めます。そのとき、あなたは現実の、真理の、真我の生きた具現となります。常に一人で時間を過ごし、静寂の中で一人ですわり、静かにしていてください。

生徒　人が死ぬとき、何が起こりますか？

ロバート　人が死ぬとき何が起こるか？　あなたは何が起きてほしいと思いますか？　誰が死ぬのでしょうか？　エゴは死にます。肉体は死にます。でも、あなたはけっして死にません。あなたは永遠に生きることでしょう。何も実際には起こっていません。皆さんは、存在の違った次元や領域についてのあらゆる種類の話を聞いたことがあると思いますが、こういったことすべてが夢の一部です。あなたはこういった物事を自分で生み出しました。サトル（微細）次元、メンタル（精神）次元、コーザル（原因）次元等。あなたがヨーガのテキストの中で目にするこういったすべてのことは、マインドのものです。それらすべてがマインドに所属しています。ですから、あなたはこういった物事を信じます。そして、あなたは自分が信じるところへ行くのです。それらはあなたによってすべて創造されています。死後あなたは自分の世界を創造するのです。

でも究極の次元では、誰も死なず、それゆえどこへも行くところがありません。あなたはすでにここにいます。まさにこれです。あなたは永遠です。あなたは底なしのスペースです。あなたは全宇宙の本質です。

あなたは空であり、太陽であり、月であり、花であり、動物であり、虫であり、人間です——あなたはあらゆるものです。これがあなたの本質です。誰もけっして死にません。すべての経験はマインドから来ます。現実は現実です。それは今ここでのあなたのまさに本質です。ですから、それがあなたの本質であるとしたら、現実に対処できない何がそこにあるというのでしょうか？　これがまさにあなたの本質です。あなたが関わっているものはマインドです。マインドはあらゆる経験を作り上げ、あなたが現実に対処できないとあなたに信じさせ、あなたはそれでおしまいです。だからあなたは、マインドを破壊することに働きかけ、そのマインドが誰のところへやって来るのか問いかけるのです。このマインドとは誰か？　このマインドとは何か？　それはどこから来ているのか？　誰がそれを誕生させたのか？　すると、あなたはどんなマインドも存在しないことを経験するでしょう。

いったん、マインドがないことを知ったら、あなたが通過しなければいけない経験ももはやありません。すべての経験が終わるのです。すべての経験はマインドから来ることに気づいてください。現実にはどんな経験もありません。あなたが今生きている人生は一つの経験です。私たちみんなが生きている偽の人生、これが、私が話している経験です。それはすべてマインドのものです。そして、平均的な人間はマインドを非常に強く信じているので、彼らが肉体を去るとき、彼らがマインドで創造した存在の次元へ進みます。そして、また彼らは戻って来て、別の肉体をまとうのです。それはすべてマインドから来ています。ですから、こういったすべての物事を通過するよりむしろ、マインドを超越して自由になってください。

自分とは本当は何かを発見するように努めてください。あなたはそもそも一度も肉体でなかったことを発見して、自由になってください。

＊1――ロバートは、このことは究極の理解の中で認識されると説明します。この究極の理解の中で、ラマナ・マハルシは自分の母の死に慈悲を示すとともに、同時にもっともやさしい捧げものとして、彼の母に関する祈りの詩をアルナチャラに奉納し、正しい行為を示したのです。

＊2――私たちは生命を守らねばなりません。私たちはそれを創造したのではなく、それを取り去ることもできません。しかしながら、私たちの内部の奥深いところで、私たちは何も「死ぬ」ことができないことを知っています。（ロバート・アダムス）

13章　神は存在するすべてです

✣私たちは愛ある思いやりを成長させなければなりません

皆さんと再びいっしょにいることができて、うれしいです。皆さんと再びいっしょにいられるのは、素晴らしいことです。私はいつもここに来ることを楽しんでいます。というのは、唯一の**一なるもの**だけがあり、私たちはみな唯一の一つなるものだからです。たった一つのブラフマン、たった一つの真我、たった一つの現実だけがあり、私たちみんながそれです。それゆえ、私は私たちの告白をします。「私が在る」があなたに告白します。私の告白やあなたの告白、誰かの告白ではありません。私たちの告白です。その告白は誰か特定の人から来ているのではありません。それはたった一つの真我から来ていて、それはたった一つの真我です。目を閉じてください。

私は無限のスペースです。

空のように無限に、私は在ります。
人でも場所でも物でもなく、ただ、私は在ります。
私は選択のない、努力のいらない、純粋な気づきです。
私はパラブラフマンです。
私はサット・チット・アーナンダです。
私は究極の一つであることです。
私は絶対的現実です。
私はニルヴァーナです。
私は空のように無限です。私は絶対的意識です。
私は在りて在るものなり。私は在る。私は在る。私は在る。

全身全霊で目覚めたいと思っている人たちがいます。それにもかかわらず、彼らは、自分が目覚めることを妨げている物事を取り除かねばならないことを、いつも忘れます。それは私たちが非常に長い間いだいている、観念、先入観、教義、信念体系です。こういったものが放棄されなければなりません。私たちは愛ある思いやり、慈悲を育てなければなりません。もしあなたが「私は在る」であるなら、そのときあなたはどんな生き物に対しても、アヒンサ（非暴力）を実践しなければなりません。というのは、もしあなたが「私は絶対的純粋な気づきである、私はパラブラフマンである」と認め、告白するなら、あなたはすべてに浸透していて、遍在している、という意味だからです。それゆえ、木々、動物、山々、世界、あらゆるものが、

「私は在る」です。私が「私は在る」という言葉を使うとき、人間の肉体のことを言っていると信じたり、考えたりしないでください。人間の肉体はありません。

人間の肉体は存在しません。「私は意識である」が存在し、「私は意識である」があらゆるものです。あらゆることが聖なることです。あらゆることが神聖です。ある物事は神聖で、ある物事は神聖ではないと信じてはいけません。あらゆることが神聖です。人間の人間に対する非人道的行為や世界に現れるひどい状況さえも。こういったことを人間のマインドで理解することは困難ですが、あらゆることが非常に神聖です。あらゆることが神で、神は存在するすべてです。それ以外には何もありません。であれば、どこかに邪悪な状況があって、同時にまた神も存在するなどということが、どうしてありえるでしょうか？　これは二元性です。そして私たちは、二元性は存在しないことを知り、理解しています。[*1]唯一の**一なるもの**だけがあり、その**一なるもの**が存在するすべてです。必然的にあなたは自分のハートの中で、このことを感じ始めなければなりません。というのは、あなたのハート・センターは遍在し、すべてに浸透しているからです。それは全宇宙を含んでいます。

怒ったり、動揺したり、落ち込んだりすべきことは何もありません。というのは、全宇宙が神であり、それ以外に何もないからです。あなたは自分の肉体でもマインドでもありません。あなたが、「私はブラフマンである」と言うとき、自分の肉体に言及しているとまだ信じる間違いを犯します。あなたの肉体はけっしてブラフマンではありません。肉体は幻想で、蜃気楼です。ただブラフマンだけがあり、ただ神だけがあり、それ以外には何もありません。

✣ダルマとは何でしょうか？

私たちは自分自身のダルマ（dharma）の中にいるはずです。ダルマとは正しい道という意味です。[*2]今あなたは、それが何であれ、自分のダルマの中にいます。というのは、どんな間違いもないからです。あなたが今いるように見えるダルマはカルマの結果です。だから私はいつも、あなたは今ここで、自分の正しい場所にいると言うのです。これがあなたのダルマです。これは、完全に超越し、あらゆるものを変容させ、自由になるためのダルマです。

もしどんなカルマもなければ、どんなダルマもなく、何もありません。でも、あなたが探求している間は、自分が今いるダルマに感謝しなければいけません。何かが間違っているとか、自分は場違いの場所にいるとか、自分はどこか他の場所にいるべきだとか、感じないでください。多くの人たちが私にこんなことを言います。「ロバート、私は自分がとてもスピリチュアルに感じるので、本当はこの地上には所属していないのです」（笑）。でも、もしあなたがここ地上に所属していないとすれば、あなたはここで何をしているのでしょうか？　なぜあなたはここにいるのでしょうか？　あなたはここにいて、ここにいるのを感じているかぎり、あなたは自分が所属しているところに所属しているのです。これがあなたのダルマです。

これを描写する興味深い話があります。かつて聖人が木の下にすわって瞑想していました。彼が両手を広げるとメスネズミが彼の手に落ちてきました。彼はこの小さなネズミに同情し、また彼は偉大なシッダ（真我覚醒した達人）であり、長年の瞑想のおかげで大きなパワーを得た存在なので、彼はネズミをかわいい少女に変え、家に連れて帰りました。彼の妻は大喜びしました。彼女は子供を生むことができなかったので、この幼い少女を得て、とても幸せでした。彼らは共に彼女を愛し、彼女を立派な若い女性に育てました。

ある日、妻は夫に言いました。「ねえ、あなた、そろそろうちの娘も結婚する頃だわ。あの子のためにどこかにいい人がいないかしら？」聖人は言いました。「わかっている。太陽にでも聞いてみよう」。それで彼は外へ出て、太陽を呼んで言いました。「太陽さん、私たちの娘は結婚適齢期で、彼女の夫にふさわしい人を探しています。助けていただけませんか？」太陽は言いました。「もちろん、私が彼女と結婚しますよ」。太陽と結婚することを、皆さんはどう思いますか？　夫はワクワクして言いました。「太陽が私の娘と結婚してくれるとは、何という喜びだろうか」。彼は急いで中に入り、妻と娘に話しました。すると彼の娘は言いました。「パパ、私はイヤよ。私は太陽となんか結婚したくないわ。だって、太陽は明るすぎるし、私、焼け焦げちゃう。別の人を見つけてきて」

それで聖人は再び外に出て、太陽にまた話しかけました。「太陽さん、私たちの娘は、あなたの光で焼け焦げてしまうので、あなたとは結婚したくないそうです。あなたよりパワフルで、私の娘と結婚できる他の誰かはいませんか？」

太陽はそれについて考えて、それから、言いました。「雲は私よりも強いです。なぜなら、雲はよく私を隠し、私は見えなくなり、それについて私はどうすることもできないからです。雲に頼んでみたらどうでしょうか？」聖人は雲に懇願し、言いました。「雲さん、私には適齢期の娘がいまして、彼女のためにふさわしい夫を探しています。助けていただけませんか？　誰か、娘と結婚してくれる人を知りませんか？」雲は答えました。「私が結婚しましょう。私があなたの娘と結婚しましょう」。それで再び聖人は大喜びしました。雲が自分の娘と結婚することを想像してみてください！　これは素晴らしいことでした。

彼はまた急いで家の中に入り、妻と娘に言いました。妻と夫はとても喜んでいました。ところが、娘は言いました。「パパ、頭を冷やしてよ。私は雲と結婚したくないわ！　だって、雨が降るとき、私、ぬれちゃうもん。もっといい人を見つけてきてよ」。それで聖人はまた外に出て、雲に話をしました。「誰か他にいい人がいませんか？」雲は言いました。「では、山はどうかな。私よりパワフルな大きな山がここにあります。私が山のまわりを流れるとき、私はそれを通過できないので、そのまわりを沿うしかありません。それについて私はどうすることもできません。だから、山は非常にパワフルです」

聖人は山に懇願しました。「山さん、私の娘と結婚してくれませんか？」すると、山は答えました。「いいでしょう。私が結婚しましょう」。それでまた聖人はこれを聞いて大喜びしました。山が自分の娘と結婚してくれる。これ以上によいことが他にあるでしょうか？　彼は急いで家の中に入り、自分の妻に言いました。妻も大喜びでした。それから、彼は自分の娘に言いました。彼女は山と結婚したくありませんでした。娘は言いました。「ねえ、パパ。私は山とは結婚できないわ。山にはあちこちにサボテンが生えているから、私たちが抱き合ったとき、サボテンに刺されてしまうわ。誰か他の人を探して」

それで聖人は山のところへ戻って、彼にその話をし、言いました。「私の娘にふさわしい、他の誰かを知りませんか？」山は言いました。「私よりパワフルなもので、私が思いつく唯一のものは、私の底に住んでいるこの小さいネズミです。彼は穴を開けて、私の内部に巣を作るのですが、私はそれについてどうすることもできません。彼は私の中に穴を開けることができるので、彼は私よりもパワフルに違いありません。ネズミに頼んでください」

それで聖人はネズミのところへ行って言いました。「ネズミさん、私には適齢期の娘がいて、夫にふさわしい人を探しています。助けてもらえませんか？」ネズミは言いました。「わかりました。私があなたの娘と結婚しましょう」。彼は大喜びでした。ネズミが彼の娘と結婚することを想像してください。彼は走って、妻に告げ、それから娘に言いました。娘はこのことについて考えて言いました。「いいわ、私、そのネズミと結婚するわ。ネズミって、かわいいから。私、そのネズミと結婚する。でも、パパ、私のために一つやってほしいことがあるの。私のこともまた小さいネズミに変えてくれない？」

それで、聖人は彼女をネズミに変えて、彼らは結婚し、山の中で末永く幸福に暮らしました。さてさて、この話の教訓は何でしょうか？　皆さんに三つの選択を差し上げます。（A）あらゆる人の娘はネズミと結婚するべきだ。（B）これが彼女のもともとのダルマである。なぜなら、彼女はネズミだったから。彼女は自分のダルマを満たし、自由になり、解放された。（C）もし人が山、雲、ネズミと結婚すれば、風変わりな子供が生まれ、彼らをサーカスに入れて、百万ドル稼ぐことができるだろう。

さあ、どれが正解でしょうか？　もちろん、正しい答えは（B）です。この話は、あなたのダルマとはあなたが生き抜かなければいけないという事実を、はっきりと教えようとしています。もしあなたがそれを変えようと試みれば、ただ年月が過ぎ去り、あなたはあらゆる種類の間違いをして、あらゆる種類の問題を経験することでしょう。ですから、どんなダルマであれ、それはカルマによってあなたに提供されているのです。それゆえ、それと戦うのではなく、それを祝福してください。それはときには理解が難しいこともあります。というのは、もしあなたが恐ろしい、ひどい状況の中で生きているとしたら、自分はそこに留まり、その状況を変えてはいけない、という印象をもつからです。でも、これは究極の真理です。あなたがする必要があるのは、まさにこのことです。そして、あなたはその理由を知っています。なぜなら、あなたは自分の内部に自分の経験と同じレベルの条件付けをもっているからです。つまり、どういうことかと言えば、自分の環境を変えたり、自分の状況を変えたりしても、あなたが自分の内部にもっているサンスカーラと条件付けが、あなたをまた違う人と違う環境で、同じような立場へ連れ戻す、ということです。あなたはその状況よりも上がっていないのです。それゆえあなたは、同じことを何度も何度も何度も何度も、経験しなければならないのです。

結婚と離婚を繰り返す人々の中に、この出来事を見出すことができます。彼らは常に今度こそよりよい人生になるだろうと思っています。でも、彼らは常に同じ問題をもつようです。彼らを取り巻く顔ぶれは変わりますが、同じ問題をまたかかえることでしょう。ですから、もしあなたがひどい結婚生活を送っているなら、あるいは、自分が愛する人といっしょに住んでいないのなら、状況や人々を変えようとはしないでください。というのは、あなた自身は変わってはいないからです。ただ真理を知ってください。自分自身に働きかけ、状況にけっして反応しないようにしてください。これが、あなたがダルマとカルマから得られる自由です。[*3] あなたが自分自身の中に真理を見始めるとき、あなたは「**道を知っているパワー**」に自動的に引き上げられ、あなたがそのときいることになっている立場や場所に、置かれることになります。

だから私はあなたに、間違いは何もないと何度も言うわけです。有限のマインドには複雑に見えますが、あなたは正しい場所にいて、この時期にふさわしい経験を通過しているのです。ただ自分がいる立場に感謝し、それを祝福すれば、あなたは自分自身を引き上げ、高い存在になり、最終的には自由を発見します。でもそれは、あなたから始まり、あなたで終わるのです。

自分の問題を取り除いてください、とけっして神に祈ってはいけません。自分の人生を変えてくれとか、何かよいものを自分に与えてくれとか、神に祈ってはいけません。これは間違った祈りです。もし神に祈る必要があるとしたら、あなたが今いる状況を扱うことができるために、必要な力と知恵と勇気を与えてください、と神に祈ってください。これが正しい祈りです。何も変えようとはしないでください。ただ自分自身でいてください。自分自身に働きかけてください。新しい光で物事を見始めてください。自分の状況を違ったふうに見てください。悪いことは何もありません。よいことも何もありません。ただ、考えるから区別があるのです。よいことと悪いこと、正しいことと間違ったことといった二極で考えることをやめてください。むしろその瞬間に自分自身を見てください。中心に留まってください。自分自身を聖なる存在、無限の存在、完全に自由で、解放されていると見てください。

✣逃げ出すことは、けっして答えにはなりません

自分が望まない立場や状況にいるからといって、自分自身をかわいそうに思わないでください。そうすると、あなたはますますそこに引き留められます。そして、前にも私たちが言ったように、仮にあなたがその状況から逃げ出そうとすれば、他の場所でもっと似たような環境を引き付けることでしょう。逃げ出すことは、けっして答えにはなりません。自分自身を変えることが、答えです。自分自身の人生、あなたが人生で経験してきた変化を眺めて、私が言っていることが真実かどうかを見てください。私は、自分の家庭と家族を捨て、瞑想するためやグルや先生を見つけるためにインドへ行った、非常にたくさんの人たちを知っています。彼らは非常に落ち込んで、ときには自殺的精神状態で戻って来ます。なぜなら、彼らはすべてを放棄したからです。覚えておいてほしいことは、あなたは何も放棄すべきものはない、ということです。ただマインドの中で執着を手放してください。

常に世界を自分の反映と見てください。あなたは世界です。あなたの承諾がなければ、世界は何であることもできません。それは奇妙に聞こえますが、でも真実です。あなたは自分自身を切り離して、世の中の状

況と一体化するのをやめなければいけません。それは困難に見えることを私は承知しています。私たちがちょうど見たばかりの暴動、その他殺人、強奪を見るとき、自分がこういったことと一つであることを理解することは、本当に難しいようです。

でも、このことを考えてみてください。なぜあなたは、自分がよい物事とだけ一つであると考えるのでしょうか？　もしあなたが**一なるもの**であるなら、あなたはあらゆるものと一つです。あなたが楽しみ、愛好し、自分の人生に来るよい物事とだけただ一つではないのです。あなたはあらゆるところへ浸透し、遍在し、あなたは存在するすべてと一つなのです。こういったことを観察する正しい方法は、世の中のあらゆることを、意見も反応もなく、ただ理解して眺めることです。どんなことにも賛成も反対もしないでください。どんな反応もなく、観察し眺め、見るように自分自身を訓練してください。あなたは小さい物事から、まず自分自身を訓練することができます。最初は小さい物事に働きかけてください。

たとえば、あなたが外へ出てみたら、超過駐車のため、あなたの車に違反切符が貼ってあったとしましょう。これにまったく反応しないことで、自分自身がこの状況に対応することに気づいてください。ただ単に状況を見て眺め、意見を言わず、反応しないでください。違反金を支払い、そのことを忘れてください。これをよいとか悪いとか、ひどいとか間違っているとか、私はこれにふさわしくないなどと、考えてはいけません。もしあなたにふさわしくなければ、それは起こらないことでしょう。あるいは、あなたがつま先を椅子にぶつけたとします。椅子を呪って、動揺する代わりに、痛みを感じ観察し、眺め、そして、手放してください。自分の人生に起こるあらゆることに対して、あなたはこういうふうに反応すべきです。

または、誰かにあなたは騙されて、そのことで彼らを裁判に訴えることを考えるとします。このことを注意深く考えてみてください。「これが、本当に私がしたいことだろうか？」と。するとあなたのエゴは、「自分は騙されたんだから、もちろん、そうしたい」と言います。あなたのビジネス・パートナーが五万ドルをあなたから騙し取ったとします。それであなたはこの人物を裁判に訴えたいと思っています。あなたは裁判に訴えて、勝利したとします。あなたはこれをよいことだと思います。でも、これを清算するために、また何かが起こるのです。あなたは何度も何度も裁判をしなければならなくなります。あなたはあるときは勝ち、あるときは負けます。皆さんの知っている人たちにも、こういう人たちがいますね。私は今ある特定の女性のことを考えていて、彼女は一ヶ月に一回は裁判することを習慣にしています。彼女は常に何かのことで誰かを訴えています。彼女はあるときは勝ち、あるときは負け、神経症になっています。彼女は幸福な女性ではありません。もしあなたがあらゆることは正しい場所にあることを理解し始めれば、どうして誰かがあなたに何かをすることができるでしょうか？　誰もあなたを傷つけることはできません。正当にあなたのものであるものを、誰もあなたから奪うことはできません。だったら、なぜ心配するのでしょうか？　なぜ動揺するのでしょうか？　そう考えれば、人生はもっとずっと気楽なものになります。*4

でも、あなたは心配し始め、動揺します。なぜなら、あなたの有限なマインド、エゴのマインドの中で、「私は五万ドル騙し取られた。これは私がもっているすべてのお金だ。私は施設へ行くか、ホームレスになってしまう」と考え続けます。あなたのマインドはあなたを騙し続け、あなたに起こるだろうすべてのひどいことを言うのです。もしあなたがただ自分自身を笑って、こういったことを考えるのをやめれば、意識の中を高く上り、状況をコントロールし、すべてはうまくいっていることがわかるでしょう。

自分のマインドに騙されないように、あなたと遊ばせないように、そして、これから起こるかもしれないあらゆることを、マインドに言わせないようにしてください。さもないと、恐れがやって来て、あなたは泣きながら走り始め、よいことを起こそうとしながら、その一方で、あなたは自分に起こる悪いことを考え続けるのです。

私たちが今話題にしているこれらの物事は、非常に重要なことです。というのは、そういったことが、あなたを真実と現実について考えることから遠ざけるからです。そして、そういったことが、あなたをモクシャ、解放から遠ざけるのです。というのは、あなたは物質世界に巻き込まれることに、すべての時間を費やしているからです。私は、あなたが自分のビジネスや自分の家族や自分の人生の物事について考えるべきではない、と言っているのではありません。でも、それらを短時間ですませ、快適にしておいてください。これらの物事については数分考えたら、あとは放っておいてください。

❖自己問いかけと神 ― 覚醒

では、あなたのスピリチュアルな自己、私とは何か？　に戻ることにしましょう。私の本質とは何でしょうか？　私が生まれる前、私とは何だったのでしょうか？　私はどこから来たのでしょうか？　私たちは、あなたではなく、「私」について話題にしています。「私」が皆さんの一部の人たちを掴まえたことを見てください。そうではありませんか？　というのは、私が「どこから私は来たのか？」とか、「私は何か？」と言っているとき、あなたは自分の人間性、自分の個人的自己に戻っているからです。

あなたが「私」という言葉を使うとき、あなたは自分の個人的自己のことを考えているのではない、ということを覚えていてください。あなたがそのことを忘れるとき、自分の個人的自己のことを考えています。でも、あなたがそれを思い出すとき、「私」は神です。「私」は純粋な意識、絶対的現実です。あなたがこのことを忘れ、会話に巻き込まれ、「私」という言葉を使うとき、自分の個人的自己について考えています。

自分自身に気づくことを忘れないでください。自分自身に常に気づき続けてください。こうしてあなたは成長するのです。こうしてあなたは成熟するのです。こういうふうに自分に働きかけて、毎日を過ごしてください。あなたには様々な状況が提供されますが、よいことにしろ悪いことにしろ、興奮しないでください。状況を観察して、冷静でいてください。状況は私にやって来ます。私はこれを経験しています。個人的私はこの苦境を経験しています。自分である本当の私がこれを経験しているのではなく、個人的自己がこれを経験しています。あなたが、今自分がいる条件や状況を感じなければ感じないほど、あなたの個人的私がもはや動いておらず、本当の私がやって来ているということです。あなたはますます高く、スピリチュアルで神聖に感じ始めます。これは自然にやって来ます。あなたがしなければいけないことは、ただ状況に反応しないことで、個人的私を手放すことです。そうすれば、自動的に本当の私がやって来ます。というのは、あなたは実際本当の私だからです。

これがあなたの本質です。これがあなたのスヴァルーパ、神、ブラフマン、意識です。もしあなたが一日中忘れることなく、このことを考えていたら何が起こるか、想像できますか？　あなたは今にも悟ることでしょう。そしておそらく今、あなたは自分自身を引き留めている理由がわかります。あなた自身です。あなたが自分自身を引き留めているのです。なぜでしょうか？　それはあなたが物質世界に、自分のマインドに巻き込まれているからです。覚えておいてほしいことは、あなたが仕事を放棄しなければいけないとか、この世界の中で物事をやってはいけない、と私は言っているのではないということです。あなたは肉体をもっていて、その肉体はやるべき物事をやることでしょう。でも精神的には、自分がすることに執着してはいけません。あなたの肉体は何をやるべきか知っていて、それがやる必要のあるあらゆることをやります。ただ自分の真我であってください。

✣神以外に何も存在しません

もう一度私が言っていることをまとめてみましょう。あなたが置かれているあらゆる立場、状況、いっしょにいる人たちなど、あなたがこの世界の中で何であっても、何の立場をもっていてもいなくても、それがこの瞬間ふさわしい場所である、ということです。それを祝福し、愛してください。あなたがひどい状況を考えるとき、この言葉が厳しく聞こえることを私は承知しています。あなたは言います。「私がこの状況を愛さなければならない、ですって？」と。もう一度説明させてください。あなたがそれを愛する理由は、神が存在するすべてだからです。このことを覚えていてください。神以外に何も存在しません。そして、あなたが**それ**です。

それゆえ、あなたが何かを憎むなら、あなたは真我である神を憎んでいるのです。すべてはあなたから来ています。あなたがそれです。あなたは自分の真我、貴重な真我を信頼し、愛することを学ばなければなりません。あなたが落ち込み、失望し、憎み、自分自身をかわいそうに思うとき、これが神への冒瀆の真の意味です。なぜなら、あなたは自分自身の真我について、そのように感じているからです。わかりませんか？

自分の真我しか存在しません。もしあなたが何かをひどいと考えているなら、あなたは自分の真我について考えています。あなたは状況を眺め、それを観察しますが、けっして反応せず、それを放っておきます。そのとき、それを取り扱い、それを通過するためのパワーがあなたに与えられます。考えることなしに、思考なしに、動揺もなく、大騒ぎせずに、あなたはこういった物事に働きかけなければならないのです。

✣この世の中のどんなことにも、自分が怯《おび》えることをけっしてゆるしてはいけません

真我であってください。どんなことにも怯えないでいてください。私がこのことを皆さんに完全に明確にすることができたなら、この世の中のどんなことにも自分が脅《おびや》かされることを、けっしてゆるしてはいけません。物事が展開するままにしておいてください。覚えておくべきことは、ただ眺め、観察することです。真理にしがみついてください。そうすれば幸福がひとりでにやって来ます。真理にしがみつくとき、人生の状況、人、場所、物事に反応しないとき、物事を放っておくとき、あなたは人生と戦うことをやめますが、物事を放棄するわけではありません。

西洋の心理学では、私たちはけっしてあきらめてはいけない、と教えられます。私たちは戦い続けるように教えられます。しかし私が言っていることは、戦うべきことは何もない、ということです。あなたが放棄すべき唯一のものはエゴだけです。でも、西洋の心理学はけっしてエゴを超えることができません。そのため、彼らはエゴを超えた人生を知りません。西洋の心理学は当然、あなたは肉体とマインドであり、だから、決してあきらめずに最後まで戦いなさい、と教えます。自分の権利を誇示しろ、というわけです。しかし最高の真理の教えでは、私たちはどんな権利ももっていないことを学びます。あなたは自分の肉体、マインド、エゴを放棄します。そして、このことが起こるとき、あなたは心理学を超えるのです。

精神医学や心理学が知らない何かが起こります。それは、あなたがより高い次元へ上るということであり、そこには幸福、平和、慈悲、愛、喜びがあり、それらは自然にあなたのものです。以前あなたが人生と戦い、自分の権利を誇示し、復讐しようとし、エゴとして活動していたときに感じていたことの代わりに、あなたはこういったことを感じ始めます。以前あなたはけっして幸福も喜びも平和も、感じることができませんでした。あなたが勝ったとき、自分の意見を理解させたとき、議論に勝ったとき、戦いに勝ったとき、誰かを訴えて勝ったとき、そういったときだけ少しの間、幸福を感じましたが、それも長くは続きませんでした。あなたはまたそれを何度も何度も経験しなければなりません。世界に関するかぎり、それが限界です。世界はこういったことしか知りません。

✣謙虚になって、平伏する――その意味とは、神の前に「裸で」立つということです

私が皆さんに言っているのは、こういったすべてを手放すということです。そういったものに執着してはいけません。神の前に裸で立ってください。何もしがみつくべきものをもたず、何も執着するべきこともたずに。あなたにこのことができるとき、今のこの瞬間からあなたの意識は上昇し始めます。あなたは、自分が肉体でもマインドでも世界でも宇宙でもなく、努力のいらない、選択のない純粋な気づきであることに気づくことでしょう。あなたは境界のないスペースで、空のように無限です。あなたはあらゆるものになり、あらゆるものがあなたになりました。

人が神の前に裸で立たなければならないときが、あらゆる人の人生にやって来ます。「裸で立つ」ということで私が言わんとしていることは、何の聖典も大げさな言葉も、先入観もスピリチュアルな知的な知識もなく、完全に裸になって、謙虚になって、平伏する、という意味です。

ですから、聖典を忘れ、
自分が学んだあらゆることを忘れ、
完全に空っぽになるとき、
そのときあなたは完全に満ちるのです。

＊1――今ではあなたは、至福、意識である究極の現実の中では、二元性は存在していないことを知っています。しかしながら、この地上においては、善行をおこない、報復の悪しき影響を避けることを固守しなければなりません。

＊2――ダルマとは正しい道であり、ヒンドゥーの聖典の行動規範に従って、自分の人生を生きることです。

＊3――「ロバート、私は、自分と子供が虐待されている結婚生活に留まるべきでしょうか?」ロバート「もちろん、私が言わんとしていることは、そういったことではありません。ひどい状況から自分自身を引き離してください。私が言及したことは、自分自身を内側で変えることなく、一つのことから別のことへ動きまわるサイクルのことです」

＊4――私は、あなたが玄関マットのように人に踏みつけにされるようになる、と言っているのではありません。もしときにあなたが誰かを訴えなければならないとしたら、愛をもって訴えてください。

14章　真我覚醒

この宇宙の中であなたが考えつくどんなことも、
あなたの本質が何であるかを示すことはできません。
あなたの本質は言葉と思考を超えています。
限界あるマインドで、自分とは何かを理解することはけっしてできません。
ですから、どうかそうしようとはしないでください。
それは反対に働きます。
あなたが自分とは何かを本当に考えるのをやめるとき、
あるいは、自分とは何かを知りたいと思うことをやめるとき、
そして、分析をやめ、その答えを考え出そうとしないときに、
あなたについての真理が明らかにされるのです。
それは、あなたが今まで経験したすべての思考と感情を超えるものです。

それは、今あるあなたとは絶対的に無関係です。
それは、すべての存在の実体です。
もしそう呼びたければ、それを「神」と呼ぶこともできるでしょう。
でも、自分自身を神とは離れた、擬人化された神とは考えないでください。
神が存在するから、あなたも存在するのです。
それゆえ、神の本質があなた（真我）なのです。
分離は何もありません。
この真理に目覚めてください。

✣あなたの運命に何の間違いもありません

多くの人たちが自宅で、大統領選の討論をテレビで見ています。私たちも、世界のすべてのジニャーニが参加する討論会を開くべきですね。もちろん、参加する人が誰であれ、その人が敗者です（笑）。ただ人々が真我覚醒の最初の法則を理解しさえすれば、いいのです。それはシンプルに次のことです。どんなことも起こる運命になっていることは、どれほどあなたがそれを止めようとしても、起こる、ということです。そして、起こらない運命になっていることは、あなたがどれほどそれを起こそうと努力しても、けっして起こらない、ということです。もし世界の政治家たちがこの真理を理解したら、素晴らしいことではありませんか？　心配することも恐れることも、征服することも勝つことも負けることも、絶対的に何もないのです。

❖あらゆることが美しく、素晴らしいです

あらゆることがまさにそう起こるべく展開しています。あらゆることがそのふさわしい場所にあります。間違いは何もありません。あらゆることはまさに今あるがままで、素晴らしく美しいのです。ただあなたがこのことを、自分自身の人生で理解しさえすればいいだけです。あなたがこの一生で経験することになっていることは、あなたがこの肉体に入って来る前にすでに計画されていたことでした。それにもかかわらず、あなたは絶対的にこのこととは関係がありません。なぜなら、あなたはその肉体ではないからです。自分は一個の肉体だと思っているかぎり、あなたは自分を誰か重要な人物であると思うのです。あるいは、あなたは自分を敗者だとか、何かだとか思うのです。もしあなたが自分の内側を向いて、唯一の真我を見さえすれば、そのときには、自分に何が起こるかまったく心配しなくなることでしょう。というのは、どんなことも起こるべきどんな自分もいないことを理解するからです。

あなたは今、完全なる自由、完全なる解放、完全なる気づきです。それにもかかわらず、あなたは私の言うことを信じません。あなたはまだ自分が一個の肉体で、一人の行為者でありたいと感じています。今日あなたが経験したことを考えて、自分が行為者だと信じていないかどうか見てください。今日あなたは何度、腹を立てましたか？　今日あなたは何度、自分が軽くあしらわれたと感じましたか？　どれほどの恐れを、あるいは、何かがどこかで間違っているとか、自分がいるべきでない場所にいるとか感じましたか？　こういったことは、自分は一個の肉体であるとあなたが信じていることを示しています。自分は一個の肉体であ

ると信じているかぎり、あなたは自分の肉体についてイライラしたり、心配したりするわけですが、その信念を手放したらどうですか。

✣あらゆる物事が私たちに素晴らしく提供されてきました

道を知っているパワーがあなたの世話をしてくれることでしょう。太陽を輝かせ、草を成長させ、リンゴの木に完全にリンゴを実らせる**一なるもの**。私たちを支え、栄養を与えてくれる食料など、あらゆるものは私たちのために素晴らしく提供されてきたのです。ですから、信念をもってください。**道を知っているそのパワー**を信頼することです。それが最初の段階です。無限なるもの、**一なるもの**へ完全なる信念と完全なる信頼をもつことです。もしそうしたければ、それを「神」と呼んでもいいでしょう。それを何と呼んでも違いはありません。それはあなたの内部にあります。それはあなたの外部にあります。それはあらゆるところにあります。いつも内側を向いてください。そこにこのすべての答えがあります。外側は夢です。内側は真我です。

現実には外側も内側もありません。それはもののたとえです。内側を向かなければならないのは、あなたは外側で生きていると思っているからです。あなたが内側を向くとき、内側はしだいに消え、外側もしだいに消えていきます。あなたが内側を向き始めるとき、あらゆることが消え始めるでしょう。それにもかかわらず、あなたが目覚めるとき、あらゆることが、あなたがその一部でないことを除けば、今あるがままと同じに見えるでしょう。あなたは今と同じ物事を見るでしょうが、もはや騙されません。これは正しい、これは間違っている、これはいい、これは悪い、と世界が言っても、もはやあなたは騙されないことでしょう。あなたにとってこういったすべてが終わってしまったのです。

あなたはマインドをそれ自身の内側に向けます。マインドがそれ自身に対して内側に向けられるとき、それは消えてしまいます。というのは、それはけっして存在したことがなかったからです。しかし、マインドが外側に向けられるとき、そのときあなたは活動的になり、世の中で成功します。マインドはあらゆる種類の経験を伴ってやって来ます。学校では、外側の世界だけに関心をもつ人格になるように教えられます。さて、それはあなたに何をもたらしたでしょうか？　それは私たちみんなを大バカ者の一団にしました。私たちが生きている世界を見てごらんなさい。何が進行しているかを見てください。リーダーたち、政府の官僚たち、州の役人たちを見てごらんなさい。彼らはみな外向的な人たちです。私たちは、内向きになることは孤独になることで、けっしてどこへも行き着かないと教えられてきました。あなたはどこへ行きたいのでしょうか？　外向的な人々が、彼らが演じている世界はすべてカルマによるものだ、とただ理解すればいいのです。言い換えるなら、あらゆる人はその人がいるべきふさわしい場所にいるのです。間違いは何もありません。

外向的な人々は、自分はその肉体ではなく、世界は存在していないということを信じず、肉体たちがあり、世界があり、宇宙があると信じています。彼らはカルマが宇宙の支配者であるという事実を受け入れるべきです。現れて来るあらゆることは、事実上、カルマです。だから私は、間違いは何もないといつも言うのです。というのは、あなたはカルマの法則に従って、いるべき場所にいるからです。でも、カルマを取り除くことを考え続けてはいけません。そうすると、あなたは自分の手に戦いをかかえるからです。あなたはカルマから成長して、カルマはけっして存在したことがなかった、それは実際には存在していないことを見なければなりません。ですから、ただ目覚めてください。目覚めることです。

✣ あらゆることはあらかじめ決まっています

この真理に目覚めてはどうですか？　あなたがなるべきものは何もない、という事実に目覚めたらどうですか？　達成すべき目標はありません。あらゆることはあらかじめ決められていて、すべてはあなたのために、綿密に計画されていることを信じるべきです。さもなければあなたは、自分はただ環境の犠牲者で、教訓を学ぶために多くの経験を通過していると信じるか、です。人々が、「あることが私の人生に起こりました。私が思うに、それはたぶん私が学ばなければいけない教訓です」とか、「それは私のカルマです」と言うとき、私には本当に可笑しく聞こえます。カルマについて忘れてください。「あなた」が学ぶべき教訓についても忘れてください。誰もどんな教訓も学ぶ必要はないのです。誰も自分のカルマ的経験を通過する必要はないのです。それすべてを終わりにしてください。そのすべてを捨ててください。結局、カルマとは誰にとってあるのでしょうか？　誰にとって経験があるのでしょうか？　ただ、「私－思考」、マインドにとってであって、あなたにとってではないのです。

あなたは光り輝いています。あなたは絶対的現実、ブラフマンです。それにもかかわらず、こういったすべての言葉は余分で、冗長なものです。絶対的現実、ブラフマン――これらの言葉はあなたにとって、いったい何を意味しているでしょうか？　それは絶対的現実である真我に対して、与えられている名前にすぎません。あらゆる名前は去らねばなりません。絶対的現実（という名前）は去らねばなりません。真我（という名前）は捨て去らねばなりません。なぜなら、あなたはそれについて、自分の限界のあるマインドで考えているからです。そして、あなたが持ち出すあらゆる答えは間違っています。有限のものはけっして無限のものを知ることができない――このことを常に覚えておいてください。それは不可能なことです。それについてあなたにできることは何もありません。したがって、賢明な人は静寂になり、マインドを静止させます。

私たちのほとんどがマインドの枠組みをもっていて、それを変えることは非常に困難です。私たちが現実を見ることができないのは、ただそのためだけなのです。あなたのマインドが固定されるやいなや、それは宇宙と世界と合致し、それらのあるがままではなく、現れるがままを見るのです。あなたは窓の外を眺めて、美しい木、美しい空、森、湖を見ます。それらは素晴らしく聞こえます。それから、反対のほうを眺めると、今度は暴動、人間の人間に対する非人道的行為、破壊、地震が見えます。あなたはこれらをどうやって調和させるのでしょうか？　あなた自身の個人的人生を眺めてごらんなさい。あなたはよい時期と悪い時期を経験し、自分が何を経験したいと望むのかを経験から知ります。あなたは悪い時期ではなく、よい時期を経験したいと思うのです。それにもかかわらず、あなたが理解していないことは、悪い時期があるからこそよい時期があり、よい時期があるからこそ悪い時期がある、ということです。あなたは片方だけをもつことはできません。片方だけをもつことはけっしてできないのです。このことを示すために、二匹のカエルの話をしてみましょう。

❖けっしてあきらめるな

昔、二匹のカエルがいました。彼らは牛乳が入った大きなタンクの中へ、うっかり飛び込んでしまいました。片方は太ったカエルで、もう片方はやせたカエルでした。彼らはタンクから出ることができませんでした。彼らは泳ぎまわりましたが、タンクの周辺は滑りやすくできていました。太ったカエルがやせたカエルに話しかけました。「相棒よ、手足をバタバタさせたって役に立たないってば。俺たちはどのみち溺れるわけだから、あきらめたほうがいいよ」。やせたカエルは言いました。「頑張るんだ、相棒。手足を動かして泳ぎ続けろよ。誰かが俺たちを救い出してくれるから」

それで彼らは数時間手足を動かし泳ぎました。太ったカエルが再び言いました。「相棒よ、俺はもうものすごく疲れた。俺はあきらめて、溺れることにする。誰も俺たちをここから救い出すことなんてできないんだ。それに今日は日曜日で、誰も働いていないし。もうダメだ。俺たちがここから出ることなんて、とうてい無理なんだよ」。やせたカエルは言いました。「やり続けるんだ。泳ぎ続けるんだ。何かが起こるよ。だから泳ぎ続けるんだ」。もう数時間が経過しました。太ったカエルはまた言いました。「俺はもう続けられない。こんなことやっている意味がない。どのみち俺たちは溺れるんだから。無駄だよ」。そして、彼は泳ぐのをやめ、あきらめ、牛乳の中で溺れました。しかし、やせたカエルは泳ぎ続けました。

十分後、彼は自分の足の下に何か硬いものを感じました。彼は牛乳を攪拌《かくはん》したので、バターが出来上がったのです。そのために、彼はタンクから飛び出ることができました。私たちに関してもこういうことが言えます。私たちは人生でとても多くの経験を通過します。私たちは出口がないと思うのです。私たちは、自分が人間で、幻想に囚われていると信じています。私たちはある経験を通過し、苦しみ、幸福になり、あらゆる種類のことをしなければなりませんでした。しかし、私が皆さんと分かち合っている真理は、どんな幻想もどんな宇宙もなく、何事もそう見えるものではない、ということです。こういった条件を作り出したのは、あなたのマインドだけです。そして、あなたのマインドは存在しないのです。でも、あなたは私の言うことを信じませんね。あなたは私に、カルマや輪廻転生、あるいは、宇宙のあらゆる面について話してほしいと思っています。あなたは私たちがどうやって救われるのかについての、雄弁な講義を望んでいます。

しかしながら、救われるべき人は誰もいないのです。というのは、誰も存在していなかったからです。それにもかかわらず、あなたは自分を人間であると感じる、そうではありませんか？　あなたは色々な経験を通過する、そうではありませんか？　ただあなたが静かにすわり、静寂になり、宇宙や世界、状況や人生に反応することをやめさえすれば、いいだけです。私たちはあらゆることに名前を与えますが、それが問題です。私たちは、これはガンで、これは貧しさで、これは地震で、これは百万ドルで、これは新しい家で、これは新しい車で、これは戦争で、これは犬で、これはネコである、と言います。私たちはあらゆることのために名前をもっています。もし私たちがこれらの名前について忘れたら、どうなるでしょうか？　そして、物事を何かとして見るのをやめたら、どうなるでしょうか？　もし私たちが、物事に名前を与えることなく、結論に至ることなく、ただ何かを観察して、物事を眺めたら、どうなるでしょうか？　そうなったら、何が起こると思いますか？　あなたはあらゆることを超越することでしょう。

なぜあなたは目覚めたいと望むのでしょうか？　そのことを再び思い出してください。なぜなら、あなたはこの世界のあり方と起こっている変化に飽き飽きしているからです。あらゆることがここで起こります。それは展開します。あなたは幸福を、悲しみを経験します。あなたはよい物事を、悪い物事を経験します。でも、あなたが目覚めるとき、こういったことを二度と経験しなくなることでしょう！　あなたはいつも完全な至福の中にいます。あなたはずっと静寂の中にいて、静かです。説明することも討論することも、証明することも何もないことでしょう。あなたはいままでもずっとそうであった不変の真我になったのです。マインドはけっしてこういった物事を、知ることはできないのです。マインドは、ただ一人の行為者としての、一個の肉体としてのそれ自身しか知りません。それゆえ、マインド、思考、世界、宇宙を超越し、静寂の中に入らなければならないのです。そこに完全なる至福と平和と調和があります。

これがあなたの人生です。あなたは常にその選択をする自由をもっています。あなたはいつも自由にその選択をすることができます。あなたの選択は、あなたが知っていることにかかっています。まさに今、です。実際あなたがもっている唯一の自由は、状況に反応しないで、内側に向き、真理を見ることだけです。それ以外のすべてはあらかじめ決まっています。あなたの人生に現れることは、そうなる運命になっているのです。あなたにとって、そして、あなたに次に起ることにとって重要なことは、今現れていることに対するあなたの反応です。あなたに次に何が起こるかを決定するのは、あなたに起こる人生の経験に対するあなたの反応、それに対するあなたの対応の仕方、反応の仕方です。

生徒　私たちが覚醒するやいなや静かになるとあなたが言うとき、それは文字どおりのことですか？

ロバート　もっとも重要なことは、あなたが完全なる内なる理解をもつだろうということです。あなたは何かを知的に証明したいというエゴ的な討論に引き付けられません。こういうとき、あなたは静寂を守ります。ときには、他の誰かを助けるような言葉を言うかもしれません。内部の静寂は深いのです。平和であってください。

生徒　修行はマインドのものだ、とあなたは言いました。それにもかかわらず、私たちは修行を続けるべきなのですね。

ロバート　修行が真我を啓示するとき、すべてがうまくいっています。自分の思考と真我の対立の中に入らないでください。対立がないとき、どんな思考もありません。対立があるときだけ、思考が現れます。「対立」ということで私が言わんとしていることは、あなたは自分の思考を取り除くことを心配しているということです。あなたはサーダナをやっています――瞑想、プラナヤーマ、神の名前を詠唱すること（ジャパ）――が、こういったすべての物事が対立を生み出すのです。というのは、あなたはこう言っているからです。「私は解放されるために、こういった物事をやっている。私は自由になるために、こういった物事をやっている」と。そうではありませんか？　これらが対立です。なぜなら、あなた（真我）はすでに自由で、解放されているからです。

それゆえ、自分が解放されるために、自由になるために何かをしなければいけないという情報を自分自身に与えるとき、即座に対立があります。これがあなたがもっている唯一の問題です。この対立は、あなたの子供の頃のプログラミングから、サンスカーラから、以前の人生からやって来ています。あなたが連れて来た物事、あなたの内部にある習慣、自分はこういう人間だとあなたが信じていることなど。その対立はそういったところから来ています。というのは、それはあなたに、「私は単なる人間で、単なる脆弱な肉体である。私は時々苦しまなければならないし、ときどき幸福でなければならない」と言います。しかし、これは全部ウソです。苦しまなければならない人としてのあなたは、けっして存在したことがありませんでした。幸福にならなければならない人としてのあなたは、けっしていたことがありませんでした。みじめになる必要のある人は、あなたの中に誰もいないのです。それらは両方とも偽者です。ですから、あなたが否定的状況を肯定的状況と交換しようと試みるとき、あなたは対立を引き起こしています。

✣より高いヴィジョンに上る：交換する、それとも超越する？

ですから、精神療法と心理学はうまくいかないのです。なぜなら、それらはあなたを普通にしようとします。誰が普通になどなりたいものでしょうか？　それはなんと退屈なことでしょうか。真実はと言えば、どんなものにもなりたがらないようにすることです。あなたがなりたいと望むものは、何もないのです。あなたがならなければならないものは、何もないのです。あなたが何かになるべきどんな未来もないのです。まさに今この瞬間、あなたは**一なるもの**です。それ以外の別のものがいたことはありませんでした。今この瞬間、あなたは思考一つ考えることなく、どんなことも起こそうとすることなく、完全に自由なのです。あなたは自分の思考を変えようとしたり、自分の思考を止めようとしたりさえ、しているわけではないのです。というのは、あなたはそもそも、どうやってけっして存在したことがない何かを止めたり、変えたりしようとすることができるのでしょうか？

なぜあなたが今対立の中にいるのかわかりますか？　あなたは何かを矯正しようとし、何かになろうとしているからです。そして、その何かは存在していません。また、あなたが矯正しようとしている物事も存在していません。あなたが変えようとしている物事も存在していません。あなたはどこへも行き着かないのです。だから私は、「物事を放っておきなさい。反対意見も賛成意見ももたないように」としばしばあなたに言うのです。判断しないようにしてください。何もないものであってください。そうすれば、あなたはあらゆるものになります。なぜ皆さんはサットリンに来るのでしょうか？　理由があるかぎり、それは間違った理由です。理由はもつべきではありません。あなたがサットサンに来るどんな正当な理由もあるべきではないのです。もしあなたが、私が何に言及してきたかを振り返ってみるならば、あらゆる理由は間違っていることがわかるでしょう。なぜなら、あなたがサットサンに来ようとする理由は、そもそも存在しないからです。あなたは、自分が悟るために、真理を知るために、サットサンに来ると言います。しかし、誰が真理を知る必要があるのでしょうか？　誰が悟る必要があるのでしょうか？

✣あなたがどこにいても、あなたはいつも私とすわることができます

あなたは私といっしょにすわるために来ています。あなたがどこにいても、あなたはいつも私とすわることができます。私があなたに言おうとしていることは、自分が何かをすることの理由を探してはいけない、ということです。自分のすべての理性的判断、すべての野心をあきらめ始めるとき、自分がもっていると思っているいわゆるすべてのパワー、あなたの人間的パワーを明け渡し始めるとき、マインドは休止し始めるのです。でも、マインドを休止しようと努力をしても、マインドは休止しません。あなたがどのメソッドを使うか、それはどうだっていいことです。あなたがヴィパッサナー瞑想をしようが、呼吸を使おうが、どんなメソッドを使っても、あなたは自分のマインドを使っているのです。あなたがまだ使っているのは自分のマインドです。だから、あなたはけっしてどこへも行き着くことができないのです。あなたが何をするにしても、あなたは自分のマインドを使うはずです。

だから、何かをすることをやめてください。皆さんの多くがサーダナを二〇年、四〇年もやっていることを私は知っています。多くの形態の瞑想を修行し、先生のところへ行き、多くの本を読む。それで、あなたはどうなりましたか？　あなたはいい気分を経験したかもしれませんが、すぐにそれも去って、またあなたは振り出しに戻ります。あなたがすべき、しなければならない唯一のことは、どんなこととも対立しないことです。

誰とも、何とも対立しないでください。あなたが何とも対立していないとき、マインドは自分自身を明け

渡し始め、ハートの中に戻り、あなたは自分の真我になります。これはあなたがかつてしなければならないことで、もっとも簡単なことです。それは単純さそのものです。それが単純さそのものなのは、あなたがしなければならないことは、何もないからです。あなたがならなければならないことは、何もないからです。あなたが変えなければならない人はここにはいません。あなたは**それ**（私はあなたの真我に言及しています）なのです。私が言うことを分析しないでください。私が言うことに賛成さえしないでください。ただハートを開いてください。静止し、静寂のままでいることで、自分のハートを開いてください。

生徒　アイ・アム（I AM）瞑想のときに、神である平和がありますが、その上に思考が重ね合わされています。これは正しいことですか？

ロバート　あなたがこの瞑想を楽しんでいるなら、これは正しいことです。しかしながら、対立ではなく、究極の真理としてこれに近づいてください。そのためこの意味において、あなたは受け身で思考を受容するのではなく、それらを超えて、究極の中、至高の中へ飛び込むことです。思考は人間の一体化です。

生徒　でもそうすると、思考を止めようとしているのではないでしょうか？　思考があることをただゆるすのではないのですね？

ロバート　瞑想においては、至高は海洋で、その上で思考の波が何もなかったように消えるのです。覚えておくべきもっとも重要なことは、あなたが対立にも、それと戦うことにも参加しないにもかかわらず、思考が導くところへついて行かないということです。あなたは思考に好き勝手をゆるしません。あなたはそれらを超えて、より深い真理の中へ入ります。これが対立と超越の違いです。ですから、音楽、聖なる環境、教会、寺院といったものが役立つのです。それらのおかげで、そこへ到着することがより簡単になります。

生徒　調和的思考よりも否定的思考が強力なときがありますが、その原因は何でしょうか?

ロバート　これはよくある困難です。しかし、否定的思考はあなたに対してどんなパワーももっていません。まったく無力です。こういった思考が現れるやいなや、次のことをおこなうことができます。まず、「これらの思考は絶対的に自分とは何の関係もない。それらは私の真我とは無関係の出来事に対して通過している反応である。だから私はそれらを神であるあなたに手渡します」と即座に思い起こすことです。そしてそれらを超えて、内部に深く潜り続けてください。次に、聖なる音楽、詠唱、寄進に参加し、あなたをより高いヴィジョンの中へ連れて行くどんなテクニックでもいいですから、実践してください。というのは、私があなたをより高いヴィジョンへ呼んだのですから。原因に焦点を当てず、それを観察し、前に進んでください。原因はしばしば過去の耽溺、決定、習性、カルマです。またそれは周囲の低い環境、テレビや映画で下劣な物事を見ること、あるいは、過去に形成された個人的性格が原因の場合もあります。しかしながら、これらは本当のあなたとは何も関係がありません。それゆえ、原因について考える代わり、それを完全に振り落としてください。それより上に行ってください。いったんあなたが超越すれば、もう戻って来ません。真我の至福の中へ潜ってください。

生徒　あなたは慈悲深い菜食主義の重要性をしばしば強調しますね。

ロバート　再び言えば、あなたがこの地上にいる間は、慈悲深く生きることが絶対に必要です。あなたは他の動物の命を奪う権利はありません。しかしながら、あなたが憎まないなら、傷つけることはありません。というのは、あなたは偉大な究極の内なる理解をもっているからです。それゆえ、どうしてそういう物事にまだ気づいていない人たちをあなたは批判できるでしょうか？　いったんあなたが気づけば、話は違ってきます。でも、あなたは自分の知識を証明するという目的で、スピリチュアルな討論に参加したりしません。あなたは平静に生きます。何かに反対したり賛成したりすることで、あなたは心の平和を取り去ることはゆるさないのです。あなたは生き生きし、幸福です。思考が来るにまかせ、それらを止めようとしないことです。自分の思考を批判したり、分析したり、変えようとしたり、取り除こうとしたりしないでください。こうすると、あなたは思考との対立に戻ることになります。

思考を観察しないでください。自分の思考の観照者にさえならないでください。なぜでしょうか？　なぜなら、現実にはどんな思考もないからです。あなたが考えていると思っている思考は視覚的幻想です。それは間違った想像です。あなたが考えるあらゆることは偽物であることがわかりませんか？　考える人も思考も存在しないのです。だったら、あなたは白分の一生をかけて、なぜこういったすべての修行をしているのでしょうか？　それは、海の中にいる人が水を求めるようなものです。

目覚めて、自由で、真我であってください。あなたは世界の喜び、暗闇を照らす光です。あなたは宇宙への祝福です。自分の真我をいつも愛してください。あなたが真我を愛するとき、あなたは神を愛しているのです。過去について忘れてください。けっして過去についてあれこれ考えないでください。時間と空間は存在しないことを覚えておいてください。もし時間と空間が存在しなければ、そのときには、過去も未来も存在しえないのです。というのは、過去と未来とは空間と時間について、だからです。そして、もし時間と空間が存在しなければ、過去や未来はありえないのです。ということは、誰が過去について考えるのでしょうか？　誰が未来について考えるのでしょうか？　「私」、「私－思考」が考えると言うことさえ、それはまだほとんどが初心者のためのものです。私の言うことを誤解しないでください。自己問いかけは非常に重要です。しかし、あなたが自己問いかけを超える日が来なければならないのです。

どんな「私－思考」も存在しないことをあなたがただ気づき、理解する日が来なければならないのです。それはけっして存在したことがありませんでした。それゆえ、それを取り除く必要はないのです。取り除くべきものは何もありません。なぜなら、何も存在していないからです。あなたは今まさにこの瞬間、まさにこの瞬間、完全なる自由なのです。あなたの思考が過去についてあれこれ考えるときはいつでも、自分に怒ってはいけません。それをそのままにしておいてください。それらを観察しないでください。それらを眺めないでください。それらの観照者にならないでください。ただそのままにしておいてください。そうすれば、それらはけっして存在したことがなかったという事実ゆえに、それ自身の意志で消えて行きます。

ここが重要なポイントです。ですから、あらゆることをそのままにしておいてください。さて、もしそれらが存在していたら、もし取り除くべき否定的考え、カルマといったようなものがあるとするなら、あなたは自分の手に仕事をかかえることになります。あなたは自分のカルマ、過去の罪を取り除くために、あらゆる種類のことをしなければならないことでしょう。あなたはたえずワークをすることになるでしょう。こういった過去の思考のすべてを取り除くために、あらゆる種類のジャパ、マントラ、あらゆることを修行する、といったふうに。しかし、皆さんに言っておきますが、そもそもこういった物事はけっして存在していなかったのです。だったら、なぜこういったワークをするのでしょうか？　もしワークをするのが好きなら、それもいいでしょう。しかし、私自身は非常に怠け者ですから、するべきワークは少なければ少ないほどいいのです。あなたはすでに自由であるので、自由になるためにあなたがするべきことは絶対的に何もない、と考えることが困難な人も皆さんの中にいることを、私は承知しています。というのは、成功するために、働いて働いて、働かなければならないというふうにあなたは育てられたからです。なぜあなたは成功したいのでしょうか？　何に成功したいのでしょうか？　誰に対して？　あらゆることは遅かれ早かれ変化するはずです。あらゆることが消滅し、それがやって来た元々の要素へ戻ります。形はいつでも言わば生まれています。ですから、どんな種類の目標にあなたは到達しようとしているのですか？　他のあらゆることが遅かれ早かれ消滅するわけですから、あなたの目標も消滅することでしょう。

この惑星で私たちはどれほど多くの文明をもったか、考えてみてください。多くの文明です。そして、それらは過ぎ去ってしまい、今日ここにはありません。しかし、それらは今どこにあるのでしょうか？　それらは過ぎ去ってしまいました。それらの源泉である元の何もなさの中に消滅してしまいました。ですから、自分自身を改善しようとすることや、何かを達成しようとすることは、愚かしいことです。何かを変えようとしたり、何かになろうとしたりすることは愚かしいことです。ただ**存在して**ください。するとあなたは、どうやって私は存在すればいいのですか？　と尋ねることでしょう。尋ねることで、あなたは存在していないのです。ただ存在するとは、ただ存在することです。これやあれであることではありません。あるいは、どうやって存在するのかを発見しようとすることでもありません。それが何を意味するか理解しようとすることなく、ただ在る。分析したり、考えたりすることなく。ただ存在してください。ただ存在してください。ただただ存在してください。

❖真我はその悟りを宣言しません

結果を求めないでください。なぜなら、それはあなたの本質ですから、遅かれ早かれ結果がそれ自身で主張するはずです。しかし、それはあなたの助けなくやって来ます。あなたは神を助けることはできません。というのは、神はあなたの助けを必要とはしていないからです。ただ自分の真我であってください。自分の真我に完全に正直であることは困難なことですが、それにもかかわらず、まさにそれこそあなたがやらなければならないことです。ジニャーニとか悟った者になること、あるいは、「真我覚醒」の経験をすることなどは忘れてください。私の元にそういった電話がたびたびかかってきます。世界中の人々が私に電話してきて、「私は真我覚醒しました」と言います。そこで私は、「それはよかったですね。で、あなたは私にどうしてほしいのですか？」と尋ねます。彼らは確認を欲しがっています。それで私は、免許証を印刷して、彼らに郵送することを考えました（笑）。「あなたは今、真我覚醒しましたので、ここにお知らせします。おめでとうございます！」

✣あらゆる人が先生になりたがりますが、でも神を発見したいと思う人はどこにいるのでしょうか？

興味深いことに、世界中で多くの人たちがアドヴァイタ・ヴェーダーンタ、非二元論の原理に惹きつけられ始めています。過去二年以上かそこら、今までアドヴァイタ・ヴェーダーンタに関わるなんて夢にも思ったことがない人たちが、それに関わっています。私にとって面白く興味深いことは、これらの人々の少なくとも八〇パーセントは先生になっています！　アドヴァイタ・ヴェーダーンタの新しい先生たちが世界中のあちこちに出現しています。一週間に多くの電話が私にかかってきますが、なぜ私がこれを皆さんに説明するとき笑っているのか、おわかりでしょう。ちょうど今朝も、テキサスからときどき私に連絡してくる人から電話があり、彼は私に言いました。「ロバート、あなたの言葉がそのまま記録されている講話録を一ヶ月間読み、私は悟りました」（笑）。で、私は言いました。「それは素晴らしいことです。でも、なぜあなたはそう思うのですか？」彼は言いました。「私は妻とケンカすることをやめましたし、もっと平和に感じるようになりました。そして、世の中のことにかまわなくなりました（笑）。でも一つ質問があります。私は今どうしたらいいのでしょうか？」（笑）。私は何と言えるでしょうか？

自分は悟っていると公言してまわる人たちがかつてないほど多くいます！　私には何の違いもありませんが、とても面白く興味深いことです。第一に、「悟り」という言葉の意味とは何でしょうか？　私は辞書的意味について話しているのではありません。ジニャーナの道において、悟りとは何を意味するのでしょうか？　その答えとは、そんな言葉は存在しない、というものです。誰も悟りません。どんな肉体も、どんな私も、どんな自分も存在しないのです。悟ることができる何もないのです。ですから、悟りという言葉は、ジニャーニでない人、生徒たちによって使われています。いわゆる通常を超えた状態があることを説明するために、生徒たちにとってこういった言葉が存在する以外、絶対的現実、選択なき気づき、サット・チット・アーナンダ、パラブラフマン、こういった言葉はすべて存在しない言葉です。完全なる超越の状態、私たちはこれに名前を与えています――悟り。

これがある人の中で実際に起こるとき、「私」は完全に破壊され、完全に消滅させられます。自分はもはや存在しませんし、その存在にとって、悟った人は絶対的に存在しません。その存在は自分の本質、何もなさ、絶対的何もなさの中に佇んでいます。誰も悟ることはできませんし、誰も解放されることはできません。自分は解放されることができると考えているそのあなたは、そもそも存在していないのです。どんなあなたもいません。どんな人もいません。ある日までは束縛された人間で、それから解放された人間になるわけではないのです。そんな人間は誰もいません。ただ解放された真我だけがあり、あなたは**それ**です。

私が言っていることは、すべてが過ぎゆくものだと知りながら、それでもあなたはあらゆる環境の中で、まるで自分が純粋な愛ある思いやりであるかのように振る舞うということです。というのは、実際あなたはそうだからです。そして、あなたはそういった存在になるのです。この人生は偉大な贈りものであり、成長するまれな機会です。だから、人生は現実でないと言いながら歩きまわって時間を無駄にしないでください。

というのは、それをおこなっているのはエゴだからです。内部で真理を覚醒して、人類への資源となってください。もしあなたがこれらの言葉を使って、自分のエゴのしたいままにし、卑劣なことを言い、人々と動物を傷つけているなら、自分自身をも騙しているのです。これは真理のやり方ではありません。もしあなたが本当に覚醒したなら、それを宣言する必要はないでしょう。あなたはすべてに対して謙虚さを示します。あなたがそう見える一人のあなたは存在していないのです。あなたが自分だと思っているあなたの外見は、偽者です。だから私は、あなたのすべての問題、あなたがかかえこんでいるすべてのナンセンス、あなたのすべての心配、あなたが気にしているすべてのこと、あなたのすべての感情、それらは存在しない、と言っているのです。それらは一度も存在したことはありませんし、これからもけっして存在することはないでしょう。それすべてはマーヤーのゲーム、リーラです。それは存在していません。この部屋の誰も存在していません。どんなあなたも、どんな自分もいません。ただ真我だけがあります。自己が真我になるとき、それはもはや自己ではありません。

というのは、そもそも一人の本当の自己などけっしていたことがなかったからです。だから私は、考えることをやめてくださいと強調するのです。あなたの思考がマーヤー、幻想の中へとあなたを深く引き込むのです。悟りとか目覚めについて、あるいは、解放されるとか、自分を助けてくれる先生を見つけるとか、そんなことは考えないでください。あなたは助けを超越しています。あなたのために何かできる人は誰もいません。実際、起こることはこういうことです。あなたは、自分が自分の思考でも自分の肉体でも、自分のマインドでも世界でも、自分が解放されているのでさえないことを理解し始めます。あなたは何もないものです。こういうふうに考え始めるとき、あなたの進化において起こらなければならないことが何であれ、あなたが何もすることなく起こるのです。もしあなたが先生といっしょにいることになっていれば、先生といっしょにいることでしょう。もしあなたが一人でいることになっていれば、一人でいることになるでしょう。それにもかかわらず、あなたはこういったこととは絶対的に何の関係もありません。

思考がない状態に留まっていてください。世界と人々をそのままにしておいてください。どんな結論にも至らないでください。誰のことも批判しないようにしてください。あらゆることがそれ自身の世話をするのです。あなたにできる最悪のことは、悟り、解放を探し求めることです。これがあなたを引き留め続けます。これがあなたを引き留め続ける理由は、探している一人の自己がいるからです。探している一人の私がいます。何かになろうとしている一人の自分がいます。しかし、ここでの全ポイントは、あなたの意識から何かを取り除くことです。

それゆえ、覚醒のプロセスとは、付け加えることではなく、取り除くことです。これを取り除き、あれを取り除く。すべての観念とすべての先入観を取り除く。それがどんな種類の思考であれ、あなたのすべての思考を取り除く。よい思考、悪い思考、それらすべてが去らなければならないのです。すると残されるものは何もないものです。そして、あなたは**それ**です。あなたはその何もないものです。自分は思考である、自分は人間である、自分には果たすべき仕事がある、使命があると信じる代わりに、何もないものであることは気分がいいことではありませんか？　皆さんが知っているスピリチュアルな人たちで、自分には使命があると考えている人たちがたくさんいます。彼らは世界を救いにやって来ました。彼らは自分自身さえ救えないのに、世界を救うことを目指しています。世界はあなたの助けなしに、あなたがそれに賛成だろうと反対だろうと、今進行しているように進行します。ですから、世界をそのままにしておいてください。

✣道を知っている流れを信頼してください

私が、「**道を知っている流れ**」と好んで呼ぶパワーと存在があり、それがあらゆることの世話をしています。それはすべて壮大な幻想の一部です。そして、あなたの目の前に現れるこの幻想の中においてさえ、あなたを引き上げてくれる存在とパワーがあります。それがあなたを引き上げることをあなたがゆるせばゆるすほど、あなたはより高く引き上げられることでしょう。それは最後にはあなたを、自分の肉体の外へ、思考の外へ、宇宙の外へ、完全に新しい次元へ引き上げてくれることでしょう。あなたは他の人々にはいつも同じに見えることでしょうが、もはや同じ人ではありません。というのは、以前のあなたはいなくなって、もはや存在していないからです。あなたはブラフマンになったのです。あなたはあらゆるところへ浸透したのです。自分でそうしようとすることなく、あなたは自分の真我になったのです。あなたはあるがままの自分にいつも感謝すべきです。自分自身をかわいそうに思ってはいけません。ただあるがままの自分自身を愛してください。あるがままの自分自身を愛することによって、あなたを煩わせる、苦しめる、苦痛を引き起こしたように見える物事を、あなたは超越するのです。それらはすべて去って行きます。そして、あなたはもはやそれらに気づかなくなることでしょう。あらゆることを手放してください。どんな願望ももたずに、真我の内部に深く潜ってください。外部の世界や自分の肉体に反応しないようにしてください。すべてはうまくいっています。思考がなく、必要がなく、欠乏がなく、願望がないとき、そのときあなたは神です。あなたは宇宙です。あなたは聖なる愛です。あなたは美しいのです。

✣自由

自分が意識だと気づくとき、そのときあなたはあらゆるところにいて、あらゆるものです。自分があらゆるものであると理解するとき、あなたはすべてのマスターになります。あなたがすべてのマスターになるとき、あなた（真我）は自分の好きなことを何でもすることができます。ですが、私が今言ったことは、あなたが外に出かけて、「自分の好き勝手」をしたり、バカなことをやったりして、人々を傷つける許可をあなたに与えているわけではありません。これがどんなことか覚えておいてください。自分は絶対的現実である、純粋な気づきである、自分は意識であるという事実に目覚めるとき、そのとき、あなたはあらゆるものになります。自分があらゆるものであることに気づくとき、あなたはすべてのマスターになります。そして、あなたがすべてのマスターであるとき、あなたは自分の好きなことを何でもしていいのです。でも最初に、あなたは真我に目覚めなければなりません。あなたは自分の本質、自分のスヴァルーパを理解しなければならないのです。

あなたは自分とは何かということに覚醒しなければなりません。自分は意識であると理解するとき、そのときあなたは自分があらゆるものであることを理解するのです。というのは、意識はあなた自身、あなたの個人的自己に限定されていないからです。意識はあらゆるところに浸透し、遍在しています。それゆえ、あなたは自分があらゆるものであることを知るのです。あなたは惑星であり、木であり、葉っぱであり、南京虫であり、その他あらゆるものです。全宇宙があなたです。全宇宙があなたです。全宇宙があなたであるとき、もちろんあなたはそのマスターです。そのときあなたは自分が好きなことは、何でもできます。

しかしその逆説とは、あなたがその状態になるとき、あなたがする必要のあることは何もないということです。あなたがしたいことも絶対的に何もありません。というのは、あなたはすべてのものだからです。あなたがすべてのものであることを理解するとき、するべき何があるでしょうか？　ただあなたが自分の肉体に限定されているとき、あるいは、自分は肉体そのものであると信じているとき、そのとき、あなたは何か物事をしたいと思い、物事を達成したい、何かになりたいと思うのです。自分はすべてに浸透している意識であると理解するとき、あなたはすでにこれらの物事です。あなたは宇宙のあらゆるものなのです。あなたは宇宙そのものです。全宇宙があなたの真我から生じているのです。そのときあなたは神になり、すべての神々、女神たちが合掌しながらあなたの元にやって来ることでしょう。というのは、あなたはそれになったからです。でもだからと言って、私があなたに、人間としてどんなことをやってもいいという許可を与えているわけではないことは、覚えておいてください。人間としては、あなたは行儀よく振る舞わなければなりません。慈悲深く、愛情深く、親切であってください。他人を助けてください。しかし、意識としては、あなたは他者になったのです。あなたは慈悲、愛ある思いやり、至福の典型となったのです。したがって、するべきことは何もありません。私の話の流れがわかりますか？　もしあなたがあらゆるものなら、するべき何があるでしょうか？　あらゆることはすでに為されつつあり、すでに為されたのです。ですから、あなたは静寂を守るのです。

すると、「もしこの世界の中であらゆる人が自由になったら、世界はどう機能するのですか?」という質問が湧き起こります。人々はいつもこんなことを私に尋ねます。私は皆さんに、この世界のことを心配しないようにと言いました。この世界の世話をしている一なるものがいるのです。あなたが一なるものと融合するとき、このことを理解します。ですから、あなたが世界の状況を改善しようとしながら、走りまわり続ける必要はもはやないのです。あらゆることがそうあるべき状態です。このことを、あなたは完全に理解しなければなりません。あらゆることはそのふさわしい場所にあります。カルマ的に言えば、あらゆる人はその人がいるべき場所にいます。間違いは何もありません。間違いは何もありませんでしたし、今も何もありませんし、これからも何もありません。どんな過去もなく、どんな未来もありません。あなたが生きているただこの瞬間があるだけです。この瞬間に自分自身に、「私とは何か?」を尋ね、自分がどこへ行くか見てください。毎日、自分は行為者ではないことを思い起こしてください。あなたは肉体でもマインドでもありません。


日々、自分はブラフマンを越えた、パラブラフマンであることを思い起こし続けてください。

あなたは選択のない、努力のいらない、純粋な気づきです。

あなたはニルヴァーナであり、究極の現実で、究極の一なるものです。

平和

15章　三つの徳

あなたが解放されるために、獲得しなければならない三つの主な徳があります。

悟りの前に、あなたが達成しなければならないもっとも重要なものです。


この地上に存在したあらゆる悟った人、解放されたあらゆる人はこれらの徳をもっていました。

あなたはそれらなしでは、解放されることはできません。

最初の徳は、慈悲です。

二番目の徳は、謙虚さです。

そして三つ目の徳は、奉仕です。

✣最初の徳は慈悲です

慈悲とは何でしょうか？　実際、慈悲とは、あなたがこの全世界と調和するときにあるものです。この全世界の中であなたと対立することは何もありません。それについて考えてみてください。慈悲とは、すべての生命に対する敬意を意味しています。あらゆるものが生きています。死んだ物質などというものはありません。あらゆるものはそれ自身の生命をもっています。あなたが生命に対して敬意をもつとき、あらゆるものを尊敬し、あなたは誰にもどんなものにも悪意をもちません。私はただ人間についてだけ語っているのではありません。私は鉱物界、植物界、動物界、人間界について語っています。この世界の中の何かと争っている賢者とか解放された人について、あなたは聞いたことがありますか？　ですからまず、あなたは自分自身と和解しなければなりません。

非常にたくさんのアドヴァイタ・ベーダーンタ、非二元論の教えの信者たちが、「私はこれと一つだ、あれと一つだ、あらゆることは絶対的現実である」と叫びまわっています。それにもかかわらず、彼らは非常に多くの悪癖をかかえています。それはある種、逆説的です。私は何度も何度も、あらゆることはカルマ的である、あらゆることはあらかじめ決まっている、あなたに起こるあらゆることはあらかじめ決まっている、あなたは自分がするように定められていないことは、指一本動かすことはできない、と皆さんに言います。それにもかかわらず、同時に私は、ある種の物事を手放し、高い徳を育てるようにとも、皆さんに言います。そして、それは正しいことです。というのは、「もしあらゆることがあらかじめ決まっているなら、自分が何をするか、どう振舞うか、どう生きるかなんて、私は気にするべきだろうか？　いずれにせよ、あらゆることは起こることになっているのだから」と、あなたは自分自身に言うからです。これはあるレベルでは真実ですが、再び言えば、あなたは内側を向いて、人生の状況に反応しないという完全なる自由があります。あなたにはその自由があります。ですから、あらゆることはあらかじめ決まっていますが、同時にあなたは内側を向き、より高い意識状態の中に入り、自由になることで、その運命が誰のところへやって来るのか発見する自由があります。それゆえ、慈悲は非常に重要です。

私自身のことを例に挙げましょう。私は皆さんの多くと昼食を食べに行きます。私は皆さんといっしょに昼食に行くことを楽しみます。でも私は、これを大きな慈悲、皆さんへの大きな慈悲からおこなっています。なぜなら、このことは皆さんに多くの喜びを与えるからです。それから、私が皆さんの中の一部の人たちといっしょに昼食を食べているとき、皆さんは私がいつも一握りのビタミン剤を飲むのを見ることでしょう。ロサンジェルスへ来る前、私は人生で一度もビタミン剤を飲んだことがありませんでした。しかし、皆さんの中の誰かが私のいわゆる病気を聞きつけ、私にビタミン剤、ミネラル剤、錠剤、その他をもってきます。ですから、私がこういったものを飲むのは自分のためではなく、皆さんのため、偉大なる慈悲のゆえです。

今から二年ほど前のことですが、ある人が金曜日の夕方四時頃、私の自宅へやって来て、ベルを鳴らしました。私がドアを開けると、一人の大柄な男性が、まるで彼が私のことを一生知っているかのように、顔に大きな微笑みを浮かべて立っていました。彼は、一九五八年、インドのバンガロールのパパ・ラムダス（インドの聖者。一八八四〜一九六三）のアシュラムで、一度私に会ったことがあると説明しました。私はグルではありませんし、彼のことを覚えていませんでした。それから彼は、一九七五年、コロラドの私のクラスに来たことがあると言いました。彼はこのことをとても気分よく感じていました。「あなたのことを思い出しましたよ」と私も彼に言いました。私は彼のことを思い出したのです。彼は近くに来たので、私に会いに来たそうです。

彼は、「どうか私をアドヴァイタ・ヴェーダーンダに入門させてください」と言いました。私は彼に、「私は人を入門させませんし、グルでも、ヨーギでも、なんでもありません。それに加え、あなたはアドヴァイタ・ヴェーダーンダに入門することはできません。なぜなら、それは非二元だからです」と説明しました。入門に関しては、入門させる者と入門させられる誰かがいなければなりません。しかし、非二元ではどんな主体も対象もないわけですから、どうして私が誰かを入門させることができるでしょうか？　しかし、彼は私の「ノー」を答えとして受け取りませんでした。彼は、「私ははるばるあなたに会いに来たのだから、どうか私を入門させてください」と、私に懇願し始めました。私は再び、「自分はこういったことはやらないし、こういったことを信じていないし、それはアドヴァイタ・ヴェーダーンダとは何の関係もありません。あなたは入門儀式をやるヨーギとか誰かを、他で見つけたらどうですか?」と説明しました。次に彼がしたことは、二百ドルを取り出し、私に差し出し、「どうかこれで、私を入門させてください！」と言ったのです。私はその二百ドルを取り、彼のポケットに押し込み、「入門させるために、自分が知らない人から私はお金を受け取ることはしません」と言いました。

ついに彼はひざまづいて、私の足にしがみつき、泣き始めました。私にどうすることができたでしょうか？　私はジレンマの中にいました。それで私は彼に、「わかりました」と言い、自分の左手を彼の頭に置き、自分の右手を彼の胸に置き、「アドヴァイタ・ヴェーダーンダの名の元に、あなたは今純粋な気づきの中に入門しました」と言ったのです。すると、何かが彼に起こりました。私は人の髪の毛が逆立つのを初めて見ました。それはまるで彼の体全体に急激な電流が流れたようなものでした。彼は立ち上がり、微笑み、私は実際彼としての自分自身を見ることができました。彼は本当に完全に変容したのです。それから、彼は別れの言葉を言い、去って行きました。私は二度と彼に会うことはありませんでした。私は実際この男性に大きな慈悲をもっていましたが、私はその言葉をけっして使いません。それはある種、慈悲の本質をあなたに理解させ、こういった物事すべてを説明するための言葉です。

✣あなたの人生の中にやって来た人は誰であれ、助けなければなりません

慈悲は非常に重要です。あなたの人生で自分が慈悲をもつことができたのに、そうしなかったときのことを考えてください。というのは、あなたの思考が介入して、自分の頭にやって来た思考にもとづいて結論をくだすからです。たとえば、ホームレスの人があなたのところへやって来て、数ドルか何か求めるとします。彼が数ドルを欲しいのは、ウイスキーを飲みたいためなのか、それともパンを買いたいのか、それとも何がしたいのか、それはどうでもいいことなのです。あなたの周辺に来た人は誰であれ、助けるのはあなたの義務です。あなたの人生の中にやって来た人は誰であれ、助けなければなりません。このホームレスの人があなたのところへやって来たのは、偶然ではありません。そういった人を拒否しないでください。というのは、そういった人を拒否することで、あなたは自分自身を拒否しているのです。

✣もしあなたに慈悲があれば、肉を食べるでしょうか？

これが慈悲です。全世界、全領界、動物たちと調和してください。それがアリであれ、ゴキブリであれ、羊、ヤギ、牛であれ、この地上のあらゆる動物たちに対して大きな慈悲をもつべきです。もしこんなふうに慈悲をもつなら、私たちは肉なんて食べるでしょうか？　私たちは花、植物、存在しているすべてに大きな慈悲をもたなければなりません。私たちはこの地上のすべての鉱物に、あらゆるものに大きな慈悲をもたなければなりません！　これが自分を全世界と調和させるということです。これはとても重要です。このことを黙想してください。私たちの中には、自分がこの道にこれほど長くいるのに、なぜたいして進歩していないように見えるのかと不思議に思っている人たちがいます。それはあなたの慈悲が充分に大きくないからです。

✣二番目の徳は謙虚さです

次は、謙虚さです。謙虚さは非常に非常に重要です。誰もが何かでいい点を取りたいと思い、議論で勝ちたいと思い、戦いに勝利したいと思っています。それにもかかわらず、もしあなたに謙虚さがあれば、勝ちたいとか仕返しをしたいとか、そういったことがけっしてマインドにやって来ないのです。謙虚さはカルマ的です。カルマは熊手を踏んで、それが自分の頭に当たるようなものです――原因と結果です。原因はあなたが熊手を踏んだことで、結果は、そのハンドルが自分の頭を打つということです。これが私たちのカルマです。出て行ったあらゆることは戻って来るのです。あなたが熊手を踏んでも、ハンドルはすぐにあなたに当たるわけではなく、長年経ったあとで、あるいは別の人生で、当たるかもしれませんが、いずれにせよ、あなたは自分の頭を叩かれるのです。ですから、緊急のカルマと未来のカルマがあります。カルマを取り除く唯一の方法は、巨大な謙虚さをもつことだけです。たとえば、誰かが私たちを平手打ちしたとします。私たちのエゴが最初に自分に言うことは、相手をぶん殴れ、打ち返せ、撃て、殺せ、仕返ししろ、ということです。しかし、もし私たちが賢明なら、自分が顔を殴られた理由を理解することでしょう。もちろん、どこかでどういうわけか、これはカルマが自分のところへ戻って来たのです。もし私たちが復讐すれば、新しいカルマを動かすことになり、それはまたあとで自分のところへ戻って来ます。

✣自分のカルマを超越する方法

それゆえ、自分の人生のどんな領域でも、自分に起こるどんなこと、それがどのように見えるにしても、あなたは自分にふさわしい場所にいるのです。誰もあなたをいじめているわけでも、あなたに何かしようとしているわけでも、傷つけようとしているわけでもないのです。もしあなたが協力して、反応しないで、復讐しないで、愛と平和のメッセージを送り出せば、そのときあなたはそのカルマを超えたのであり、それは二度と再びあなたのところへ戻って来ることはありません。しかし、あなたが復讐し、戦いに勝とうとすれば、その瞬間あなたが戦いに勝っているように見えても、あなたが目的を達成するように見えても、あなたの行為の果実は、遅かれ早かれ、戻って来ざるをえません。ですから、あなたは自分自身とゲームをしていることになり、結局どこへも行き着かないことでしょう。あなたは同じ状況を何度も何度も何度も、相手を変えて繰り返すのです。あなたは他の州へ行って、別の状況と関わるかもしれませんが、また同じ問題を発見します。

✣スズメバチに話しかけた聖者

ですから、自分の人生で間違っているように見えることが何であれ、ひどく見えることが何であれ、それ自身を問題として見ないでください。それを超えて、誰もそれに責任がないこと、あなたはどんな敵もいないし、誰もあなたを傷つけようとしているわけではないことを理解してください。これが謙虚さです。あなたは臆病者ではありませんし、意気地なしでもありません。あなたはそういった種類の考え方を超えたのです。そういった種類の考え方は存在しないのです。ラマナ・マハルシの話に次のようなものがあります。ある日彼が森に散歩に出かけたとき、うっかりスズメバチの巣を踏んでしまい、スズメバチが彼を刺し始めました。彼は自分の足を引っ込めようともせず、スズメバチに話しかけ、言いました。「私が悪いんですよ。私があなたたちの住んでいる家に侵入したんだから、あなたたちが私の足にしていることは、当然の報いです。もしよければ、もう片方の足も攻撃してもいいですよ」

彼が散歩からアシュラムに戻ったとき、彼の足にはいたるところ刺されたあとがあり、それに軟膏を塗らなければなりませんでした。しかし彼は、まったくマインドを動かされていませんでした。彼は、「すべてはうまくいっている」という理解をもって、顔にいつもの微笑みを浮かべていました。さて、あなたの人生を眺めてください。日々あなたを煩わせ、悩ませ、怒らせ、動揺させている物事、仕返ししたいと思っている物事を考えて、こういった態度を取り除いてください。

✣三番目の徳は奉仕です

三番目の徳は奉仕です。この地上での私たちの使命は人類への奉仕です。解放されるために、完全に自由になるために、あなたが成長しようとするとき、自分自身をより高い状態へ引き上げようとするとき、できるかぎり何の見返りも求めず、奉仕してください。自分が出会うあらゆる人に奉仕してください。彼らの人生をより幸福に明るくするために、あなたが彼らのためにできることがないか、人々に尋ねてください。あらゆる人に完全に奉仕してください。最初の者が最後にされ、最後の者が最初にされるだろうと（聖書に）書かれています。もしあなたが自分のエゴを前面に出して、名声と評判と賞賛を求めるならば、いつも打ちのめされることでしょうし、名声と評判を達成することに伴ってやって来る、あらゆる種類の問題をもつことでしょう。

真実はと言えば、あなたは行為者でも、肉体でもマインドでもなく、完全なる自由です。あなたはすでに解放されているのです。でも、私たちの一部の人たちにとっては、このことは知的な物事に留まっています。

ですから、これらの三つの徳を練習してください。
そうすれば、自分がどれだけ早く自由になるか、驚くことでしょう。

あなたはすべてに対して、博愛の精神を育てなければなりません。

ロバート・アダムス

16章　四つの原則

自分のハートの中に次のことを感じてください。

あらゆるもの、すべてのものは、マインドから出たものである。

「私」は生まれなかった、「私」は生きていない、「私」は死なない。何の原因もない。

あらゆるものにはエゴがない。どんなものもエゴや原因をもたない。何も存在していない。

それではないすべてを否定することによって、真我覚醒とは何かについて深く感じてください。

これでもなく、あれでもなく……

✣現実の中の一つのヴィジョン――問題は何もありません

私は皆さんに小さな秘密を打ち明けたいと思います。それは、問題は何もない、ということです。どんな問題もありません。問題があったことは一度もありませんし、今日もありませんし、これからもないことでしょう。問題とは、世界が自分の望むように展開していないということです。しかし、真実はと言えば、問題は何もありません。あらゆることがまさにそうあるべく展開しています。あらゆることが正しいのです。あなたは、自分が全世界になるまで自分自身のことを忘れ、自分の意識を拡大しなければなりません。世界の背後の現実は純粋な気づきです。それはどんな問題ももっていません。そして、あなたは**それ**なのです。

もしあなたが自分の肉体と一体化すれば、そのときには問題があります。なぜなら、あなたの肉体はいつもあなたをなんらかの問題に陥れるからです。でも、あなたが自分の肉体とマインドについて忘れていられれば、どこに問題があるでしょうか？　言い換えるなら、自分の肉体をそのままにしておくことです。ただ必要なだけそれの世話をしてください。少し運動して、正しい食べ物を食べてください。でも、それについて考えすぎないようにしてください。自分のマインドを現実に置き続けてください。自分のマインドを現実と融合させてください。そうすれば、あなたは現実を経験することでしょう。あなたは問題のない世界に住むことでしょう。他の人たちからすると、世界は問題だらけのように見えますが、あなたにとってはそうではありません。あなたは、より高い観点から物事を異なって見ることでしょう。私は今週、興味深い電話をもらいました。「真我覚醒した人たちも夢を見たり、ヴィジョンをもったりするのですか？」と尋ねられたのです。

さて、夢やヴィジョンをもつためには、それをもつ誰かが残されていなければなりません。しかし、真我覚醒すれば、家には誰もいません。誰も家に残されていないのです。ですから、真理に関して言えば、それは矛盾です。すべての真理は矛盾で、逆説です。

その答えとは、賢者たちも時々夢を見たり、ヴィジョンをもったりする、ということです。しかし、彼らは夢見る人に気づいています。言い換えるなら、彼らは、自分が夢見る人やヴィジョンをもっている人ではないことに気づいている、ということです。どこかに肉体があるかぎり、夢とヴィジョンもあることでしょう。誰も家にいなくても、それでも時々夢やヴィジョンがあることでしょう。

✣聖者たちのヴィジョン

例としては、ラマナ・マハルシはよく夢とヴィジョンを経験しました。ニサルガダッタも夢を見て、ヴィジョンを経験しました。二人とも真我覚醒していました。再びここでの質問とは、「誰が夢を見ているのか？　誰がヴィジョンを経験しているのか？」というものです。夢を見る人が、その「私」から分離しているかぎり、どんなエゴも残されていません。私はただ自分自身の経験からのみ言えるだけです。私にとっては、目覚めている状態も夢見ている状態も眠っている状態もヴィジョンの状態も、違いはありません。それらはみな同じです。私はそれら全部に気づいていますが、私はそれらではありません。私はそれらを観察しています。私はそれらが起こっているのを見ています。実際問題として、私にはその違いがわからないのです。時々、自分が夢見ているのか、目覚めているのか、ヴィジョンを経験しているのか、眠っているのか、わからなくなるときがあります。それらはみな同じです。なぜなら、私は一歩後退して、自分がこういったすべての物事を経験しているのを、眺めているからです。どういうわけか、最近私はイギリスの女王の夢を見ていました。彼女がサットサンに来ることになっていたのです。私にはなぜだかわかりませんが、三日続けてその夢を見ました。しかし今朝、面白いヴィジョンを見たので、残りの時間は、それについて語り合って時間を過ごすことにしましょう。なぜなら、私にとってそれはとても興味深かったからです。

皆さんの多くが知っているように、私は、定期的に自分がアルナチャラに行くというヴィジョンをよく経験してきました。そこはラマナ・マハルシが住んでいた聖なる山でした。ヴィジョンの中では、その山は空洞になっています。私が山を抜けて、中心に行くと、そこには太陽の数千倍も明るい光がありますが、それにもかかわらず、そこは心地よく静かで、暑くありません。そこで、私はラマナ、イエス、ラーマクリシュナ（ヒンドゥー教の指導者。一八三六〜一八八六）、ニサルガダッタ、老子、その他と出会い、私たちは一つの光になり、一つになります。そのとき、目が眩《くら》むほどの光と爆発があり、私は目を開けました。私は以前にも皆さんとこの話を分かち合ったことがありますね。

しかし今朝は初めて、非常に興味深いヴィジョンを見たので、それをまた皆さんと分かち合うことにします。私はどこか非常に美しい野外にいる夢を見ていました。近くには、湖、木々、森がありました。そして、私はその野外の中で木の下にすわっていました。私は世俗放棄を意味するオレンジの服装を身にまとっていました。私は仏教徒だったにちがいありません。突然、何百という菩薩（ボディサットヴァ）や菩薩摩訶薩《ぼさつまかさつ》（マハーサットヴァ）が森からやって来て、私の方に向かって歩いてきました。彼らはみな、私のまわりに半円になってすわり、瞑想しました。私は、自分は何をしているのだろうかと思いました。それから私は、自分が仏陀になったことに気づいたのです。それから私たちは、約三時間沈黙のまますわっていました。

それから、一人の菩薩が立ち上がり、質問しました。彼は、「先生、あなたの教えは何ですか?」と尋ねました。それは英語ではありませんでした。彼が何語を話したのかわかりませんが、私はそれを完全に理解しました。躊躇せず私は、「私は貴重な知恵である真我覚醒を教えています」と言いました。それから彼はすわりました。私たちはそれからまた約三時間沈黙のままにすわり、すると別の菩薩が立ち上がり、質問しました。「先生、人が真我覚醒に近いかどうか、どうやって知ることができますか? 人がもうすぐ真我覚醒すると、どうやって知るのですか? どうやってそれがわかるのですか?」

今日私が話し合いたいことは、このことです。私たちは自分が道を正しく歩いていることを、どうやって知ることができるのでしょうか? 私はそのヴィジョンの中で四つの原則を与えましたが、私は目覚めているときにそういう話を一度もしたことがありません。私はどんな教えももっていないからです。しかし、私は教えを与えていました。ですから、それを皆さんと分かち合うことにします。私は四つの原則を説明しました。それによってあなたは、自分が真我覚醒に近いかどうかがわかります。もちろん、あなたはすでに真我覚醒しています。いずれにせよ、私はこれらの四つの原則を、すべての菩薩と菩薩摩訶薩に対して説明しました。それから、私たちは三時間瞑想してすわり、彼らは立ち上がって森へ戻って行きました。そのとき閃光があり、私は目を開けました。

✣第一の原則

あなたが見るあらゆるもの、この宇宙、世界にあるあらゆるものは、あなたのマインドから出て来ているという感覚、完全な理解をあなたはもちます。言い換えるなら、あなたはこのことを感じるのです。あなたはそれについて考える必要はありませんし、それを引き出そうとする必要もありません。それは自然にやって来ます。それはあなたの一部になります。あなたが見るあらゆるもの、世界、人々、虫、昆虫、鉱物界、植物界、あなたの肉体、あなたのマインドなど、現れるあらゆるものはあなたのマインドが現象化したものです。あなたは努力することなく、その感覚、その深い理解をもたなければなりません。

ですから、自分自身に尋ねてください。「私は一日中、何について考えているのだろうか？」もちろん、もし何かを恐れたり、心配したり、何かがどこかで間違っていると信じたり、自分が何かの欠乏や制限、病気や何かで苦しんでいると思うなら、あなたは完全にその理解の外にいます。なぜならあなたは、こういった物事は、単にあなた自身のマインドが現象化したものであると理解していないからです。そして、あなたがこういった物事を心配すれば、間違った想像に執着することになります。それらは「間違った想像」と呼ばれています。あなたは長年の間、習慣化したエネルギーに執着してきて、こういったすべての執着と信念は習慣エネルギーから来ています。あなたが感覚的に認識するあらゆる物事は、あなたのマインドから出たものです。あなたはイメージを投影しているのです。それはちょうど、あなたが映画を上映するようなものです。あなたが今この部屋で見ているあらゆるものは、あなたのマインドから来ています。あなたは、「どうやって私たちはみんなで同じものを見ることができるのですか？」と尋ねるかもしれません。それは、私たちがある特定の習慣エネルギーの中で育てられたせいです。ですから、集合的に私たちはみんなで、同じもの、同じ映画を見ているように見えるのです。

それはテレビの番組を見ていて、その中の登場人物の一人になるようなものです。そのとき、あなたは自分がテレビの中にいないことを知っています。しかし、あなたは自分がテレビ番組の一人の登場人物であると信じています。世界に関しても同じことです。巻き込まれないでください。私が言っている意味は、受身になれ、ということではありません。私が言わんとしていることは、あなたの肉体は自分がやることになっていることをやる、ということです。あなたの肉体は何かをするためにこの地球へやって来ました。そのことを覚えておいてください。それはあなたが知らないままに何かをやります。それはそれ自身の世話をします。ですから、心配しないでください。でも、自分自身を自分の肉体と一体化しないでください。それは別々のものです。あなたの肉体はあなたではありません。では、そのことを証明してみましょう。

あなたが自分の肉体に言及するとき、何と言いますか？　「私の体」と言いませんか？　あなたが言及するこの「私の」とは、誰のことでしょうか？　あなたは「私の指」、「私の目」と言います。あなたが言及しているこの「私の」は、誰のことでしょうか？　あなたが自分の肉体について話しているはずがありません。なぜならあなたは、それをまるで自分が所有しているかのように、それを「私の」体と言っているからです。誰がそれを所有しているのでしょうか？　このことはあなたに、あなたは自分の肉体ではないことを証明しています。ですから、自分自身をその肉体と世界と一体化しないようにしてください。

✣最初のサイン――あなたは幸福を感じます

それゆえ、あなたがどれほど真我覚醒に近いかを見るという最初の原則は――自分が世界と一体化していないと感じることです。つまり、あなたは世界から分離しています。そして、あなたは幸福を感じます。なぜなら、あなたの自然な状態は純粋な幸福だからです。でも、あなたが世俗的物事と一体化するとたん、それを台無しにします。幸福が消えてなくなります。しかし、あなたが世俗的な物事から離れていると、幸福は自動的です。美しい純粋な幸福。それは自然にやって来ます。ですから、それが第一の原則です。

このことを考えてください！　この宇宙の中のあらゆること、人、場所、物、あらゆるもの、自分の肉体、自分の思考、創造、神、あなたが考えることができるあらゆるものは、本当にあらゆるものは、あなたのマインドの投影です。もしこのことを本当に理解するなら、どうしてあなたは問題をもつことができるでしょうか？　でも、あなたは言うことでしょう。「月の初日に家賃を払わなければならないんだけど、私はお金がない。で、このことが私にどう役立つのだろうか？」と。あなたは、第一の原則の理解があなたのためにしてくれることに驚くことでしょう。木は葉っぱに欠けることがあるでしょうか？　花は咲くことに失敗するでしょうか？　もしこの真理、つまり、あらゆることはあなたのマインドから出て来ることを理解すれば、あなたは真我になり、あなたの真我は遍在しています。それはあなたの肉体の存続に必要なあらゆるものを含むのです。そのことについて考えてください。あなたの肉体はあなたのマインドから来ています。自分の体は自分自身ではないと信じ、それはあなたのマインドから来ている、とあなたが理解しているかぎり、木の幹のために葉っぱが提供されるように、あなたの肉体も必要なものを提供されるのです。

ですから、この教えはきわめて予想可能です。それは、あなたの人間次元の物事を直接改善しようとすることなく、あなたの人間次元の物事を改善するために使われることができます。人間次元の物事を直接改善しようとすると、そこにあなたは問題をかかえます。しかし、自分の人間次元のことを忘れて、あらゆることはマインドの投影であることを理解するとき、何が起こるでしょうか？　全世界はあなたのマインドが現象化したものであると理解するとき、あなたは遍在するのです。そして、その遍在の中に、あなたのすべての必要が含まれ、それは内側から満たされます。しかし、あなたが心配したり、それについて考えたりし始めるとき、それを台無しにします。すると、あなたは自分の世話をするために、人間的物事をしなければならなくなります。でも、人間次元をそのままにしておき、それすべてがあなたのマインドの中にあるという理解に戻るなら、あなたは自動的に自分のマインドを手放し、神霊が引き継ぎ、あなたにふさわしい人、ふさわしい状況、ふさわしい居場所をもたらしてくれるのです。

あなたの肉体はカルマによってこの地上にやって来たことを、再び思い出してください。肉体は、それが経験しなければならないことは何であれ、経験することになっています。しかし、あなたはそのこととは絶対的に何の関係もありません。なぜなら、あなたは自分の肉体ではないからです。もしあなたがそれについて考えるなら、それを台無しにします。あなたの肉体はある物事をやるためにここに来たのです。ですから、自分の肉体がそれをやることをゆるしてください。妨害しないでください。戦わないでください。単にそれを観察し、反応しないでください。そうすれば、あなたは大丈夫です。

✣朝の宣言

ですから、その秘密とは、朝、目が覚めるやいなや、こういったことについて考えるということです。目を開けるやいなや、あなたは何について考えますか？　あなたは食べ物について考え、今日一日について考え、仕事について考え、お金について考え、友人について、人間関係について考えます。しかしあなたは、起るすべてのことは自分のマインドの投影であることについては考えません。それゆえあなたは、朝、目覚めるやいなや、正しいことについて考えなければなりません。待ってはいけません。

これらの原則に対してどう働きかければいいのでしょうか？　あなたが目を開けるやいなや――私は一人称で言いますが――あなたは自分自身にこう言わねばなりません。「私は、あらゆるもの、あらゆるもの――「あらゆるもの」は、二回言います――は、私のマインドの投影であることを感じ、気づき、理解します」。それが何を意味するかについて考えてください。これ以外の三つの原則については忘れてください。それについて働きかけてください。「私は、あらゆるものは、私のマインドの投影であることを感じ、気づき、理解します」。それから、もしあなたが問題をかかえているなら、問題について考え、自分に言ってください。「もしあらゆることが自分のマインドの投影なら、どこからこれらの問題は来ているのだろうか？」すると、あなたは理解します。「もちろん、それらは自分から来ているのだ。私がそれらを投影したのだ。私が問題を作り出したのだ」

それから、あなたは尋ねます。「それらを作りだしたその『私』とは、何か？」それから、あなたは問題の核心に向かいます。「自分の人生で、このすべての幻想を作り出しているその『私』とは何か？　その『私』はどこから来たのか？　誰がそれを誕生させたのか？　私のマインドです。私のマインドはどこから来たのか？　その『私』です。それらは両方同じものだ。その『私』とマインドは同じものなのだ」。これは啓示です。あなたはこの線にそって考えます。「マインドの『私』はどこから来て、誰のところへ来ているのか?」あなたはこれを深く深く自分の内部に追います。そして、あなたが正しくこれをやれば、どんな「私」もマインドも存在しないことに気づくことでしょう。ですから、どんな問題もありません。それで終わりで、あなたは笑い出すことでしょう。あなたは実際自分に対して笑い始めることでしょう。でもまたあなたは、「私はこれを恐れる、あれを恐れる」と考え始めるでしょうが、いったんあなたがこの意識の中に入れば、何かが起こって、実際、あなたをその問題から、あなたが問題だと思っているものから、あなたを引き上げてくれることでしょう。

あなたが自分のマインドを信じているかぎり、問題があります――問題が大きいか小さいかは重要ではありません。どちらも同じです――自分が問題をもっていると信じているかぎり、あなたは問題をもち、それは成長し、あなたはそれを変えることはできません。変えることができるように見えるかもしれませんが、あなたが問題自身に働きかけようとするとき、それは何かもっとひどい性質のものに変わることでしょう。問題に働きかけようとするのではなく、その問題がどこから来たのかを尋ねてください。それが唯一の問題です。誕生が問題です。あなたは自分が生まれたと信じているので、問題をもち、それは延々と続くことでしょう。

これがこの原則に対して働きかけるやり方です。私は、あらゆるものは私のマインドの投影、現象化であることを感じ、理解します。誰のマインドでしょうか?　私のマインドです。誰のマインド?　私のマインドです。この問題をもっている私とは何でしょうか？　自分にこういった質問をするにつれて、あなたはどんどん気分がよくなり始めます。そして、気分がよくなり始めると、問題はますます重要でなくなり、消えてしまうことでしょう。これは偉大な精神療法（セラピー）です。それはうまくいきます。もしセラピストがこれを患者に与えれば、薬を与える必要がなくなることでしょう。

✣至福、幸福、平和、愛、喜び、真実が自然にやって来ます

それはあなたにとって第二の天性になるべきです。それがあなたにとって第二の天性になるとき、あなたは自分の人生で本当の幸福を発見し、目的に到達するのです。しかし、あなたがこれについて考えなければならないとしたら、それは、あなたのマインドが何か違ったことを考えているという意味です。つまり、あなたが始終考えている他の思考があるということです。再び第一の原則を言えば、私はあらゆるもののことを言っていますが、宇宙、世界、あなたの肉体、あなたの恐れ、あなたの問題、あなたの幸福、あなたが考えることができるあらゆること、あなたの感覚が認識するあらゆることは、あなたのマインドが現象化したものです。それはマインドの性質です。あなたが目を閉じると、それらは消えてなくなります。眠るとき、あなたはそれらを超越します。しかし、あなたが目覚めているとき、それは存在します。世界が存在するのは、あなたのマインドが存在するからであり、マインドが存在するのは、あなたのエゴが存在するからです。

それゆえ、あなたが自分自身に働きかけ始めるとき、あらゆるものが自分のマインドから出て来ることを理解し始め、あなたは恐れること、心配することをやめるでしょう。というのは、それはマインドのもので

あることを理解したからです。そして、あなたが自分のマインドを変え、マインドを超越し、消滅させるとき、至福、幸福、平和、愛、喜び、真実が自然にやって来ます。あなたの敵はマインドです。

あなたのマインドとは何でしょうか？　それは過去と未来についての思考の集合です。あなたは過去と未来について心配します。それがマインドのすべてです。それはあなたの友人ではありません。それゆえ、マインドを無視してください。マインドが言うことを信じないでください。単にそれを眺め、観察し、その観照者となってください。しかし、あらゆることがあなたのマインドから出たものである、とただ理解することだけでも、あなたを自由にします。

ですから、再び私はあなたに尋ねます。「あなたは何を思い出しますか？」あなたは自分の個人的問題を思い出し、自分が必要なことを思い出し、自分が人間であることを思い出します。あなたはその肉体のことをたえず考えています。だから、真我覚醒について問題があるのです。ですから、あなたは自分のマインドを調査して、始終眺めなければなりません。それがあなたに何をしているか、見てください。それがあなたをどうコントロールするか、眺めてください。マインドはあなたを感情的にし、怒らせます。こういったすべてのことがマインドから来ているのです。重要なことはそのことに気づくことです。その気づきだけがあなたを光へと導きます。ただそこに気づいてください。あなたはどんな本の知識も知る必要はありません。ただ自分のマインドが本当は何かに、気づいてください。

こうやってあなたは自分のマインドを征服します。ただ気づき、もはや反応しないことによって。もはやマインドに反応しない状態、です。いつもならあなたを怒らせるような何かに対し、以前のあなたは反応し、議論に勝ちたいと思いました。しかし今、反応しないことがあなたの反応です。あなたは単に微笑み、眺めます。何の反応もないことをあなたのマインドが見るとき、マインドのパワーはますます弱まり、ついには消滅します。それはまるで人と議論するようなものです。あなたが議論をやめると、どうなりますか？　相手の人は立ち去ります。彼らは何を考えたらいいかわかりません。彼らはただあなたと何の関係もなくなります。彼らはただ去ります。

ですから、あなたが自分の思考に反応しなくなると、あなたのマインドは立ち去り、ますます弱く、弱く、弱くなり、ついにはどんなマインドもなくなります。あらゆることは自分のマインドから出たものであり、さもなければ、それは存在しないことを、あなたは理解し、感じます。すべての存在、最小のものから、最大の宇宙銀河まで――それすべてがあなたのマインドからやって来るのです。しかしながら、私があなたにこう言っても、まだあなたは何かが現実であると感じるのではありませんか？　あなたは何かが現実だと感じます。あなたは、太陽が現実である、神が現実であると言うかもしれません。あなたは、原子は現実であると言うかもしれませんが、自分がこういった物事を創造していることを理解していません。それらはあなたのマインドの投影なのです。もしあなたがマインドをもっていないとしたら、あなたはこれらの観念をもつことはないでしょう。ですから、私たちはマインドを破壊し、殺さなければならないのです。マインドがなければ、どんな観念もありません。

そして、あらゆることは自分のマインドから来ていることを理解することによって、あなたは自己問いかけの練習をしなければなりません。あなたは自分自身に尋ねます。「私のマインドとは何か？　それはどこからやって来たのか？」するとあなたは、「私」はマインドであることに気づくことでしょう。「私」はまたマインドなのです！　なぜならあなたは、「私は考える」と言うからです。わかりませんか？「私は考える」です。そして、マインドとは思考です。ですから、再びその「私」に戻ります。私たちは常にその「私」に戻るのです。したがって、再び言えば、もしあなたが自分のマインドを取り除きたいと思うなら、その「私」を取り除くことです。あなたは再び自分自身に尋ねます。「もしマインドが私なら、それなら、私はどこから来たのか？　この私の源泉とは何か？　私とは何か？」あなたは常にその「私」に戻ります。あらゆることが同じものへ導くのではありませんか？　私たちが使うすべてのプロセスは同じもの、「私」へ導きます。

✣内なる超越

最初の原則――全宇宙は私のマインドの投影である。それからあなたは言います。「私のマインド。『私の』とは誰のことか？　私は『私の』マインドに言及している」。それから再び、あなたは自分自身に言います。「私は『私』に言及し、それに戻っている。私は自分のマインドに言及している」。再び、あなたは、「この『私』はどこから来ているのか？　誰がそれを創造したのか？　その源泉は何か？　誰がそれを誕生させたのか？」に戻ります。こんなふうに、何度も何度も何度も質問し続けます。

すると、私が前にも言ったように、ほとんどの人たちにとって、ある日、爆発のようなことが起り、その

「私」が木っ端みじんに吹き飛ぶのです。あなたは光、ものすごい光を見ることでしょう。あなたが光になります。千の太陽の光。しかし、これが答えではありません。あなたはその光を通って、パラブラフマン、何もなさと呼ばれている、空っぽさの中へ、ニルヴァーナの中へ、絶対的現実の中へ行かねばならないのです。その何もなさがあらゆるものになります。

✣第二の原則

あなたは、自分は生まれていないという強い感覚、深い理解をもたなければなりません。あなたは生まれておらず、人生を経験していません。だから、あなたは消えることも死ぬこともないのです。あなたは生まれておらず、人生を生きておらず、死ぬこともありません。あなたはこのこと、自分は未生の性質なのだということを感じなければなりません。これが何を意味するか理解できますか？　あなたの存在にはどんな原因もない、あなたの苦しみにはどんな原因もない、あなたの問題にはどんな原因もない、ということです。

皆さんの中には、まだ原因と結果を信じている人たちがいます。これは相対的世界の中では真実ですが、現実の世界にはどんな原因もないのです。どんなものも今まで作られたことがありませんでした。どんなものも創造されたことがありませんでした。どんな創造もないのです。それを理解するのは大変だということを私は承知しています。もし私が生まれておらず、どんな人生も生きておらず、老いて消えることもないなら、どうやって私は存在しているのでしょうか？　あなたは、「私は在る」として存在しているのです。あなたは常に存在していましたし、いつも存在しています。あなたは純粋な知性、絶対的現実として存在しているのです。それがあなたの本質です。あなたはサット・チット・アーナンダとして存在しているのです。

あなたは至福意識として存在し、実際に存在しています！　あなたは空っぽさとして、ニルヴァーナとして存在し、実際に存在しています。ですから、存在しないことについて心配しないでください！　あなたはその肉体としては存在していません。その人として、場所として、あるいは、物としては存在していません。そのことをあなたは感じますか？　もしこのことを強く感じるなら、そのときあなたは真我覚醒に近いのです。

では第一の原則と同じように、第二の原則に向かい、それに対して働きかけてください。第二の原則はこうです——私はけっして生まれたことがなかった。私は未生である。私は生きたことがない。私の見かけの存在は存在していない。そして、私はけっして消えることがない。以上のことを、私は認識し、感じ、理解します。

生徒　「私は認識し始めている」と言うほうが、もっと正直ではありませんか？

ロバート　どんな始まりもありません。あなたは、「自分の内部に、私は一度も生まれたことがない、私は生きていない、私はけっして消えることがないことを認識しているか、知っている何かがあり、私はそれを知るものである」と言うことができます。まずそれに働きかけ始めてください。この「私は一度も生まれたことがない」とは、どういう意味でしょうか？　私は生まれていない。それは矛盾に聞こえますね。なぜなら、あなたは自分の両親があなたを生んだと信じているからです。これは真実のように見えます。誰が彼らを生んだのでしょうか？　祖父母です。そうしてどんどん遡っていきます。誰が彼らを生んだのでしょうか？　私たちは始めに戻り、最初の男と女にたどり着きます。彼らはどこから来たのでしょうか？　誰がこれを始めたのでしょうか？　誰が人類を始めたのでしょうか？　誰が誕生という考えを生んだのでしょうか？　答えないでください。なぜなら、マインドは答えを創造するからです。アダムとイヴと、神。誰かがあなたにそう教えました。でも、それは本当でしょうか？　どこから神は来たのでしょうか？　最初に戻ってください。それは誰が最初に来たのか、鶏か卵か？　木か種か？　男か女か？　誰がそれらを作ったのか？　あなたは、それらが存在していないことを理解するでしょう。何もあなたを生みませんでした。

誕生の全概念が偽りで、夢です。それは存在していません。それゆえ、私はそう見えるようには存在していないのです。それから、最初の前提に戻ってください。私とは何か？　あなたはいつも自己問いかけに戻ります。存在している私とは何か？　もし私がこの肉体でなければ、私は自分の思考だろうか？　私は自分の思考ではありえません。なぜなら、それらは変わり続けるからです。では、私とは何か？　しばらく静寂の中にいてください。あなたは以前感じたことがない平和と、すべてがうまくいっているという感覚を感じ始めます。その結果は、あなたが以前感じたことがない幸福です。

もしこれをしばしばやれば、あなたは今まで感じたことがない幸福を感じることでしょうし、自分の頭に爆弾が落ちても気にしないことでしょう。あなたがこの幸福を感じるのは、あなたは自分が死ぬことができないことを知っているからです。今はまだ、これらはただの言葉にすぎません。あなたは実際ある日、自分は消えることはできないことを知るでしょう。何もあなたを殺すことはできません。「殺す」はただの言葉です。それはあなたが受け入れた何かを意味しています。私たちは言葉を作り上げ、その背後に感情を注入します。「殺す」という言葉を聴いてください。それは滑稽に響きます。言葉それ自身は、あなた自身がそれに与えるパワー以外に何の力ももっていません。マインドが静寂なとき、そのとき現実がひとりでにやって来ます。あなたが考えて、考えて、考えているとき、世界があなたを捕らえ、あなたは再び世俗的になります。自己問いかけのおかげで、マインドが静かになります。

それについて働きかけたあと、あなたは続けて、「私は生きていない」と言います。あなたは、「私が生まれて死ぬまでの、私の全存在が何もないという意味なのか?」と自分に尋ねます。それからあなたは、「私はたった今、自分が生まれなかったことを証明したばかりだ。もし私が一度も生まれたことがないなら、どうして私は生きていることができるのだろうか? 何が生きているのか? 誰が生きているのか?」生きているのは、マインドだということがわかるでしょう。マインドは存在、力、パワーを欲しがっています。そのせいで、あなたは自分が肉体であることを信じます。自分に「このマインドは誰に来ているのか? 誰がそれを生んだのか? その源泉は何か?」と尋ねて、静かにしていてください。あなたは生まれていない、あなたは生きていない、あなたはけっして消えることがないという深い感覚と理解をもってください。あなたはけっして死ぬことがないのです。そのことについて考えてください。自分は生まれていない、とただ自分自身に対して考えてください。

あなたの誕生には原因がありません。原因は存在しないのです。あなたの誕生にはどんな原因もないのです。あなたは一度も生まれていません。あなたの見かけの存在に関して言えば、それはそこにはありません。あなたは何もしていません。そして、あなたは歳をとりませんし、消えることも死ぬこともありません。そのことについて考えてみてください。これが何を意味するかをあなたが理解するとき、どれほど自由になるでしょうか？　自分が一度も生まれたことがないこと（本当のあなたは永遠です）、そして、いつも存在してきたことを知ると、素晴らしい気分になります。でもそれは、あなたが考えるように存在してきた、ということではありません。あなたの現在の人生は、あなたが何をしていると思っているにしろ、どれほど自分にとって重要だとしても、まったく無意味です。なぜでしょうか？　なぜなら、それはもうすぐなくなるからです。ですから、あなたが何をやっていても、何があなたをワクワクさせていても、それはほんのつかの間のことです。

エルヴィス・プレスリー（アメリカの歌手。一九三五～一九七七）を例にとってみましょう。人々は彼のことを思い出します。しかし、今から五百年後に彼のことを思い出す人がいるでしょうか？　有名なクラシックの音楽家、協奏曲、バッハ（ドイツの作曲家。一六八五～一七五〇）、シューベルト（オーストリアの作曲家。一七九七～一八二八）、ラフマニノフ（ロシアの作曲家、ピアニスト。一八七三～一九四三）、その他すべて。彼らは今あなたにとっては重要ですが、今から五百年後、誰も彼らのことを覚えていないことでしょう。あらゆることがまったく違ってしまうので、あなたはまるで別の宇宙にいるような感じでしょう。

ですから、ここでのポイントとは、もしあなたがこういった物事にあまりに関わりすぎているなら、的をはずしているということです。なぜなら、それはあなたは自分の本質を理解していない、ということだからです。あなたは自分が本当は何かを理解していません。あなたは自分自身にとっての意味を探求すべきです。そして、八〇パーセントの時間をそれをおこなって過ごしてください。人生にあまりに関わりすぎて、これをやるのが簡単ではない人たちもいることを、私は承知しています。しかし、それにもかかわらず、あなたはそれをおこなうことができます。なぜなら、それは問題ではないからです。あなたは瞑想のために時間をとっておく必要はありません。車を運転中でも、仕事中でも、音楽をかけているときでも、あなたはこれをおこなうことができます。ただ自分の真我に気づき、自分とは本当は何かに気づき、残りは自分のマインドの投影であることを理解してください。私たちは生まれていない。私たちは存在していない。生まれてから死ぬまでの間、私たちは本当は何の存在ももっていないのです。そして、私たちは死にません。消滅はないのです。これらの真理に気づくことが、あなたを自由にします。ただそれらに気づいてください。

第二の原則は、これです——あなたは生まれていない。あなたは生きていない。あなたは消えない。言い換えるなら、あなたは一度も生まれたことはなく、あなたが経験している人生は存在していないし、あなたは死なない、ということです。あなたはずっと存在してきました。私が言っていることは、どんなことにも原因がないということです。たとえば、私たちは創造について話します。創造はどうやって起ったのでしょうか？　その原因は何でしょうか？　もちろん、聖書はあなたにアダムとイヴについて教えます。もしあなたが物語が好きなら、それは素敵な話です。でも、もしあなたが現実について話しているなら、それはただ何もないものから始まったのです。何が最初にやって来たのか、木か種か、鶏か卵か？　あなたは私に、「私は生まれた。私の両親が私を生んだ」と言うことができます。そうやってずっと遡ることができます。では、誰が最初にやって来たのか、木か種か？　と同じように、誰が最初の両親だったのでしょうか？　それは困惑することです。

それを説明するもっともよい方法は、自分の夢を眺めることです。あなたはどうやって夢を創造しますか？　それは始まりから始まりますか？　あなたは夢を見始めるやいなや、どんな創造もありません。夢はただ始まります。あらゆるものがすでにそこにあります。木々、空、大地、花、草、人々、昆虫、鳥、花、あらゆるものがただ現れます。それは終わりに死ぬでしょうか？　あなたがただ目覚めると、それらは全部なくなってしまいます。私たちが今やっていることは、死すべき夢を生きているということです。私たちは、いわば自分の肉体と見かけの存在を信じます。私たちは世界が現実で、マインドが現実で、自分の経験が現実だと信じ、ちょうど映画に巻き込まれるように、それらに巻き込まれます。あなたは自分が映画ではないことを知っています。あなたは映画を見て、それが終わると、家に帰ります。

世界の状況、小さい自己の自分自身、自分の肉体、マインドの現象に、あなたが巻き込まれれば巻き込まれるほど、ますます無知に引きづり込まれてしまいます。あなたはこのマーヤーから自分自身を解放しなければなりません。そして毎日、自分は生まれていない、個人的人生をもっていない、自分の見かけは存在していない、自分は消えることはないと考えること、ただそれらについて考えることが、あなたに何かをもたらしてくれます。あなたは違ったふうに、そして、もっと生き生きと感じ始めますが、一個の肉体としてではなく、遍在としてです。あなたはモーセ（古代ヘブライの指導者）が、「私は在りて在るところのものなり」と言ったとき、彼が言わんとしたことを理解し始めます。あなたは自由で、曇りなく感じ始めます。あなたの過去は消滅しました。なぜなら、それはそもそも一度も存在しなかったからです。どんな原因もありません。それすべてはマインドが現象化したものです。これについて考えるにつれて、あなたは完全に自由になります。

✣第三の原則

あなたはあらゆるもののエゴのなさに気づき、それを深く理解します。つまり、あらゆるものはエゴをもっていないということです。私はただ感覚のある生き物について話しているのではありません。私は鉱物界、植物界、動物界、人間界について話しています。何もエゴをもっていません。エゴは存在しないのです。あなたはそれが何を意味するかわかりますか? それが意味しているのは、あらゆることが神聖であるということです。あらゆるものが神です。エゴが入って来るときだけ、神、あなたが「神」と呼んでいるものが消えます。あらゆるものが神になります。あなたはあらゆるものに対して敬意をもちます。エゴがないとき、あなたはあらゆる人とあらゆるものに敬意をもちます。ですから、あなたはあらゆる物のエゴのなさに気づかなければなりません。動物も植物も鉱物も人間もエゴをもっていません。どんな原因もないので、どんな結果もありえません。ただ聖なる意識があるだけで、あらゆるものが聖なる意識となります。ですから、もしあなたが、自分の隣人、動物、その他をエゴがないものとして眺めれば、あなたは彼らを自分の真我として見ることでしょう。それがわかりませんか?

✣あなたの永遠の真我に焦点を当ててください

分離の原因はエゴです。ですから、私がエゴでいっぱいのとき、エゴが内部で強くなり、私は完全に分離してしまいます。ですから、あなたが人間としての自分が好きであればあるほど、あなたのエゴは大きいということです。あなたは、「でも、私は自分を好きになってはいけないのですか？」と言います。あなたは自分自身を愛さなければなりません。でも、私たちが話しているのは、どの自分でしょうか？　私たちは自分の肉体的自己について話しているのではありません。なぜなら、それは来ては去っていくものだからです。私たちはあなたの永遠の真我、ずっといつもここにある真我について話しているのです。あなたの永遠の真我は、私であり、あなたであり、世界であり、宇宙であり、あらゆるものです。それがあなたの永遠の真我です。エゴはないのです。そのときだけ、あなたがエゴがないときだけ、あなたは自分の隣人たちを愛することができます。それによって、あなたは自分が今どこにいるのか、自分が真我覚醒に近いのかどうかがわかります。それが第三の原則です。

自分の中の何かが、あらゆるもののエゴのなさを感じ、理解します。これらのすべての原則は、みな同じものです。あなたはもうその結論に達しましたか？　それはすべて同じ源泉、何もなさをもっていて、そこにたどり着くまで、あなたはそれらに働きかけなければなりません。私は、すべてのものにはエゴがないことを感じ、理解します。私は、すべてのもの、ただ一部のものではなく、最大の銀河から最小の原子まですべてのものと言います。どんなものもエゴをもっていません。もしそれらがエゴをもっていなければ、それはどんな源泉ももっていません。なぜなら、もしそこにエゴがあるなら、そこには源泉がなければならないからです。ただこの偉大な真理を理解することによって、あなたは即座に自由になります。それはあなたのマインドを吹き飛ばしてしまいます。それは禅の公案のようなものです。

突然、何かがあなたのマインドの中ではじけ、マインドがなくなったのです。なぜなら、マインドはどんな源泉ももっておらず、どんなエゴももっていないからです。それは一度も存在したことがありませんでした。そして、あなたはとても気分よく感じます。あらゆるものはエゴがありません。人間だけでなく、あらゆるものです。山、木、太陽、どんなものもエゴをもっていません。それはつまり、それらはどんな存在ももっていないという意味です。では、それらはどこから来たのでしょうか？　あなたが夢を見るとき、その夢はどこから来ますか？　同じ場所です。どこからもやって来ないのです。ただ間違った想像からやって来ているのです。

生徒　私は、「間違った想像」という表現を理解できません。なぜなら、「想像」という言葉にある種の偽りが含まれているからです。

ロバート　あなたは偽りの世界、偽りのエゴを想像しているということです。

生徒　それはある種、逆説的言い方ですね。

ロバート　もちろんです。それはすべて逆説的です。なぜなら、それは存在していないからです。でも、私たちはそれをそうやって想像しています。だから私はいつも「空は青い」に戻るのです。誰かが私を外へ連れ出し、言います。「この美しい青空を見てください」。私は彼らに賛成しますが、しかし内側の奥深くで、それは真実ではないこともまた知っています。どんな空もなく、どんな青色もありません。それは存在していないのです。あるいは、砂漠の中のオアシスのようなものです。水、それは存在していません。それは蜃気楼です。世界も同じです。世界は夢の状態の中でただ存在しています。それは夢のようなものです。

生徒　「私は在る」はこの肉体ではない、と言えますか？

ロバート　はい、そう言うことができます。だから私は、それをあまり使わないようにと言うのです。なぜならあなたは、それをあまりに個人的なものにするからです。あなたはまだ個人としての自分自身に入り込んでいます。あなたが本の中で、「私はこの肉体ではない、このマインドではない」と読むとき、彼らは、宇宙的肉体、宇宙的マインドについて言及しているのです。どんな肉体もない、誰もいない、ノーボディ（no body）なんですよ（大笑）。誰も存在していない。それは普通の人には滑稽に聞こえます。で、あなたは、「これすべてが私にとってどう役に立つのか？」と言うことでしょう。それはあなたのためにあらゆることをやってくれます！　もしあなたが音楽、芸術、その他どんなことであれ、創造活動をしているなら、そうなりたいと思うことなく、追い求めることなく、あなたはよりよい音楽家、よりよい芸術家になることでしょう。あなたの肉体は、やることになっていることをやるのです。でも、そこにカルマ的執着はありません。たとえば、もしあなたが偉大な芸術家、偉大な音楽家、あるいは偉大な大工、偉大な怠け者、偉大なホームレスであって、そのことを人間的に追い求めるなら、それがあなたを地上へ縛りつけることになり、あなたは何度も何度も戻って来なければなりません。なぜなら、あなたは自分自身を地上から離れられなくしたからです。わかりますか？

あなたが執着しているあらゆることが、それがよいことであれ、悪いことであれ、あなたを地上へと引き戻すのです。あなたが何かを憎んでも愛しても同じことです。執着はあなたを地上へ引き戻します。あなたは手放さなければなりません。あなたはただ手放します。なぜならあなたは、「私は自分の兄弟であり、私の兄弟は自分であり、私はあらゆるものである」ことを知っているからです。エゴがないことがあらゆるものの土台です。あらゆるものがエゴをもっていません。私は感覚のある生き物についてだけ話しているのではありません。あらゆるものです。鉱物界、植物界、動物界、人間界などなど。その背後にエゴはありません。

つまり、その存在のための原因が何もないということです。これを完全に理解することによって、あなたはいつもこの瞬間に生きることができます。それはあなたを中心に置きます。そのことが、どんなものの背後にもどんなエゴもないことが、あなたにとって個人的に何を意味するのか、考えてみてください。何かが存在するためにどんな原因もないのです。再び言えば、夢のように、です。夢に原因がありますか？　突然、あなたは自分が夢見ていることに気づき、あらゆることが存在します。それはどこから来ましたか？　それはマインドから来ました。それは夢です。そして、夢から出る唯一の方法は何でしょうか？　目覚めることです！　ですから、この世界もまたある種の夢です。それは実体をもっていません。あらゆることは一時的です。その背後にどんなエゴもありません。

生徒　エゴとマインドは同じですか、それとも、あなたは区別しているのでしょうか？

ロバート　それらはある意味では同義語です。たとえば、あなたが何らかの病気をもっているとします。もしあなたがその背後にどんなエゴもない、どんな原因もないことを理解すれば、それはどこから来たのでしょうか？　それはどんなものからも来ませんでした。だから、それは存在していないのです。

❖それは謙虚な内的覚醒です

生徒　ということは、「何も存在していない」とも言えますか？

ロバート　しかし、そう言うことは、あなたにとって意味のあることですか？　それはあなたにとって意味があるものでなければなりません。もしあなたが、「何も存在しない」と言えば、あなたのマインドとエゴがやって来て、あなたと戦い、「どういう意味ですか？　見てください。椅子は硬く、それは存在していますす」と言います。そして、あなたは失望します。しかし、あらゆるものはエゴがないという原則全体を理解すれば、そのときにはあなたは瞬間に存在していて、こんな感じです！［指を鳴らす］。あなたはこの瞬間に存在しています。そしてその瞬間、すべてはうまくいっています。あらゆることが、その瞬間そうあるべく展開しています。しかし、あなたが考え始めるやいなや、そのとき原因があります。

生徒　では、唯一の原因は考えるプロセスなのですね。

ロバート　まさにそのとおりです。こんなふうに考えること、こんなふうであることは難しい、とあなたは思うかもしれませんが、そうではありません。あらゆるものにはエゴがないことをただ思い出すだけで、あなたは目覚めて、自由になります。

✣あなたは生まれ変わります――すべてが栄光であり、喜びです

あなたは、どんなものもエゴをもっていないという深い理解、感覚をもたなければなりません。再び言えば、どんなものも原因はないのです。何かが存在すべき原因はありません。実際に何も存在していないのです。あなたは罪人でも、悪い人でもありません。あなたの過去は死んでいます。だから、それを忘れてください。あなたは今再び生まれたのです。ですから、すべてが栄光で、喜びです。これが再び生まれるという意味で、あなたは今この瞬間に存在していることを理解するという意味です。一瞬前でもありません。ですから、今から次の瞬間に何が起こるか、けっして気にしないようにしてください。あなたはこの瞬間、純粋な知性、無条件の愛、絶対的現実、無条件の**一なるもの**として存在しています。それがあなたです。あなたはその現実に生きています。そして再び言えば、そのことがあなたを自由にします。

✣第四の原則

第四の原則は、単純にこういうことです――あなたは、真我覚醒の聖なる知恵が本当に何かについて、深い確信、深い理解、深い感覚をもっている、ということです。あなたにとって、真我覚醒の聖なる知恵とは

何でしょうか？　それが何かを発見しようとしても、そのことをけっしてあなたは知ることができません。なぜなら、それは絶対的現実だからです。あなたはそれが何でないかを発見することによってのみ、それを知ることができます。ですから、それは私の肉体ではない、私のマインドではない、私の器官ではない、私の思考ではない、私の世界ではない、私の宇宙ではない、動物ではない、木ではない、月ではない、太陽ではない、星ではない、これらのどれでもない、とあなたは言うことができます。あなたはあらゆるものを通過して、何も残されないとき、それがまさにそれです。何もなさ。空っぽさ。ニルヴァーナ。究極の一つであること。

あなたは、「私は覚醒とは何かを認識し、理解します。私は、自分の中の何かが真我覚醒とは何かを理解し、感じていることを知っています」と言い、あとは静かにしています。答えはあなたのところへやって来ることでしょう。あなたが発見する唯一の方法は、否定を通じてです。ですから、あなたは自分自身に言うことができます。「それは太陽ではない。なぜなら、太陽は私のマインドの投影だからだ。それは月ではない」。同じことです。「それは私の夫や妻ではない。それは私の体や器官ではない。それは平和ではない。それは戦争ではない」。あなたが名前を付けることができるあらゆるものは、それではありません。名前をつけるのに飽きるとき、あなたは静寂になり、まさにそれです。あらゆるものが静寂です。四つの原則と静寂はまったく同じです。あなたは真我覚醒が何かを知ることはできません。なぜなら、あなたはすでにそれだからです。しかし、あなたはそれが何でないかを知ることができます。ですから、あらゆることを排除することによって、そのあとに残るものが真我覚醒です。あなたはそれを説明できません。だから、あらゆるものを「それではない」と否定するのです。

言い換えるなら、あなたはそれが何でないかを考えるのです。真我覚醒は世界ではありません、宇宙ではありません。それは私の肉体でも、私が考えることができるどんなものでもありません。それは私のマインドではありません。それでは真我覚醒とは何でしょうか？　あなたのところへやって来るどんな答えも間違っています。というのは、それにはどんな答えもないからです。それを描写できるどんな言葉もありません。自分の知性について忘れてください。人間の知性は最低です。それは存在していません。なぜでしょうか？なぜなら、それはあなたといっしょに死ぬからです。私たちは永遠なるもの、ずっとあるもの、これからもいつもあるものについて話し合っています。あなたはこれらの原則を意識しなければなりません。

私は皆さんがテレビを見たり、漫画を読んだりする以外に、日々何かすることがあるように、偉大なる慈悲をもってこれらの原則を与えています。考えてください。でも、知的にではありません。これは形式的な話ではありません。私は、本で読んだことではなく、自分自身の経験を話しています。何事もそう見えるようには存在していない、と私は言うことができます。あらゆることは見かけです。その罠とは、私たちが見かけに引き込まれてしまうことです。私たちはそれに反応し、傷つきます。中傷されたと感じます。何かが間違っていると感じます。私たちは否定的感情をもちます。なぜなら、私たちは偽りの仮定——世界は現実である——に引っかかっているからです。

事実はと言えば、世界は現実ではありませんし、あなたもまた現実ではありません。あなたがしなければならないことは、どんなことに対しても反応することを止めることです。それをする唯一の方法は、自分とは何かを発見することです。あなたが自分の本質を発見するとき、あらゆることが完全に明晰になるのです。あなたは平和です。もし何かがうまくいけば、それはうまくいくのです。もしうまくいかなければ、うまくいかないのです。あなたの感情は変容しました。あなたは、普通の人間が感じるようにけっして感じることはありません。あなたはただ、すべてのものに対して大きな愛と慈悲をもちます。あらゆる存在の実体は調和、平和、空っぽさであることを、あなたは知っています。あなたはいつも素晴らしく感じます。もしあなたが平和なら、何があなたを悩ませることができるでしょうか？　もし本当の平和を発見したなら、何があなたを悩ませることができるでしょうか？　世界はあなたの元に来ては去って行きます。ある日はこんなで、翌日はあんなです。しかし、それがあなたと何の関係があるでしょうか？　何もありません。

あなたは自由で、世界ではありません。あなたは自分の肉体でも、マインドでもありません。あなたは完全なる自由、完全なる喜び、完全なる愛です。あなたはこの事実に目覚めなければならないのです――それは真実です。私たちは多くの言葉を話し、多くの行為をしますが、何のためでしょうか？　それは終わりには重要ですか？　私たちは自分の人生を築き、地位を得て、子供をもちますが、最後には何が起こるでしょうか？　パッ！　すべては消えてなくなります。あらゆることが消えます［ロバートが笑う］。何もありません。では、その目的は何でしょうか？　人々は言います。「私は自分の子供たちのために、よりよい世界を残さなければなりません」と。彼らは夢を見ています。世界はけっしてよりよくもより悪くもならないことでしょう。世界はある日はこんなで、別の日はあんなといった、夢の存在です。しかし、あなたは世界ではありません。その事実に目覚めてください。あなたは自分の思考でもなければ、自分のカルマ的表現でもなければ、過去世からの自分の性癖でもありません。

物事は、あなたがそれを信じるかぎり、現実に見えるのです。もし私が悪魔を信じれば、悪魔が私に現れることでしょう。私が自分自身で彼を創造することでしょう。もしあなたが神を信じれば、あなたの神があなたに現れることでしょう。ラーマクリシュナは女神カーリーを信じていました。だから、カーリーは彼には非常に現実になりました。彼はカーリーといっしょに踊り、歌いました［ロバートが笑う］。彼がカーリーを創造したのです。だから、彼以外の誰もカーリーを見なかったのです。こうやって私たちは自分の人生を創造します。自分の人生であなたが恐れている物事を考えてください。あなたは病気になることを、貧乏を恐れます。あなたは離婚することを、結婚することを恐れます。あなたが恐れることが何であれ、それは自分自身のマインドが生み出した観念です。自分が結婚すべきか、結婚すべきでないかは問題ではありません。それは重要ではないのです。重要なことはあなたがそれにどう反応し、それから何を期待するかということです。

これはあなたの人生のあらゆる面において言えることです。あなたは幼い子供の頃から、こう信じるように訓練されてきました。あなたの先生たちはあなたを洗脳し、あなたの親もあなたを洗脳し、外側の世界はあなたを洗脳し、だから今のあなたがいるのです。あなたは考え、観念、感情、態度に満ちていて、それがあなたを現在のあなたにしています――みじめ、ということです（笑）。あなたが目覚めるやいなや、そのすべてが消えます。破壊的性質のことは何も、あなたに起ることはできないのです。あなたを破壊できるものは絶対的に何もありません。あなたは破壊されることができません。あなたの肉体は消えるように見えるかもしれませんが、それは夢のようなものです。あなたは自分が何かをしていて、それから撃たれ、消える夢を見ています。それから、あなたが目覚めるのです。

あなたに対する私の質問はこうです。「自分自身と世界について、あなたが信じていることは何ですか？あなたにとってもっとも重要なことは何ですか？」真のスピリチュアルな道が、あなたの人生の最優先事項となるべきだ、と私は思っています。なぜでしょうか？　なぜなら、それがあなたを目覚めさせるからです。

あなたがどれほどいい人生を生きていても、あなたがこの地上で一番金持ちで、もっとも有名な人になったとしても、いつかあなたはコインの反対側を経験し、この地上でもっとも貧しく、非常にみじめな人にならなければならないでしょう。物事はこんなふうに働くのです。あなたは私に言うかもしれません。「私の隣人はどんな問題ももっていません。彼はとても幸福です。彼はまるで黄金の壺に落ちたようです。彼が触れるあらゆるものがお金に変わるのです。彼は、美しい妻、大きな家、そして、自分が必要とするどんなものももっているというのに、この私を見てください！　あいつの人生は四〇年間、まったく変わっていないのです」。あなたは自分自身の結論を作っています。

彼はそれをカルマ的に稼いだのです。もし彼がそれから離れなければ、彼は全人生を幸福、人間的幸福の中で過ごすかもしれません。しかし彼は、自分のマインドの中にある、彼が知らないカルマの法則によって再び引き戻され、来世で彼はホームレスになることでしょう。彼が何をしても、彼はわずかなお金さえ稼げないことでしょう。最善を尽くしますが、彼はいつも極貧でしょう。彼はどれだけ頑張っても、一文も稼げないことでしょう。だから、あなたはけっして判断すべきではありません。あなたには自分の隣人がこれから何を経験するかわかりません。「あの人は素晴らしい人生を生きているのに、私の人生を見てください。なぜ私は貧乏で、病気で、こんなふうで、あんなふうなのか?」などと、けっして言ってはいけません。重要なことは目覚めること、自分自身を眺めるのでなく、自分をかわいそうに思うのではなく、自分を他人と比較するのではなく、目覚めることです。あなたが目覚めるとき、説明できない何かが起こります。

✣ あなたは聖なる調和となります

それを説明する人間的言葉はありません。あなたが目覚めるとき、ただ理解し、知り、感じます——これらの言葉は不適切ですが——あなたは聖なる調和となります。あなたはもはや人、場所、物に騙されません。あなたはもはや反応しません。たとえば誰かがあなたに、「あなたは宝くじ（ロト）に当たって、五万ドル得ました」と言うとします。あなたはその奴隷にはなりません。まだ誰かが、「あなたは五万ドル失いました」と言うとします。それも同じことで、同じ反応です。あなたはその奴隷にもなりません。人間の生活で起ることは重要ではありません。しかし、あなたが自分の本質を知るとき、それは重要ではないとは言いません。あなたはただ存在し、自分の真我として存在しています。あなたは平和です。人々がどれほど試みても、誰もあなたからその平和を取り去ることはできません。あなたはもう物事に騙されません。あなたがすることは自分自身を分け与えることです。あなたは自分自身を気前よく差し出すことができます。なぜなら、あなたは生きた真我になるからです。それゆえあなたは、自分自身を与えて、静かにそこにいます。というのは、あなたは無限の真我、聖なる母、遍在となり、あらゆるものと完全に一つとなったからです。ですから、あなたは自分自身を気前よく与えて、いつもそこにいるのです。

ラマナ・マハルシが強盗に入られたとき、彼の帰依者たちは強盗たちを攻撃したいと思いました。しかし、彼は言いました。「ダメだ、それをやってはいけない。私たちの本質であることが私たちのダルマで、彼らの本質であることが彼らのダルマである。彼らのダルマを妨害してはいけない。だから、彼らが欲しいものを彼らに与えなさい」。これは非常に奥深いことです。私たちはスピリチュアルな人間です。しかし、世界はそうではありません。私たちはスピリチュアルな原則に従って行動するのです。これが本当に意味することは、私たちは人間としては最初の者ではなく、最後の者となる、ということです。これがイエスが、「最初に行く者は最後になり、最後の者が最初になるだろう」と言ったときに、彼が言わんとしたことです。あなたは大きな謙虚さを育てなければなりません。どんなものも望んではいけません。金持ちになりたいとか有名になりたいとか、偉大になりたいなどと思ってはいけません。また貧乏になりたいとか、何ももちたくないなどとも言ってはいけません。それらは両方とも間違っています。ただ自分の真我であってください。

あなたが自分の真我であるとき、宇宙がどれほどあなたの世話をしてくれるか、あなたは驚くことでしょう。それはビタミン剤や薬をもっている肉体のようなものです。あなたの肉体は自然の治癒工場で、自分自身を治癒することができます。しかし、あなたがビタミンや薬を大量に取り始めるとき、肉体は言います。「わかりました。あなたはビタミン剤や薬をあなたの神にしました。だから、これからはそれに依存しなければなりません」。それで、あなたは生涯ビタミンを取り続けなければならないか、さもなければ、病気になります。そのことについて考えてください。あらゆることの世話をするために、あなたは自分の真我に頼らなければなりません。あなたの真我があなた自身です。たった一つの真我があります。ですから、私たちはお互いに世話をし合っているのです。そのことを今まで考えたことはありませんか？　あなたが他人のことを考えているとき、間違いを犯しています。ある日、自分はすべての他人であるという感覚が、あなたにやって来ることでしょう。どんな他人もいず、ただ真我が他人として現れているのです。ですから、あなたは他人をどう扱うでしょうか？　自分自身と同じように扱ってください。

✣ただ自動的に自分自身を分け与えてください

あなたはそのことを考えません。あなたは、この人はそれにふさわしい、あの人はそれにふさわしくない、だから私はこの人は助けるけど、あの人は助けないなどと考えません。あなたは自動的に自分自身を分け与えます。あなたがそれについて考えないのは、あらゆることはあなた自身であるからで、それには鉱物界、植物界、動物界、人間界、そして、あなたが理解してない他のあらゆるものを含みます。それはすべて**一なるもの**の一部です。あなたが**一なるもの**にすることは、あなたがあらゆるものに対してすることなのです。あなたが一人の人をどう扱うかは、あなたが全世界をどう扱うかなのです。なぜなら、あらゆるものは一つだからです。

さて、私が皆さんに与えたこれらの四つの原理は、こういった物事と関係があります。あなたはこれらの物事を考えることになっています。私たちのほとんどの人が長年、現実を探し求めています。私たちは多くの先生、多くのグループのところへ言ったことがあります。それでも私たちは平和を見つけていません。なぜでしょうか？　なぜなら、私たちは探しているからです。それが直接的で簡潔な答えです。私たちが何かを探し求めているからです。私が、どれほど探し求めるものは何もないと強調しても、人々はまだ探します。ときにはすべての本を破り捨てれば、ずっといいことでしょう。本はただ私たちを動機づけ、そのせいで、私たちは何か他のものがあると知らされます。しかし、私たちが自分の内側に行き、この肉体とは本当に何かを理解しようとしなければならないときがやって来ます。真理はもちろん、教えではありません。私は哲学をやっているのではありません。原則として、私は教えを与えません。私は単に告白しているだけです。そして、ほとんどの人たちにとっては私の告白は無意味です。しかし、私たちはたくさんの人たちを引き付けようとしているわけではありません。自分のハートに何かを感じる人たちは、いつもサットサンにやって来るものです。

私のところへ非常にたくさん電話がかかってきます。人々は始終私に彼らの問題を語ります。私は本当にどう返答したらいいかわからないのです。私は誰に自分の問題を話せるというのでしょうか？　というか、ただどんな問題もないのです。問題は何もありません。あなたは自分自身に、「もしロバートが私の問題を知ってくれさえすれば」などと言うかもしれません。しかし、もしあなたがこの瞬間に生きれば、今この瞬間、ここに問題はあるでしょうか？　何もありません。何もあなたの本質ではありません。あなたが考え始めるときに、問題は始まるのです。しかし、あなたが考えないことを学べば、どこに問題はあるでしょうか？　ですから、私たちはマインドを空っぽにし、それからマインドを取り除かなければならないのです。

私たちは考えることによって、マインドを空っぽにすることはできません。ただ観察することによって、です。

思考がないときだけ、現実があります。自分自身に、「私はパラブラフマンである。絶対的現実である。私は生まれていない」と言っても、意味がありません。それらは言葉にすぎません。問題をもつ次の瞬間、あなたは感情をもち、何かが悪いと感じます。それでもあなたは、「私は生まれていない。私は絶対的現実である」と言い続けます。何も言わず、何も信じず、何もないものであるほうがよりいいのです。それが、ただあなた自身であるということです。マントラを唱えたり、肯定的宣言をしたり、「私はブラフマンである」と言い続けるよりも、ただすわって、何も考えず、何にもなろうとしないほうがよりよいのです。

ただすわっているだけで、あなたは自分自身になります。あなたが「真我が現実である」と言うとき、それは個人的なものになります。静寂さがあるとき、それは遍在します。あなたがこれらを自分自身に言ったあとは、静寂であってください。それが一番よいことです。あなたの問題が解消するのはただ静寂の中です。試してごらんなさい。それは本当にうまくいきます。こういった多くのことを言ったあとで、静かにしていれば、あなたの問題は自然に解消します。「私は問題を取り除きつつある」と考えないでください。なぜなら、それでは問題を高めてしまうからです。その問題についてまったく考えずに、自分自身の現実を見るために、ただ自分自身に働きかけてください。

現実の中にはどんな問題もありません。私がどれほどそう言っても、たいていの人たちにとっては、彼らの問題は現実であることにまた私たちは気づきます。問題が悪徳のように彼らを捕らえてしまうのです。彼らは本当に自分の問題を感じています。こういった人たちに対して私は、「あなたのマインドがこれらの問題を生み出していること、そして、現実にはあなたはマインドをもっていないことを、あなたが理解できればできるほど、問題も解消し始めます」と言います。朝、目覚めるとき、目を開くとき、四つの原則を繰り返してください。一度に四つの原則の全部をやらないでください。一度に一つ取り上げ、たとえその朝、二番目に行かなくても、一番目に一時間か二時間を費やせば、それで充分です。もし必要なら、自分の問題を心配する代わりに、一生これをおこなうことができます。でも、この練習をおこなうときは、それを一度に一つだけに集中するようにしてください。

✣「私は存在している」という練習

ですから自分自身に、「私は存在している。私はそれを確実に知っている。私は存在する。私は存在する。私が知っていることはそれだけだ。私は他のことは何一つ知らない。しかし、私が存在していることを、私は本当に知っている。なぜなら、私はここにいるからだ」と言ってください。そして、あなたが自分自身に、「私は存在する」と言い続けるとき、あなたは「私」と「存在する」の間にますますスペースを置き始めることでしょう。「私は……存在する」。もしこれを正しくやれば、あなたはすぐに「私」と「存在する」は二つの別の言葉であることを発見するでしょう。つまりあなたは、「私」として存在しているという結論に至ることでしょう。あなたは自分自身に、「存在しているこの『私』とは何か？　『私』とは何か？」を尋ね、黙想しなければなりません。あなたはけっしてそれに答えてはいけません。答えは自然にあなたのところへやって来ることでしょう。あらゆることはその「私」に付着しています。したがって、その「私」がぬぐい去られるとき、他のすべてもぬぐい去られ、トラブルも終わります。すべての思考はその「私」といっしょに去ります。ということで、「私は何か?」にはどんな答えもありません。

あなたが答えに到達するとき、空っぽさ、虚空があります。あなたは未生となります。しかし、それはあなたが考える虚空ではありません。それはあなたが考える空っぽさではありません。よりよい言葉がないので、それを神性さ、ニルヴァーナ、サット・チット・アーナンダ、至福の意識、絶対的現実と呼ぶことができます。あなたがそれにどんな名前を与えても、問題ではありません。あなたが**それ**になったら、どんな説明もありません。あなたはただそれになり、そのとき今まで一度も経験したことがない深い平和を感じることでしょう。あなたは無条件の至福を感じることでしょう。あなたはそれを自分自身や自分の友人に説明しようとしますが、でもできません。というのは、有限なものは無限なものを理解できないからです。どんな言葉もありません。

あなたが使うメソッドは自己問いかけです。あなたはその「私」をその源泉へ追って行きます。それはどのくらいかかるでしょうか? それはあなた自身、あなたがどれくらい真剣か、あなたが人生で他に何をやっているかにかかっています。もしあなたが他のあらゆることをやるようにこれを使えば――たとえば、もしあなたが、「私は今日、『私-思考』の練習をして、それから映画に行って、それからボーリングに行って、テレビを見て、それから明日も同じことをする予定だ」と言うなら、この場合何か起こるでしょうか? もちろんほとんど何も起こりません。しかし、あなたがそれに自分のエネルギーを注ぎ込み、それをあらゆる機会に練習し、それを人生の最優先事項とするなら、驚くほどの結果を得ることでしょう。驚くべき結果です。しかし、あなたはそれを人生の最優先事項としなければなりません。今すぐ考えてください。あなたの人生の最優先事項は何ですか？　私に言わないで、ただ考えてください。あなたの人生で一番先に来ることは何ですか？　あなたはそれを死ぬときにもっていくことができますか？　あなたは、自分が無常の世界に生きていることがもうわかりませんか？　人生で永遠なるものはただ変化だけです。あらゆる事実は変化します。ただ真理だけが現実です。そして、その真理は個人的なものです。

あなたはそれを自分自身で見つけなければなりません。というのは、真剣な帰依者や生徒は自分の人生でこのことを最優先し、そのとき彼らは結果を見始めるのです。もしあなたがまだ心配していて、何かを恐れていて、自分の他の義務が最初に来ると思うなら、そのときには自分自身に働きかけなければなりません。ですから私は大きな慈悲をもって、あなたが真我覚醒の中に入って行く前に、することができるある物事を与えているのです。あなたが真我覚醒するちょうど前に、ある物事を感じ始めます。そしてそれが、私が皆さんに与えた四つの原則です。それがあなたに自動的にやって来ます。しかし、あなたが朝、目覚めると同時に、これらの原則に気づかなければなりません。あなたは暇なときにそれらを考えることはできません。しかし、あなたはある種自分のマインドを説得しなければなりません。あなたは朝、目を開けるやいなや、四つの原則について考えるように自分のマインドを説得しなければなりません。

✣それすべてがあなたしだいです

ですから、あなたはやるべき二つのことがあります。朝、目を開くとき、次の質問を尋ねてください。「この『私』はどこから来るのか？　昨晩眠った私とは何か？　たった今目覚めた私とは何か？　今存在している私とは何か?」それとも、四つの原則について考えることもできます。どちらでもあなたにとって都合のいいものを選んでください。もしあなたがどうしても真我覚醒を望み、自由になりたいと思い、サムサーラ、世俗の海から自由になって至福に満ちたいなら、そのときにはそれはあなたしだいです。私はこれらのことを皆さんと分かち合うことができますが、あなたにそれを強制することはできません。それはちょうど、私はあなたを金山へ連れて行くことはできても、あなたは自分で掘らなければならないのと同じです。

再び問えば、あなたの人生で何が一番重要でしょうか? あなたの人生で何が一番重要であれ、あなたはそれになります。最後には、あなたは自分の肉体、自分の思考、自分の所有物、自分が愛した人たちから離れなければなりません。最後には、あらゆることから離れなければなりません。ですから、賢い人は今真理を探し求め、今、自由になろうとするのです。あなたはアストラル次元、コーザル次元、輪廻転生について学ぶかもしれません。あるいは、自分の人生でどうやって肯定的になるか、どうやってふさわしいパートナーを見つけるか、どうやってお金、健康、その他あらゆる種類のことを引き付けるのかを学ぶかもしれません。どうやってチャネリングするのか、どうやってこれをするのか等、それらはエゴにとってはとてもワクワクすることとです。私たちがここでやっていることはと言えば、あなたが自分のエゴを取り除いて、この世界に囚われないようにすることとです。それは幸福になるための、本当に幸福になって、真我覚醒する唯一の方法です。だから私は、それがあなたの潜在意識の中に深く染み込み、あなたがこの真理の生きた具現となることができるように、何度も何度も同じことを繰り返しているのです。ですから、もう一度、四つの原則を短く要約してみましょう。私はそれらを非常に重要だと思っています。

一　私は、あらゆるもの、あらゆるもの――この二番目の「あらゆるもの」を強調する――は、私のマインドが現象化したものであることを理解し、感じ、認識します。

二　私は、私は生まれていない、生きていない、消えることがないということを深く感じ、理解します。

三　私はあらゆるもの、すべての創造にはエゴがないことを感じ、理解します。

四　私は真我覚醒を、それが何でないかによって、深く理解します。まさにそういうことです！

あなたが四つの原則を学び、自分自身の内部でそれらを具現化し、あなたがそのように生きるようになったあと、それから三つの乗り物について学びます。それはあなたをサムサーラの海から、貴重な知恵の真我覚醒の土地へと運んでくれることでしょう。だから、それらは乗り物と呼ばれているのです。しかし、あなたが四つの原則をマスターしたときだけ、これらの乗り物を感じることができます。

✣真我覚醒の三つの乗り物

最初の乗り物――あなたは深い感覚をもらます……さて、覚えておくべきことは、これは真我覚醒以前のことで、真我覚醒以後はあなたが何をしても問題ではありません……あなたは一人でいたいという深い望み、感覚をいだきます。それはあなたのマインド・ゲームではありません。あなたが自己問いかけをおこない、四つの原則を感じ、知るおかげで、あなたは一人でいたいと思うのです。それによって、あなたは世界に引き込まれず、四つの原則と自己問いかけを自分のために働かせる機会を自分に与えます。それで、あなたは一人でいることを楽しむのです。あなたは一人でいることが必要です。あなたは一人になれる時間を探します。そうすれば、あなたは自分自身に働きかけることができ、それはあなたにとって完全な喜びとなります。これが最初の乗り物です。

二番目の乗り物――あなたはいつもサットサンにいたいという深い感覚、深い願望を感じます。さて、サットサンは皆さんが知っているような単なるスピリチュアルな会ではありません。それは、人々が講演を聞くときに集まる会ではありません。

三番目の乗り物――あなたは自分自身のような人たちのまわりにいたいという深い感覚、願望をもちます。言い換えるなら、昔の親戚、古い友人たち、いっしょに飲んで陽気になったり、色々なことをしたりした古い仲間、こういった人たちともうあまり付き合いたいとは思いません。あなたは自分と同じようなスピリチュアルな人たちといっしょにいたいと思います。あなたはそのふりをしているのではありません。あなたはそれを知的に考えているのではありません。私がそう言ったから、自分がそうしたいとあなたが想像しているのではありません。あなたの実践からあなたはそうなるのです。それは内なる感覚、深い内なる感覚です。

これらが三つの乗り物です。

✣この道における三つの方法――「私の意志ではなく、神の意志」

この道にいる自分たちを助けるために、私たちが使える三つの方法があります。そうすれば、以前私たちが話していたことを理解することができます。

第一番目は、自己を明け渡すことです。そのとき私たちは完全に神、真我へ明け渡します。しかし、これはたいていの人たちにとっては困難なことです。それは簡単そうに聞こえますが、そうではありません。それは、あなたが自分自身の人生を所有していないことを意味しているからです。あなたは完全に全面的に、あらゆることを神に明け渡さなければなりません。全面的に、です。あなたの人生のあらゆる部分が神のところへ行きます。「私の意志ではなく、神の意志」。これが帰依、バクティです。もう一度言えば、それはある人たちにとっては簡単に聞こえますが、あなたがその中へ入って行くと、そうではありません。なぜなら、あなたがしなければならないあらゆる決定は、神にまかされるという意味だからです。あなたは自分のマインドを、全面的に完全に絶対的に神に与えます。そして、それが真我覚醒へとあなたを導きます。

第二番目は、注意深さです。私たちは以前それについて話しました。それは観照者になることです。自分をたえず眺める。自分の思考、自分の行為を眺める。瞑想にすわり、自分のマインドで何が進行しているかを眺める。何かを変えようとか、訂正しようとかすることなしに、ただ観察する。瞑想の中で自分の思考の観照者となり、目覚めた状態で自分の行為の観照者となる。

そして**第三番目は、自己問いかけです。**これを私は推奨してきました。自分自身に尋ねてください。「これらのトラブルは誰のところへ来ているのか？　このカルマは誰のところへ来ているのか？　この苦しみは誰のところへ来ているのか？　それは自分のところへ来ている。さて、この『自分』とは誰か？　私は自分だ。私とは何か？　この私はどこから来ているのか？」そして、その「私」をその源泉まで追ってください。

✣自由になりたいと思うのであれば、自分自身に働きかけてください

これらの三つの方法のうち、あなたは自分に一番合うものを活用することができます。ぜひ何かをやってください。つまらないことで自分の人生を無駄にしないでください。もし自由になりたいと思うなら、自分自身に働きかけてください。だからといって、あなたが映画に行くことや、仕事に行くことや、その他あらゆることをあきらめなければならない、というわけではありません。あなたは何もあきらめません。あなたはただ自分がやっていることに気づくだけです。あなたは意識的存在になります。あなたは自分の行為を意識するようになります。あなたはあらゆる人たちに愛情深く、慈悲深く、やさしくなります。あなたは自分の利益だけを考えることをやめます。私たちのたいていの人たちは、「私が最優先である、私が一番である」と言います。それについて忘れてください。そのせいであなたは苦しむのです。それはエゴです。あなたが自分のエゴを手放すとき、どれほどいい人生を送ることができるか、理解することは困難ですが、実際あなたはそうなるのです。試して、そして、見てください。あなたが自分自身のことを考えるのをやめ、自分の真我について考え始めるとき、遍在になり、その意味は、あなたは他のあらゆる人を自分自身のように考える、ということです。

ですから、もしどんな人間が苦しんでいても、あなたも苦しむのです。しかし、ある意味では私たちは仏

教とは違います。大きな違いではありませんが、少し異なります。なぜなら仏教では、菩薩（ボディサットヴァ）は、他のあらゆる人たちが覚醒するまで、自分は覚醒しないと言うからです。でも仏教には、より高い菩薩、阿羅漢《あらかん》（仏教において、最高の悟りを得た聖者）がいます。それは、ヒンドゥー教のアヴァドフータ（すべてを投げ捨てた人）に似ています。アヴァドフータは真我覚醒しました。なぜなら、彼は自分の真我はあらゆる人の真我だと理解したからです。私たちはこのことを受け入れます。言い換えるなら、もしあなたが自分の仲間を助けたいと思うなら、この世界をよりよい場所にしたいと思うなら、

まず自分の真我を発見してください。
そうすれば、他のあらゆることはそれ自身の世話をすることでしょう。

17章　幸福はあなたの本質です

自分自身の中に存在を感じてください。

本当のあなたである幸福と喜びを感じてください。

それを感じてください！　あなたはそれを感じることができます！

あなたがいわゆるどれほど多くの問題をもっているように見えても、
よいことにしろ、悪いことにしろ、どんなことが自分の人生に起こっていても、
それについて忘れてください。それは重要ではありません。

存在を感じてください。意識の存在。

純粋な気づきの存在。

これを自分自身の中に感じてください。それについて考えないでください――ただそれを感じてください。

それについて考え始めるとき、その感覚を台無しにします。

マインドがわめくのをゆるしてください。

しかし、マインドがどんな思考をあなたにもたらしても、何を語っても、マインドに対してまったく注意を払わないでください。

どんな関心も払わないでください。

至福を感じてください。あなたがその至福です。

あなたが必要とするものも、ならなければならないことも、絶対的に何もありません。

悟りや解放を捜し求めないでください。

あなたはそれらをけっして見つけられないことでしょう。

探し求める場所はどこにもありません。

あなたが自分の感覚で見るとき、どこに解放はあるでしょうか？

どこに自由があるでしょうか？

それは存在しません。

あなたが感覚を超えるとき、
あなたが感覚に注意を払わないとき、
それらを観察し、眺め、反応しないことによって、それらを超え、
そのとき、あなたは自分がいつも至福の中にいたことを発見するのです。

至福－幸福はあなたの本質です。

✣幸福は無条件です

私たちの中のどれくらいの人が、今日本当に幸福でしょうか？　今この瞬間に、本当に本当に本当に幸福、本当に本当に本当に幸福でしょうか？　物事が自分の思うとおりにいっているから幸福だとか、また自分が見ているものを気に入っているから幸福だ、ということではないのです。あなたが幸福なのは、まさにあなたが存在しているからです。それに対してどんな理由もありません。ただ意識に仕える幸福。それが、意識である私たちの現実の状態、私たちの本質です。

私たちは本当は幸福であるはずですが、それを知りません。私たちは自分が幸福であるために、物事がある状態でなければならないと思っていますが、それは本当ではありません。まったく真実ではありません。よい物事を経験しているとき、あなたは幸福であり、それらがなくなるとき、非常に落ち込むことになります。しかし幸福は、人、場所、物とは何の関係もありません。本当の幸福は、人、場所、物とはまったく無関係です。本当の幸福は覚醒からやって来ます。自分はこの肉体ではない、自分はこのマインドではない、自分は自分の物事ではない、自分は世界ではないという覚醒。あなたがこれらの物事全部を振り落とすとき、非常に幸福になることでしょう。幸福は自然にやって来ます。さもなければ、あなたは偽りの幸福感をもつことになるでしょう。

私たちのほとんどが、偽りの幸福感をもって歩きまわっています。あなたが幸福なのは、天気がいい日で、太陽が輝いていて、花が咲き、あなたが海辺へ、映画へ行くからです。それによって私たちは自分が幸福だと思うのです。しかし、あなたが自分のマインドの奥深くを探れば、内側に大きな悲しみ、大きな不幸があることに気づくでしょう。それはすべての人間について言えることです。自分が一人の人間であると信じているかぎり、あなたが本当に本当に幸福になるのは、実質的に不可能なのです。それが、私が言及していることです。私が言及している幸福は、人間性を超えるもの、善悪を超えるもの、経験を超えるものです。それがあなたの本当の状態です。それがあなたのあるがままです。しかし、もう一度言えば、それを経験するためには、他のあらゆるものを手放さなければならないのです。あなたはどんなものにも執着できません。

幸福と至福は同義語です。それは、私たちが生きているこの世界とはまったく無関係です。この世界では、あらゆる種類のことが起こります。幸福であるために、自分はある種類の人生を生きなければならない、と私たちは信じています。幸福であるためには、ある種類の所有物をもたなければならない、と私たちは信じています。それはすべて間違っています。私たちに善きものをもたらすのは幸福です。だから、反対なのです。逆なのです。言い換えるなら、もしあなたが幸福になりたいなら、幸福は、豊かさ、健康、喜び、平和、調和と同じです。これらの物事は、あなたが幸福である結果として、あなたのところへやって来るのです。だから、方向が逆と私は言っているのです。私たちのほとんどが、もし自分がある物事をもてば、幸福になるだろうと信じています。しかし私は、「まず幸福になりなさい。そうすれば、他の物事も自然にあなたのところへやって来るでしょう」と、あなたに言っているのです。これについて熟考してください。

❖至福、喜び、幸福

あらゆる人が何かを欲しがっています。もしあなたのマインドが考えるのをやめたら、何が起こるでしょうか？　皆さんの中には、そんなことをすれば、自分はどんなものももてないし、もっと問題をかかえることだろう、と信じている人たちがいます。しかし、これは逆で、こうすることであなたの問題は解決するのです。あなたは何かを欲しがっていますが、それを得ることができません。しかし、あなたが何も必要とせず、何も欲しがらなければ、本当の至福が登場します。何も欲しがらないとき、あなたは至福、喜び、幸福を経験します。私たちが知るかぎり、人々は何かを欲しがって、それを得るとき、彼らは以前よりももっとみじめになります。世界と人々をそのままにしておいてください。あなたが本当に自分とは何かを理解するとき、純粋な幸福を経験することでしょう。あなたが夢の中でしか知らなかった幸福、静寂での幸福、何も起こっていないときでも、あなたは幸福です。常に幸福で、常に平和です。生涯あなたが祈ってきたすべての神々、あなたが避難所にした仏陀たち、クリシュナたち、シヴァたち、キリスト、アッラー、それらはすべてあなたの内部にいるのです。あなたが**それ**なのです。唯一の真我があり、あなたが**それ**なのです。これについて黙想してください。

　この知識が瞬間的にあなたに無限の幸福をもたらしてくれます。あなたが自分は何なのか、自分の聖なる性質、自分はその肉体ではない、そのマインドではないことを理解し始めるとき、いったんあなたが自分の無限の性質、自分の本質とそれ以外は何もないことを理解するとき、あなたは即座に今この瞬間に幸福になります。というのは、幸福はあなたのまさに本質だからです。幸福と真我は同義語です。意識、絶対的現実、純粋な気づき、これらすべては同義語です。ただ**一なるもの**だけがあります。それは多くの名前をもっていますが、ただ一つのものがすべての空間と時間に浸透しています。そして、それが唯一の存在であり、あなたが**それ**です。それ以外の他の存在はありません。この真理に目覚めてください。あなたが実際に存在している唯一の**一なるもの**です。あなたは意識です。誰かが本当に幸福でない理由は、彼らが自分とは何かをまだ知らないからです。それが唯一の理由です。もしあなたが自分とは本当に何なのか、自分の本質に本当に気づけば、あなたの体のあらゆる毛穴から幸福が滲《にじ》み出ます！

それはただ素晴らしいものです！　幸福が在る。人が不幸である理由は本当は何もありません。不幸な人はこの世界を深刻に考えすぎています。彼らは自分自身と自分の人生を深刻に考えすぎています。彼らは物事は現実で、それらがずっと続くと考えています。あなたが今どんな立場にいても、どんな違いもありません。あなたの人生で何が進行していても、どんな違いもないのです。あなたはどこにいて、誰であっても、違いはないのです。あなたがしなければならない唯一のことは、自分自身と和解することです。あなたが自分自身を完全に理解するとき、どうしてあなたは不幸になりえるでしょうか？　あなたの真我は宇宙の真我です。あなたの真我は意識です。意識は、ただ自分が幸福であることを完全に意識しています。

あなたが完全に意識しているとき、幸福なはずです。なぜでしょうか？　なぜなら、私たちが幸福と呼んでいるものは、存在の実体だからです。それはあらゆるものの底を流れる原因です。見かけで判断しないようにしてください。物事を眺めて、それが物事のあるがままの現実だと信じないでください。私たちはみな幸福になりたいと思っています。どうやって幸福になるのでしょうか？　私たちは何をしなければならないのでしょうか？　一人ですわり、自分の内側に深く入り、自分自身についての真理を理解してください。つまり、あなたは主体でも対象でもない、ということです。あなたは見る者でも、見られる者でもない、ということです。あなたはこれらすべての観照者です。あなたが見るあらゆるものの観照者です。観照者が観照です。あなたは眺め、見て、観察します。しかしながら、あなたは観察者ではありませんし、眺める人でも見る人でもありません。

✣無限のスペース——壺

あなたは壷のようなものです。壷はその内部と外部にスペースをもっています。内部のスペースは外部のスペースとまったく同じです。壷が壊れるとき、内部と外部のスペースが融合します。それはたった一つのスペースです。それと同じことが私たちにも当てはまります。あなたの肉体は壷のようなものです。壺のように、外側のスペースはあなたの内部にも外部にもあるように見えます。境界のないスペースだけがあるのです。肉体が超越されるとき、それは壊れた壷のようなものです。あなたの内部の真我があなたの外部の真我になるのです。常に真我と融合します。それはいつもそうでした。真我が真我と融合するのです。人々の中には内なる真我を「アートマン」と呼ぶ人たちもいます。それにもかかわらず、それは「ブラフマン」とも呼ばれています。途中にどんな肉体もないとき、アートマンとブラフマンは一つになります。それらはブラフマン、一つであること、絶対的現実、純粋な気づきとなります。それらは自由になり、解放されます。

これが起きるために、この肉体が死ぬのを待つ必要はありません。それは今、起こすことができます。あなたにその気があれば、今、完全に自由で解放されることができます。あなたがしなければならないことは、手放すことだけです。自分を精神的に束縛し続けているあらゆるものを手放すのです。自分のハートに耳を傾けてください。自分自身を観察してください。自分の感覚、感情を認識してください。これが本当のあなたですか？　あなたは本当に自分の感情ですか？　あなたは本当に自分が観察する感情ですか？　これらの感情はどこから来るのでしょうか？　自分自身に尋ねてください――私とは何か？　私の感情はどこから来るのか？　私の思考はどこから来るのか？　私の人生はどこから来るのか？　誰がゲームをしているのか？　誰が生きているのか？　誰が成長して、老いて、死んでいくのか？　誰がこのゲームをやっているのか？　このゲームをやっているこの「私」とは、何か？　私とは何か？

始終こういったことについて考えているだけで、何か素晴らしいことがあなたに起こり始めます！　天候、その日の仕事やあなたの問題について考えないでください。考える人に関して言えば、誰が考えているのでしょうか？　問題をもっているのは誰かを発見してください。誰が問題をもっているのでしょうか？　自分とは本当に何か、私とは何かを発見してください。この死すべき夢から目覚めるのは、あなたしだいです。あなたは今のように、よい物事、悪い物事といっしょに生き続けることもできます。それにもかかわらず、あなたは二元性の宇宙で生きています。

つまり、あらゆるよいことに対して悪いことがあり、あらゆる悪いことに対してよいことがある、ということです。あなたが生きているのは偽りの世界です。あなたはこの真理に目覚める必要があります。あなた自身は海洋のようなものであることを、いつも理解してください。どんな思考、考え、肉体、信念も単に海洋の上のさざ波にすぎません。泡は来ては去っていきます。泡は現れ、しばらく留まり、消えます。でも、海洋はいつも同じです。私たちもこのようなものです。私たちの本質はけっして変化しませんが、肉体は現れ、消えます。新しい肉体がやって来て、現れ、消えます。物事はやって来ては、去って行きます。でも、海洋は同じままです。自分自身についての真理を知ってください。それをけっして忘れないでください。自分が本当に何かを理解してください。

✣あなたは神に所属しています

自分自身に常に気づいていてください。世界はそれ自身のカルマをもっています。世界はそれ自身のカルマを経験します。それはあなたとは絶対的に無関係です。あなたは神に所属しています。あなたが見るあらゆるものが神です。だから、あなたは批判しないようにすべきです。あらゆることをそのままにしておいてください。これらのことを実践することによって、あなたは輝くばかりに幸福になります。あなたが真我、純粋な気づき、意識でなかったことは一度もありませんでした。意識の中へ目覚めるのはあなたの運命です。しかしながら、あなたはそれを今することもできますし、今から何千回後の人生ですることもできます。すべてあなたしだいです。あなたが自分自身として世界にどう反応するかが、どの方向へあなたが進んで行くのかを決定するのです。

何も間違いはありません。何も悪くありません。あらゆることがまさに今あるがままで正しいのです。これを理解しようとしたり、解明しようとしたりしないでください。それをそのままにしておいてください。あなたが自分自身を静寂にすることによって、それは自然とやって来るのです。覚醒のおかげで、あなたはマインドを静めます。それを平静にしておいてください。あらゆる状況で、平静でいてください。マインドを静かに、静止したままにしておいてください。世界はあなたのどんな助けも必要とはしていません。あなたが世界で、あなたが創造主ではありませんか？　あなたが世界を今あるがままに創造したのです。それは、あなたの中から、あなたのマインドから来ました。さもなければ、世界はどこから来るのでしょうか？　あなたが今いる世界はあなた自身のマインドの創造です。マインドが静かになれば、世界は消え始めます。そして、あなたは聖なる調和と喜びの中にいます。それゆえ、あなたが考えるのをやめるとき、批判をやめるとき、恐れるのをやめるとき、幸福とは何かを黙想し始めるとき、幸福があなたにやって来るのです。すべての答えはあなたの内側にあります。あなたが探し求めているもの、あらゆるものがあなたの内部にあるのです。

あなた以外の誰も、あなたを助けられる人はいません。自分の本質を知ってください。あなたがそのパワーです。宇宙のすべてのパワーがあなたの内部にあります。あなたは必要とするすべてのパワーをもっています。すべては順調にいっていますし、たとえようもなくうまくいっています。それはいつもそうでしたし、これからもいつもうまくいくことでしょう。神や女神のように行動してください。もはや人間のようには行動しないでください。自分は不幸だと言って、自分を哀れむのをやめてください。堂々としていてください。自分自身についての真理を知ってください。自分が見るすべての現象の観照者になって、自由になってください。この瞬間に生きてください。あなたはこの瞬間に不幸であることができますか？　もう一度言えば、あなたがこの瞬間に不幸なのは、自分が好きでない何かの条件や状況を考えるからです。まさにそういうことです。あなたは過去からの何かについて考えていたり、将来に起こるかもしれない何かを心配したりしています。あなたが悲しかったり、不幸だったりする唯一の理由はそれです。しかし、瞬間に生きることができるようになれば、今、気づくことができるようになれば、どうしてあなたは不幸になることができるでしょうか？　なぜなら、今は至福だからです。ただ考えないで、今を経験してください。もしあなたが考えていなくて、今を経験していれば、あなたは至福にいます。今が現実で、究極の一つであることです。今が解放のときです。

しかし、あなたのマインドが、「ああ、これは戯言《たわごと》にすぎない」と言うことをゆるすやいなや、あなたはなぜそう思うのでしょうか？　あなたは状況を考えています。あなたは自分が好きでない人生の状況を考えています。あなたはどこかで間違っている何か、誰かについて考え、それが永遠に続くと信じています。私たちは状況を変えるのではなく、自分自身を変えるのです。皆さんもご存じのように、たいていの場合、皆さんは状況のほうを変えてきました。新しい状況になるとき、あらゆることがバラ色に見えます。しかし、しばらくすると、あなたは古いやり方にまさに逆戻りします。目新しさが再び消え失せ、あなたは不幸だと感じます。そのため、幸福であるために、あなたは何かをしなければなりません。テレビを見たり、映画に行ったり、新聞を読んだり、本を読んだり、何らかの状況に関わったりしなければなりません。あらゆる種類の肉体的活動にあなたが関わる唯一の理由は、そうすればあなたは考えなくてもすむからです。あなたは忙しすぎて考えることができなくなります。しかし、あなたが一人でいるとき、自分だけで、誰も周囲に人がいないとき、自分自身や誰かに腹をたてずに、どれくらいの間一人ですわっていられるでしょうか？　あなたはテレビをつけるか、ビールを飲むか、ボーリングに行くか、何かをします。皆さんの中には、自然を見に行き、山に登り、花と木を楽しむ人たちがいますが、皆さんがそれをやっているのは、自分が向こうに見る喜びと愛と経験は、自分にとっては外側のものだと信じているからです。ですから、いわゆる世の中の美しささえ間違っています。

あなたは何かから逃走しています。あなたは自分の外側に美しさを探し求めています。あなたは、「あなた」こそ美であることを学ばねばなりません。あなたが喜びです。あなたは、自分がそれほど楽しんでいる花です。あなたが木々で、海洋で、空で山です。それらすべてがあなたから来ています。もしあなたが、自分が本当にそれだと理解すれば、物事を求めて走りまわるでしょうか？　あなたが欲しいものはすべて自分の内部にあります。あなたが**それ**なのです。人間関係でさえも、そうです。あなたは自分自身を幸福にするために、仲間関係を楽しめるように、彼らを愛することができるように、彼らといっしょにいることができるように、あれこれの人間関係を探し求めています。でも、私はあなたに保証しますが、あなた自身の内部には、あなたがそれ以外の場所では見つけられないほどの大きな愛、大きな喜び、大きな平和があります。それが真実です。あなたはすべてをもっているのです。ですからあなたは、外側の何もどんなものも必要としていません。そして、何もあなたに起こることができません。なぜなら自分自身以外、それを起こす人は誰もいないからです。

あなたが間違って考え始めるとき、あらゆる種類のことが自分に起こる、とあなたは想像します。自分が仕事を失うこと、破産すること、病気になること、病気で死ぬことをあなたは想像します。あなたはこういったあらゆる種類のことを想像します。これだけがあなたをみじめにする唯一のことです。ただ自分の内部を見ることを学べばいいだけです。ただ自分の内部の奥深くに潜り込み、真我と一体化し、融合すればいいのです。私はあなたが感じるだろう喜びをあなたに語ることさえできません。あなたが行くべきところはどこにもなく、あなたが会うべき人も誰もいません。あなたがしなければならないことも、何もありません。あなたは単に自分の真我であればいいのです。あなたは世界の喜びです。

グルは必要ですか？　という質問が湧き起こります。先生は必要ですか？　その問いについて考えてください。グル（guru）の定義とは、「暗闇から光へ」という意味です。gu（グ）は暗闇で、ru（ル）は光です。だから、子供たちが「ググ」と言うのを聞くとき（笑）、彼らは暗闇の中にいるのです。彼らは世界を経験しているので、だから「ググ」というのです。というのは、彼らはすでに世界は暗闇であることを自ら意識し、気づいているからです。しかし、あなたが「グル」と言うとき、それは光です。それゆえ、「グル」とはあなたを暗闇から光へ連れて行く人であるべきです。では、賢者はどうやってあなたを暗闇から光へ連れて行くのでしょうか？　あなたが一つなるものであることをあなたに理解させるために、ある物事をすることによって、です。でも、「私はグルで、あなたは私の弟子だ」と言うことによって、ではないのです。あなたがけっして生まれたこともなく、死ぬこともできず、不滅で絶対的なサット・チット・アーナンダである**一なるもの**であることを、あなたに見させることによって、です。

あなたはその**一なるもの**です。そして、あなたはまさに今あるがままでその**一なるもの**なのです。もし今ここで、あなたが自分の肉体について考えていたり、自分は行為者であるとか、問題をかかえているとか、何かが間違っていると思っていたりするなら、それはあなたではありません。しかし今まさに、永遠の今に生きているなら、そのときは、あなたは今あるがままでその**一なるもの**です。まさに今ここで、この瞬間に。でも、あなたが考えれば、それを台無しにします。というのは、思考はいつも過去か未来についてのものです。たとえそれが一分前の過去であれ、一分後の未来であれ、あなたはそれを台無しにしています。なぜなら、あなたは今の中に中心を置いていないからです。ですから、あなたは今まさにあるがままでブラフマンなのです。グルは、あなたにそれを言い、あなたにそれを理解させ、見させ、感じさせることができるべきです。あらゆる人がグルを必要としているわけではありません。グルは、木、山、湖、花である場合もあります。あなたはこのことを以前も聞いたことがあるでしょうが、それを説明させてください。

木があなたのグルになるとき、木はもはや普通の木ではありません。それはあなたです。あなたは木の本質、意識と一体化しているのです。あなたは木を木として見ていません。最初あなたの気を惹くのは、木とか山とか湖の美しさです。でも、木を木として見れば、あなたは失望することでしょう。というのは、葉っぱが落ち、虫が攻撃し、人々がそれを切り倒すからです。でも、あなたが理解を伴ってその木と自然に一体化すれば、その木はあなたになり、その本質は美であり、あなたの美しさの本質です。その点において、その木はあなたの「グル」です。ですから、人間の形をしたグルとは、静寂の中のその言葉をあなたがハートで感じるそういった存在です。ちょうと木と同じように、グルの本質があなたの本質です。**一なるもの**だけがあります。それゆえ、もしあなたが自分のスピリチュアルな実践において誠実であるとき、それを他の何よりも優先するとき、自分自身に働きかけ続けるなら、あなたの内部のグル、あなた自身の内部の本質が、実際はあなたの真我であるあなたの外側のグルを、磁石のようにあなたに引き付けることでしょう。このおかげで、あなたはより高く上り、解放されることができます。

あなたは自分自身を人間として見ることをやめなければなりません。あなたは、何かが間違っている、誰かがあなたを傷つけた、誰かがあなたを間違った道へ押しやったと思うたびに、あるいは、仕事や家庭での物事がうまくいかないときに、自分自身に気づく必要があります。普通の人のようにそれに反応しないでください。もし自分が反応しなければ、物事はもっとひどくなると信じないでください。あなたに起こるあらゆる状況はあなたの成長にとって必要である、とどれだけ言っても私は言い足りないくらいです。間違いは何もありません。

あなたが経験してきたあらゆること、あなたが経験しているあらゆることは、あなたのスピリチュアルな成長にとって絶対的に必要なことです。もしそれが正しくないことのようにあなたに見えるなら、あなたのマインドが反応しているのです。それはあなたのエゴが反応しているのです。それをどう取り扱うかと言えば、ただ観察することです。議論したり、戦ったり、物事を変えようとすることで、巻き込まれないでください。ただ観察してください。もしあなたが感情を高ぶらせることなく、観察することができれば、そのときにはあなたはテストに合格したことになり、それを繰り返さずにすむことでしょう。しかし、あなたが怒ったり、動揺したり、仕返ししたいと思ったり、いつもそのことについて考えていれば、あなたは憎しみと恨みを得たのです。たとえあなたがその状況から離れても、あなたがそれに反応しないことを学ぶまで、また何度も何度も何度もその状況に出会うことでしょう。

宇宙は魂を教育する大学です。私たちがより高く上り、目覚める前に、何も間違ったことはないと感じ始める、こういった小さい理解を経験しなければならないのです。絶対的に何も間違っていません。宇宙のすべての善きことはあなたのものです。絶対的に何も間違っていません――何も。もしあなたがこの瞬間に生きて、私が言っていることを感じるなら、この世界の、この宇宙のあらゆるものがあなたのものになります。だから、イエス、その他の人たちは、「私がもっているすべてのものは、あなたのものである」と言うことができたのです。その意味とは、意識は至福であり、至福はそれ自身を世界として、宇宙としてあなた自身として表現しているのです。その至福に生きてください。それ以外のものを認めることを拒否してください。もしあなたが何かを認めなければ、何かがあなたの人生でひどくなるように見えます。しかし、何かが人生で悪くなるように、そういうようにあなたは作られていないのです。

間違っていることなどどこにも絶対的に何もないのです。それなら、どうしてあなたの人生で何かがひどくなることがありえるでしょうか？　気まぐれな宇宙であれば、神はよいものか、悪いものか、何でもありえます。気まぐれな宇宙であれば、月は太陽に衝突し、同じ種から、あるときは小麦が育ち、別のときにはバラが育ちます、もし私たちが気まぐれな宇宙に住んでいるとすれば、です。しかし、ここには二つのパワーはないのです！　たった一つのパワーだけがあり、あなたはそれを「神」と呼ぶことができ、それはあらゆるところに浸透していて、神がいない場所はありません。ということは、どうして問題がありえるでしょうか？　というのは、問題が存在するためには、神と何か別のものがなければなりません。しかし、あなたがしなければならないことはただ、少しの瞑想だけです。そうすれば、あらゆるものとして、ただ神だけが存在していることがわかるでしょう。神以外のものの余地がないのです。でも、あなたは尋ねます。「では、病気はどこから来るのですか？　欠乏と制限はどこから来るのですか？　人間の人間に対する非人間的行為はどこから来るのですか？」と。では、私はあなたに尋ねなければなりません。誰がそれを見るのですか？と。世界のほとんどの大衆です。世界のほとんどが欠乏、制限、病気、人間の人間に対する非人間的行為を見ます。ですから、これらの物事が存続し、宇宙のあらゆるところで集合的に存在するように見えるのです。

しかし、少数の者たちはこのパレードから抜け出します。彼らは違ったドラムのビートを聞きます。それはそうやって始まります。彼らはもはや悪を現実として認めません。それは事実かもしれませんが、誰にとっての事実でしょうか？　夢の世界を生きている者たちにとっての事実です。再び言えば、すべての事実は変化の支配下にあります。それゆえ、どんな事実もけっして現実にはなりえません。現実とは、変化がなく永遠に同じであることを前提にしています。調和は現実です。愛は現実です。喜びは現実です。至福は現実です。あなたは、あなたが考えるようにではなく、まさにただ今あるがままで現実です。考え始めるとき、あなたは私と議論し、「私はこれやあれを経験しているときに、どうして私が現実でありえるでしょうか？」と言うことができます。あなたは考えているので、こう言うのです。もしあなたがただあなた自身のままでいるなら、その瞬間、あなたは現実の中にいます。

これらの物事を考え始めるにつれて、あなたはますます自分を高めていきます。再び言えば、あなたは過去のすべてのカルマとサンスカーラから、自分の個人的意識を浄化しているからです。内なる真我、グルがあなたを外側のグルへと導き、あなたがサットサンにすわるとき、静寂の中で語られるすべての真理をあなたは聞き、そのとき何かが起こります。この宇宙にとってはどんな誕生もない、どんな原因もないことをあなたは感じ始めます。それはただあなたにやって来ます。状況はそう見えるものではありません。宇宙は夢にすぎません。それはすべて自然にやって来るのです。

たとえば、古代のリシ（賢者）たちは、メモを書くためのペンも鉛筆も、録音するためのテープレコーダーも、読むための本も新聞ももっていませんでした。それにもかかわらず、もしあなたがヴェーダ（インド古代の聖典）やウパニシャッド（サンスクリット語で書かれたヴェーダ関連書物）を読めば、これらのリシたち、賢者たちはお互いをまったく知らないのに、彼らは現実についてみな同じ結論に到達したことがわかります！　というのは、彼らは自分自身の中に奥深く潜ることができたからです。彼らはこの世界は存在していない、肉体は存在していない、マインドは非現実であることを見ることができました。彼らは自分の肉体・マインドを自分自身の本質、つまり意識、絶対的現実と融合することができたのです。そのとき、彼らは絶対的現実、純粋な意識になり、その言葉を世界に広めたいと思いました。

しかし、彼らはそうすることができませんでした。なぜなら、世界は存在していないことに彼らは気づいたからです。ですから、実際は何かを広める相手もいません。それにもかかわらず、彼らが自分自身のことを考えるとき、他のすべての他者が含まれています。それゆえ、まるで他人が存在するかのように見えます。その他人の中には、解放される準備ができている人たちがいました。そして、これらの人々がリシたちの足元にすわり、彼らは賢者となりました。そうやって言葉は広まったのです。それから書くことが始まり、原稿が書かれ、読むことや賢者の言葉を聴くことを通じて、多くの人たちがこの真理に到達することができるようになったのです。しかし今、私は唯一の真理を皆さんに語らねばなりません。これらのリシたちは誰も存在していません。今私が皆さんに語ったことは、幼稚園児のためのものです。

あなたの聖なる本質がすでに目覚めているのに、なぜあなたは目覚めるために何かをしなければならないのでしょうか？　なぜあなたは奮闘したり、状況を克服したり、自分の人生の何かを正したりしなければならないのでしょうか？　あなたが夢見ているその夢の中で、あなたは自分自身の人間性に重要性を与えています。それだけが、あなたが実際もっている唯一の問題です。自分の人間性に重要性を与えていることが。いったんあなたがそれをすれば、その他のすべてのウソが経験の中に入って来ます。するとあなたは状況を正さなければならず、これやあれをしなければならなくなります。しかし、それらは全部ウソなのです。意識はやるべきことを何ももっていません。絶対的現実とは、今まさにあるがままで絶対的現実です。それはどんなサーダナを修行する必要も、どんなマントラを唱える必要も、どんなことをする必要もありません。なぜ今、目覚めないのでしょうか？　あなたは何を待っているのですか？

今すぐに目覚めると決意してください。自分のマインドを、純粋な気づきである自分のハートに向けるようにしてください。それを今やってください！　皆さんの中にはまだ尋ねている人たちがいます。どうやってそれをやるのか、と。静寂を通じてです。唯一の瞬間、唯一の今、唯一の現実を経験してください。何も今この瞬間に起こっていません。誰も苦しんでいません。今だけがあなたがもっている唯一の時です。唯一の今に留まってください。あらゆることが今まさに完璧です。それを感じてください。考えるのではなく、ただ感じてください。どんな昨日も明日もありません。あなたのいわゆるすべての感覚は超えられたのです。どんな過去も未来もありません。あなたは今、完全に生きています。まさに今。楽しんでください。

マインドが考え始めるとき、それを観察することによって、それに気づき、唯一の今に戻ってください。思考の中に落ちたら、忘れずに自分に気づき続けてください。皆さんの多くが自分のマインドが逃げ去るのをゆるしています。瞬間に留まってください。

この瞬間には何も起きていません。この瞬間は永遠です。もしあなたがこれを正しくやっていれば、自分の内側から喜びが湧き起こるのを感じ始めるはずです。あなたが今まで一度も感じたことがない喜び、至福、平和。それを感じてください！　この平和、この愛、この気づき以外、何も存在していません。それをあなたの好きな名前で呼んでください。何と呼ぶかは重要ではありません。

あなたがそれなのです！

18章　賢者

皆さんは次のことを理解するために、私とともにすわるためにやって来ました。
どんな先生もいない、
どんな真理もない、
どんな教えもない。
ただ**一なるもの**だけがあり、あなたが**それ**です。
私はあなたの先生ではありません。
どんな先生もいません。
私は在る。

私は普遍的な在りて在るところのものなり。

✣聖なる恩寵と真我覚醒

皆さんのほとんどの人たちが一つの理由でここに来ました。それは、あなたの日常的経験からの自由を見つけること、解放されること、真我覚醒すること、ニルヴァーナに達すること、悟ること、です。ですが、太陽は悟らなければならないでしょうか？　あなたの本質はモクシャ、自由です。あなたはずっとそれでしたし、他の何でもありません。しかし、皆さんの中にはこれを信じない人、これを感じない人、こういう経験をまったくしたことがない人たちがいます。そういうわけで、あなたが目覚めるのを見るのは、私の責任なのです。だから、私はここにいます。私はあなたに責任を負っています。もしこのことを理解するなら、もしあなたが私の言うことを理解するなら、あなたは他のあらゆることを手放すことでしょう。あなたのすべての執着、すべての恐れ、すべての不満、長年あなたがしっかりと握っているこれらのすべてのことが、放棄されることでしょう。そして、あなたがこれらの物事を手放すとき、聖なる恩寵が自然に流れて来るのです。そして、あなたは目覚めて、今いるべきところにいることでしょう。しかし、あなたはこのことを知りません。

なぜあなたは、自分自身を問題をかかえた単なる死すべき運命の存在と見るのでしょうか？　いつも自分の未来について考え、自分のプライドとエゴについて考えている死すべき存在。それを振り落としてください。それを放棄してください。ですから、理解すべき二つのことは、真我覚醒はあなたの責任ではなく、私の責任である、ということです。というのは、あなたが私を求めたからです。私は自分のためではなく、あなたのためにここにいます。しかし、あなたは残りを放棄しなければなりません。あなたが長年、何世紀も、何世もの間もっていたすべての偽の観念を取り除くために、熱心に自分自身に働きかけるのは、あなたの責任です。つまり、あなたは自分がどう振る舞ってきたのか、自分の思考がどうやってあなたを支配してきたのかを見るために、完全に全面的に自分自身に正直でなければならない、ということです。あなたのマインドは、これはこんなで、これはあんな、これはいい、これは悪い、これは正しい、これは間違っている、とあなたに言ってきました。始終判断しています。このことが全面的に完全に放棄されなければなりません。

あなたに必要なすべての道具はあなたの内にあります。しかし、あなたは何かをするための手段を取らなければなりません。私が述べたように、覚醒は私にまかせて、自分自身に働きかけてください。あまりにも長い間、あなたを束縛し続けているすべての物事を取り除いてください。あなたはそれが何かを知っています。あなたを長年束縛の元に置いている恐れ、先入観、すべての物事。それらを手放してください。放棄してください。あらゆるものを明け渡してください。つまり、あなたが実際にやるべき仕事があるということです。しかしながら私は皆さんに、あらゆることは運命づけられているとも始終言っています。あらゆることとはカルマ的です。これは、覚醒を発見するために自分自身で何もしない平均的な人たちにとって、当てはまることとです。そのときあなたの全生涯がカルマ的に見えます。しかし、あなたが自分自身に働きかけ始めるとき、真理を見始めるとき、あなたが一日中どこにいようとも、何をしていようとも、「私とは何か？」を問いかけるとき、あなたは自分の内側に深く深く行き、すべてのカルマが超越されるのです。あらゆることが超越されるのです。あなたは完全に自由な存在となります。

あなたは長年この世界にいて、スピリチュアルな修行の実践を通じて、この世界があなたに提供するものは実際に何もないという内なる結論に至りました。この世界には善きものがあるように見えますが、それはただ多くの変化があるにすぎないことをあなたは理解し、気づいています。この世界のあらゆることは変化しなければなりません。したがって、この世界があなたに与えることができるものは絶対的に何もないのです。あなたはこれを自分の内側で感じなければなりません。再び言えば、あなたは、「私とは何か？　私は本当に何なのか？　私は生まれることを頼まなかった。私はいわば、ある年数を生きて、それから死ぬのだ。私とは一体何なのか？　この世界はどこから来たのか？　神とは誰で、何か？　これらの動物たち、害虫や昆虫、木、山、惑星はどこから来たのか？　これらは一体全体何なのか？」と、不思議に思わなければなりません。

✣深い平和

もしあなたがこういうふうに自分に問いかけているなら、そのときにはサットサンはあなたに向いています。あなたは真我覚醒と呼ばれている何かがあることを感じ、気づき始めます。あなたがそれに触れることは、あなたを今までより幸福にしてくれるでしょう。それは深い平和をもたらしてくれます。あなたのマインドの中で、どんなことについても疑いがなくなります。というのは、あなたは自分のマインドを完全に明け渡しているので、マインドがないからです。本当のあなたは無限のスペースであり、自分はあらゆるものとつながり、あらゆるものが自分とつながっているという内なる感覚を、あなたはもちます。言い換えるなら、あなたはただ自分の肉体ではないのです。あなたの肉体の見かけはウソです。世界の見かけはウソです。

あなたはすぐにそれを感じます。長年、何世にもわたってスピリチュアルな訓練やサーダナを練習してきた人たちだけに、このことは当てはまることですが、もしあなたがそれを感じるなら、そのときあなたは、マインドを完全に超えて覚醒を経験している賢者を探さなければなりません。このタイプの賢者だけがあなたを前進させ、真我覚醒をあなたのところへもたらすことができます。その人自身覚醒した賢者だけです。

そんな人を見つけられるかどうかは、あなたしだいです。あなたがそんな人を見つけたら、暗黙のうちにその人を信頼し、その人が自分を正しい道へ導いてくれることを、全面的に信頼しなければなりません。もしそれに問題があるなら、別の賢者を探さなければなりません。すべての経典、すべての本は、人が完全に全面的に賢者に明け渡さなければ、覚醒の希望はないとあなたに教えています。しかし、何の助けもなく真我を覚醒した人たちがこの世界にはいることも事実です。こうした人たちは非常に少数で、まれです。

平均的な人はマインドを完全に超越した賢者を必要としています。賢者とは、永遠を超え、質問を超え、観察者と観察されるものを超え、すべての現象を超え、すべての現象は真我の上に重ね合わせられていることを理解した人です。つまり、あなたの肉体、あなたが生きている世界、動物、あらゆるもの、惑星、宇宙は、単に真我の上に重ね合わさったものにすぎない、ということです。それは黒板の上にチョークで書かれたようなものです。そのときあなたはそれを消去し、何か他のものを書くこともできます。絵を描くこともできますが、黒板はいつも同じままです。イメージだけが変化します。真我覚醒した賢者についても同じことが言えます。その覚醒とは、あらゆるものが同じ現象であるというものです。すべての現象はまったく同じなのです。それは来ては去って行きます。しかし、真我はけっして変化しません。真我は静寂さです。どんな言葉もありません。真我についてどんな論理的説明もありません。それはあなたのマインドが思い描くあらゆることを超えています。だから、それについて考えることによって、真我を発見することはできません。ただ考えないことによって、思考を取り除くことによって、発見するのです！

✣賢者を愛してください――真我を愛してください

真我を経験したような存在をあなたが見つけたら、その人を完全に全面的に、絶対的に愛することを学ばなければなりません。実際あなたはその人を愛しているのではなく、真我を愛しているのです。その人の中にあなたは人を見るかもしれませんが、賢者はまったく疑うことなく、人は存在していないことを理解しています。それゆえ、真我を愛することで、その賢者を愛するのです。その賢者を愛することで、あなたは自分の真我を愛するのです。同じことです。賢者はあなたの本当の自己に他なりません。賢者はあなたなのです！　でも、あなたはこれを知りませんし、信じませんし、これを経験したことがありません。あなたは賢者を人、場所、物だと思うのです。ですから、あなたにできることは、ただ賢者を愛することだけです。それだけで充分です。

さて、肉体とこの世界を超越した賢者は、あなたとはまったく別の場所から来ています。賢者はまったく違うことをするかもしれません。あなたは次のことを知っておくべきです――賢者がするあらゆることは、ただあなたの覚醒のためにあるということを。ですから、賢者とかジニャーニはあなたのために存在しているのです――あなたの覚醒のためにであって、それ以外の目的ではありません。これを感じ、気づき、理解するかどうかは、あなたしだいです。あなたは本当に賢者を愛することを学ばなければなりません！　そもそも皆さんの多くにとっては、愛することは難しいことです。あなたが愛について考えるとき、人間的愛を考えます。そして、それに伴う失望と悲しみを考えます。しかし、あなたが賢者を愛するときは、全面的に完全に異なります。あなたが賢者を愛し始めるとき、すぐに自分の内部に至福を感じ始めます。あなたは喜びと幸福を感じます。なぜでしょうか？　なぜなら、あなたは真我を愛しているからです。真我はあらゆるところに浸透し、無限の現実で、遍在しています。賢者を知ることは自分自身の真我を愛することです。たった一つの真我だけがあります。あらゆることにおいて賢者を本当に信頼することを、あなたは学ばなければなりません。

このことについて私が思い出す物語があります。ある日、クリシュナとアルジュナが道を歩いていました。夕方近くになって、彼らが疲れてきたとき、一軒の家が見えました。その家には、一人のケチな老人が住んでいました。彼は何かの方法でたくさんのお金を獲得したのですが、とてもケチでした。彼らはドアをノックしました。そのケチな老人が出て来て、言いました。「何の用ですか？」クリシュナが言いました。「私たちを今晩泊めて、食事を提供してもらえませんか？」その老人はいつもならドアをピシャリと閉めたところなのですが、それがクリシュナとアルジュナだと気づき、それで仕方なく彼らを中に入れました。彼自身はとびきり上等の夕食を食べましたが、アルジュナとクリシュナにはパンくずを与えただけでした。それから彼は快適なベッドに寝ましたが、クリシュナとアルジュナのことは土間の片隅で一晩、寝かせました。朝が来て、クリシュナとアルジュナが去るとき、クリシュナは老人の頭に手をやり、彼を祝福して、「あなたが豊かに富み栄えますように」と言い、それから彼らは去って行きました。

また夕方になりました。彼らは別の家にやって来ました。この家には、敬虔で素晴らしく美しい老人が住んでいて、彼の唯一の所有物は一頭の牛だけでした。彼らがドアをノックすると、老人はドアを開けました。クリシュナを見ると、彼は平伏し、言いました。「クリシュナとアルジュナが私の家に来てくださるとは、なんという祝福でしょうか！　私の家はあなた方の家です」。彼は彼らに夕食を出し、彼らをベッドに寝せ、自分は床で眠りました。彼は一晩中彼らを賞賛しました。朝が来て、アルジュナとクリシュナが去るとき、クリシュナは老人の頭に手を置いて、「あなたの牛がぽっくり死にますように」と言い、そして、去って行きました。

アルジュナは何も言いませんでしたが、彼はこのことを一日中考えていました。ついに彼は勇気をふるって、クリシュナに尋ねました。「先生、私はあなたのメッセージが理解できませんでした。先日の晩、私たちがあの老人の家に行ったとき、彼は私たちにひどいもてなしをし、とてもケチでした。それなのに、あなたは彼を祝福し、彼が豊かに富み栄えますように、と彼に言いました。昨晩、私たちはこの敬虔な老人のところへやって来て、彼は私たちを素晴らしくもてなしてくれ、夕食とベッドを提供してくれました。それなのにあなたは彼を呪って、彼の牛がぽっくり死にますように、と言いました。この意味は何ですか？」クリシュナは説明しました。「アルジュナ、私の方法はあなたの方法ではないし、あなたの方法は私の方法ではない。あなたが理解しないことを私がたくさんやるのを見るかもしれないが、私がすることを見て、私をけっして判断しないようにしなさい。ただ私を愛しなさい。見てわかるように、私が最初の老人を呪って、彼が豊かに富み栄えますようにと彼に言ったとき、彼は何度も何世も戻って来て、たくさんのお金をもち、彼の親戚たちが彼のお金をぶんどるために、彼に取りつくことがわかったのだ。国税庁が彼を追いかけるだろうし、彼の親戚たちは彼のお金を欲しがるだろう。これを解決するのに彼は何世もかかるだろう。彼は強欲のために何世にもわたって苦しむことになるのだ。さて、もう一人の老人のところへ行ったとき、私は彼が神のためにあらゆることを放棄していることがわかったのだ。彼の唯一の所有物はあの牛で、あれが彼の真我覚醒を妨げていた。だから、私が彼からあの牛を取り除けば、そのとき彼は真我覚醒することだろう。これが、私が人々とやっているゲームだ」

同じことが私たちにも言えます。賢者があなたのように考え、あなたと同様に物事をおこなうとけっして信じないようにしてください。賢者は、あなたにはあなた自身や普通の人に見えるかもしれませんが、似ているのは外側だけです。賢者や彼の方法や彼がやることを、けっして理解しようとしないでください。再び言えば、ただ彼を愛してください。あなたがしなければならないことは、ただそれだけです。もしあなたが賢者を本当に愛することを学べば、すぐに自分のスピリチュアルな人生で結果を見ることでしょう。

あなたが経験する最初のことは、自分が今まで一度も感じたことがないような奥深い平和を、自分自身に感じるということです。それから今まで感じたことがないような喜びを自分のハートに感じることです。あなたはあらゆるもの、鉱物界、植物界、動物界、人間界に愛を感じることでしょう。おそらくあなたは何らかのカルマを通過しているところかもしれません。賢者にはカルマは存在しないことを思い出してください。「賢者があることをする理由は、彼か彼女がまだ残っている過去のカルマを通過していて、彼か彼女が死ぬときそれがすべて終了する」と、皆さんに教えている本があることを私は知っています。しかし、これはウソです！　これらのことは人々をただなだめるために書かれただけです。

私は、賢者にはどんなカルマもまったく存在しない、と皆さんに言っています。あなたが賢者の中に見るものもまたウソなのです。あなたが賢者を一個の肉体だと見ているかぎり、あなたの考えは間違っています。賢者は一個の肉体ではありません。あなたもまたそうではありませんが、ただあなたはそれを知らないだけです。「私はこの肉体ではない」と言うだけでは、充分ではありません。あなたはこの真理を経験しなければならないのです。もしあなたがこれを経験できないとしたら、この教えが何の役に立つでしょうか？　それゆえ、賢者はあなたをテストするのです。あなたは賢者といっしょにいることで、多くの個人的経験をするかもしれませんが、あなたがおこなう最悪のことは批判的になることです。賢者はあなたとは別の場所から来ていることを、いつも自分に言い聞かせてください。賢者を理解しようとさえしないでください。ただ賢者を愛してください。それで充分です。

✣固いハート――愛することを学ぶ

再び言えば、あなたが本当に賢者を愛するとき、自分の人生に非常に早く変化を見ることでしょう。自己問いかけを練習するよりも、観察者になるよりも、その他のスピリチュアルな方法をおこなうよりもずっと重要です。というのは、もしあなたが賢者を愛すれば、自己問いかけがあなたにとってさらに簡単になるからです。あなたが石でできた固いハートと頭をもっているなら、愛することは困難です。それゆえ、あなたは自分を個人として眺め、スピリチュアルな修行と自己問いかけ、観察者になること、呼吸練習（プラナヤーマ）、マントラ（聖なる言葉の詠唱）などをやろうとするのです。

しかしながら、エゴがそれら全部をやっているのです！　だからアドヴァイタでは、どんなスピリチュアルな方法もどんなサーダナも、どんな規律も要求されないのです。ただ愛するだけです。誰を愛するのでしょうか？　賢者をあなたの真我として愛するのです。要求されることはただそれだけです。いったんあなたがこれをおこなうことができれば、他のあらゆることがあなたのために開かれます。最初は、特に西洋人にとっては難しく見えるかもしれません。というのは、あなたは、自分はエゴで、あなたが自分の人生であらゆることはエゴの観点から来ている、と信じるように洗脳されてきたからです。あなたは、自分は進歩していると思っています。それから、何かがやって来て、あなたを怒らせ、動揺させます。そしてあなたは、自分はすべての進歩を失って、どこにも行き着いていないと感じるのです。あなたは当惑し、あれこれについて疑問をもちます。あなたは、「自分はサーダナを三年、四年、五年やっているのに、何も起こらなかった、二〇年やっているのに、何も起こらなかった」と言うのです。あなたは一つのことを忘れています——それは真我を自分自身と同じように愛するということです。

✣本当の愛は明け渡しを意味しています

自分自身の修行を振り返ってみれば、全身全霊をこめて本当に愛することが、明け渡しだとわかることでしょう。本当の愛とは明け渡しを意味しています。あなたは何を明け渡すのでしょうか？　あなたの「エゴ」です。それ以外に何があるでしょうか？　そのすべてを賢者に与えてください！　空っぽに、完全に自由で空っぽになってください。私はあなたに確約することができますが、そうすれば、あなたはとても至福を感じ、その幸福感は二度とあなたを離れることはないでしょう。自分の肉体に何が起きているかにかかわらず、すべてはうまくいっている、とあなたは理解することでしょう。あなたは自分自身をかわいそうに思うことをやめ、自分自身を批判することをやめ、あらゆるものとあらゆる人をそのままにし始めます。

✣あなたの中の神はいつもあなたを正しく導いてくれます

あなたは本当は何を探しているのでしょうか？　本当の霊性は簡単ではありません。それは私たちの見方全部を変え、人生をまったく違ったふうに見ることです。ほとんどの時間を静かにしていてください。自分のマインドを静かにし、それが判断することをけっしてゆるさず、その他のどんな話題についても、考えすぎることをけっしてゆるさないようにしてください。自分の思考に気づくことを学び、マインドが批判を始めたら、それが遠くへ行き過ぎる前に気づいてください。あなたの内部にいる神――あなたの本当の自己――は、けっしてあなたを迷わすことができないことを理解してください。ラマナ・マハルシは多くの奇妙なことをしました。すべての賢者はそうです。それに深入りしませんが、賢者はあなたがするのとはまったく別の背景をもっている、と言うだけで充分でしょう。あなたが神に対してするように（！）、賢者を訓練しようとしたり、自分のイメージにはめようとしたりしないでください。言い換えるなら、あなたが考える賢者という観念に従って、賢者が振る舞うことを期待しないようにしてください。なぜなら、結局のところ、誰がその観念を考えているのでしょうか？　エゴ（！）です。他に誰がいるでしょうか？

✣賢者はいつもあなたとともにいます

このことを理解してください。いつもこのことを覚えていてください。もしあなたが賢者に明け渡すことを学ぶなら、賢者はいつもあなたとともにいて、けっしてあなたの元を去ることはないでしょう。あなたが眠っているとき、目覚めているとき、働いているとき、あなたはもう二度と一人ではありません。愛がいつもあなたとともにあります。しかし、再び言えば、これは自分の人生で非常に多くのスピリチュアルな経験をしてきて、私が何について話しているのか、感じることができる人たちだけのものです。あなたは通りにいる人を引っぱって来て、今夜私がここで話していることを話すことはできません。彼らはあなたを公衆の面前でバカにし、自分にとっての楽しい道を行くことでしょう。というのは、これらの人たちはまだスピリチュアルな人生の学習を始めてさえいないのですから。

✣真我だけが存在し、あなたがそれです

私が、どんな人もなく、どんな世界も宇宙もなく、どんな神もなく、どんな人生もないと言うとき、私は自分の経験から話しています。あなたが同じ経験をしないかぎり、それについて考えず、話さないほうがよりいいのです。これが道理にかなっていることです。というのは、あなたが批判するのをやめるとき、あなたは話すことも、考えることもやめるからです。ただ真我だけがあなたの中から出現することができます。現実があなたの存在の中に入って来るのです。それはずっとそこにあったのですが、あなたがそれを目覚め

させたのです。まず、感覚があなたに語るどんなことも信じないようにしてください。私があなたに語ることを受け入れないでください。ありとあらゆることについて心配することをやめるのです。心配することをやめてください！　すべてはうまくいっているということを覚えておいてください。あなたが住んでいる世界は、あなたについてすべてを知り、あなたの世話をし、あなたが必要とする物事を、あなたが知ることもない正しいやり方で満たしてくれる知性的世界です。それを信頼してください。

自分が理解しないことに信念をもってください。すべての恐れを振り落としてください。人々が何かを恐れていることは、私にはとても可笑しいことです。この全宇宙に恐れに基盤をもっているものは何もありません。恐れは人間的感情です。あなたが思考をもたなければ、恐れる人は誰もいません。あなたが考え始め、あなたのマインドがあなたのためにイメージを描くときだけ、明日、あさって、あるいは今、ここで起こるかもしれないあらゆる種類の状況を想像し、それから恐れ始めるのです。あなたはたった一つの理由で恐れます。それは、あなたは自分とは本当に何かを理解していないからです！　あなたは、自分があらゆる種類の問題をもつ一人の人間だと思っています。そして、あなたは自分自身に言います。「もし私がこういったことを考えなければ、誰が私の問題を解決するのだろうか？　どうやって私の問題は解決されるのだろうか？」と。だから私は、それらについて考えようとするなと言うのです――ただ賢者を愛すれば、あらゆることは世話をされるのです。

しかし、これすべてへの答えはシンプルです。答えを見つけようとしないでください。というのは、問題が始まるどんな時間や空間もないからです。恐れが出現するどんな時間や空間もないのです。時間と空間は存在していません。ただ真我だけが存在しています――純粋な気づき、絶対的現実、それ以外何もありません。そして、あなたは**それ**です。皆さんの中には、これらの言葉を聴き、それから家へ帰って、私が言ったこと全部を忘れてしまう人たちがいることも、私は知っています。それからあなたは、再び世俗的になって、自分の収入、自分の病気、自分を嫌っている人々、自分が大嫌いな仕事などなどについて考え始めます。でも、あなたがこういうふうに考え始めたら、自分自身に気づき、賢者について考え始めなければなりません。これらのことを理解するのはなんと素晴らしいことでしょうか！　残りはあなたしだいです。平和であってください。

✣本当の賢者と偽の賢者を見分ける

生徒　ロバート、どうすれば偽の賢者と本当の賢者を見分けることができますか？

ロバート　あなたのハートが教えてくれることでしょう。もしあなたが誠実な帰依者であれば、そういったことは何も心配する必要はありません。あなたの内部の何かが、何をしたらいいのか、どこへ行けばいいのかを教えてくれることでしょう。もしあなたが偽の帰依者であれば、偽の賢者のところへ行くことになります。似た者同士が引き合うのです。それゆえ、スピリチュアルな意識において、あなたが何で、誰であるかに従って、あなたは自分自身を正直に見なければなりません。だから私は、あらゆる人はまさにふさわしい場所にいると言うのです。どんな間違いもありません。あらゆる人はいるべき場所にいるのです。どんな間違いもないのです。だから、どんな偽賢者もいません。なぜなら、偽賢者は偽の帰依者をもつからです。ですから偽賢者は、偽賢者がやることになっていることをやり、偽の教えをもつのです。それはまさにそうなることになっているのです。ですから、もしあなたが誠実なら、ふさわしい賢者を引き付けます。

私たちは、自分はどこにいるのだろうかなどと思う必要はありません。すべては自分が何であるかにかかっています。あなたのあるがままがあまりに大声で話すので、私はあなたが話す言葉が聞こえないくらいです！　ですから、あなたはいつもまさにふさわしい場所、いることになっている場所にいます。自分自身を純粋にしてください。自分のハート・センターへ飛び込んでください。静寂の中にすわってください。全身全霊で真我覚醒を望んでください。神を泣き求めてください。そうすれば、あなたはふさわしい人々といっしょにいることでしょう。あらゆることはそれ自身の世話をします。

先日、私が会の参加者と昼食に行ったときのことです。ホームレスの少女が私たちのところへやって来て、数ドル求め、同情をひく話をしました。私はその話が本当だと思わなかったのですが、何の違いもありません。私たちは少女に五ドルを与え、そのことを忘れました。何の批判もありませんでした。彼女がそれで何をするのか、何の考えもありませんでした。行為が終わったら、それは忘れられました。そして、それはそうあるべきです。私たちは誰のこともどんなことも批判するべきではないのです。私たちは何かをするかしないかのどちらかで、それからそれを放っておいて、先に進みます。

賢者の中には恐れがありません。あなたは本当のジニャーニとは何かを、覚えておかなければなりません。

この時代、ジニャーナとジニャーニという言葉はとても漫然と使われてきました。バクタを修行している人は、バクティ、帰依、帰依者です。ですから、あなたがどんな意識レベルにいても、「私はバクティです」と言うことは簡単です。しかし、ジニャーナとなると、それはまったく違います。あなたがジニャーナを修行していても、「私はジニャーニです」とは言えません。ジニャーニは聖なる言葉です。それは、あなたは宇宙を超越した、つまり、あなたはもはや肉体やマインドの現象ではないという意味です。あなたは完全に解放されています。そしてもちろん、もしあなたがそうなら、「私はジニャーニです」と言うことはないでしょう。というのは、それを言う誰も残されていないからです。あなたは静寂のままです。

私たちがスピリチュアル・ヒーリングといったようなことについて話すとき、私たちはジニャーニを、サイババ（インドの宗教指導者。一九二六～二〇一一）、イエス、その他のような人と比べようとしますが、比べないほうがもっと楽になることでしょう。あらゆる先生にはその人の立場があります。あらゆる先生はその人がすることになっていることをやりました。私たちは誰かがすることになっていること、しないことになっていることについて考えるべきではありません。私たちは誰かがすることになっていること、しないことになっていることについて、観念や先入観をもつべきではありません。そんなことよりも、むしろ自己問いかけや観照者になることを練習すべきです。先生たちを比較したり、なぜジニャーニがそのように行動するのかを理解しようとしたりするよりも、自己問いかけや観照を練習して、時間を過ごしてください。その質問の答えはとてもシンプルです。誰も家にはいないのです。奇跡を演じる人は誰も残されていないのです。人が奇跡を演じるとき、それはマインドの放射です。奇跡はマインドの中にあります。主体と客体がなければなりません。行為者と為されるべき何かがなければなりません。すぐにあなたは、それはジニャーナとは何の関係もないことがわかります。ジニャーニはこういった物事から完全に自由です。

❖人類への資源――困っている人を誰でも、助けてあげてください

ジニャーニに関するかぎり、どんな他者もいません。他者は単に自分自身です。ですから、いわば肉体の中にいることによって、ジニャーニは人類すべての資源になるのです。平均的な人は、「私は他人を助けるべきか、それとも助けるべきでないか？」とけっして考えるべきではなく、自分にできるときは、誰か困っている人を助けることを決まりとして、それについて考えないようにすべきです。これはどんな出来事においても、あなたのカルマです。あなたがこの肉体の中、存在のこの次元でおこなうあらゆるステップ、それはすべて運命づけられてきました。あなたはそれを心配するべきではありません。しかし、もし機会が起ったら、あなたが人々を助ける機会を得たら、ぜひそうしてください。でも、ジニャーニはその質問を超越しました。ジニャーニの肉体はこの世界にあるように見えますが、彼らはこの世界に属していません。彼らは遍在し、あらゆるところへ浸透しています。ですから、彼らの存在は全人類への恩恵です。ただ彼らの存在です。なぜなら、彼らは遍在、全能、全知だからです。

もし人が自分自身を宣伝したり、テレビに出たり、ラジオに出たり、本をたくさん書いたりなどしたら、その人はジニャーニではないことを確信できます。それが、あなたに知らせたい第一の鍵です。なぜでしょうか？　こういったことをする個人的「私」がいなければならないからです。ジニャーニの中にあっては、どんな個人的「私」もいません。個人的「私」が殺されてしまったのです。ですから、どうしてジニャーニ

が個人的私のように振舞うことができるでしょうか？　そして、自分を宣伝したり、そういったすべてのことができたりするでしょうか？　そのことについて考えてみてください。ジニャーニの中にはどんな野心も残されていません。どんな目標もありません。ジニャーニはけっしてわざわざクラスを教えたりしません。彼らが一番したくないことは、たくさんのクラスを作り上げ、何百人の人たちを集めることです。それは必要ないのです。カルマ的に心惹かれる人、前世での瞑想、集中、探求を通じて、犠牲を払った人たちは自動的に賢者のところへ引かれて来ます。何もそれを止めることはできません。

このグループの中で、何度も何度もサットサンに戻って来るあらゆる人は、前世で自分自身を完成させた人です。あなたは努力のいらない注意深さの段階を通過して、今、最後まで行く準備ができています。だからと言って、一つの人生ですむというわけでもないのですが、それでも皆さんは非常に進化しています。あなたがそれを好もうと好むまいと、それがあなたについての真実です。あなたが想像できる以上のことが、あなたの意識の中で進行しています。あなたがここに来ている理由は何だと思いますか？　あなたは、自分は自発的にここに来たと思っていますが、そうではありません。あなたはそうせざるをえなかったのです。今があなたの時間です。

ですから、ジニャーニは生徒を探し求めたりしませんし、賞賛も追随者も探し求めませんし、運動を立ち上げたりもしません。ジニャーニは自分がいるところへ留まっています。そして、準備ができた生徒たちは鉄が磁石に引かれるように、引かれて来るのです。たとえ帰依者が中国、日本、アフリカに住んでいるとしても、ジニャーニの波動は帰依者を引き付け、遅かれ早かれ彼らは、賢者という自分の人生の最終段階と接触するようになります。

ですから、あなたは何を考えることも、計画することも心配することも、疑問に思うことも必要ありません。あなたはただ自分自身であればいいだけです。そうすれば、あらゆることがそれ自身の世話をするのです。素晴らしいことではありませんか？　あなたは自宅で、「今週はロバートのところへ行こうか、それとも映画へ行こうか？」などと、思案しなくてもいいわけです。あらゆることをあらかじめ決めている何かがあなたの中にあります。あなたはそれについて何も言うことはできません。ですから、なぜ決定しようとするのでしょうか？　静かにして自分が邪魔をしないようにするとき、物事は自分にとってうまくいくということを、皆さんの多くが学びつつあります。あなたは平和、幸福、自由を発見しつつあります。すべてはうまくいっていて、もはや世界の状況、人間の人間に対する非人間的行為について、自分が心配していないことを理解し始めます。これらのことは、もちろんこの幻想世界では重要なことですが、あなたはそれをまったく異なった角度、異なった視点から眺め始めます。

人間がどれほど頑張ろうと、世界を変えることは実質的に不可能だ、とあなたはわかります。世界はまさにそうあるべく展開しています。人間の人間に対する非人間的行為はいつもあることでしょう。いつも人間同士間の衝突、対立、戦争があることでしょう。これは存在のこの幻想次元では、まったく自然なことです。というのは、もしこれが二元性の次元であることをあなたが理解したなら、どうして物事が片方だけなどということがありえるでしょうか？　あなたは完全に平和な世界を想像できますか？　あらゆる人がお互いを愛している世界。それは理想的ですが、私たちは勘違いした状態で、それが本当であればいいのにと望みます。しかしながら、それはこの惑星の性質ではありません。この惑星は今そう見えるのと同じように混乱し、複雑であることになっているのです。あらゆることがまさに今あるようになっているのです。このことをただ理解することは進んだ状態です。というのは、自分は他人を助けない、とあなたは言いませんが、それでも他人を助けることはできないことを、あなたは理解しつつあるからです。たとえあなたがそうできるように見えても、です。それは逆説的です。

✣逆説――高い意識状態に上る

たとえば、あなたがホームレスの人によい食事を提供するとします。あるいは、その人を自宅に数日間泊めてあげます。あるいは、その人のポケットに五〇ドル入れてあげますが、彼らは自分の道を行きます。数日後、その人はまた元の状態に戻っています。それにもかかわらず、あなたは自分がすることになっていることをしたのです。ですから、自分が誰かを助けるとき、それについて考えるべきではありません。何が起こっているのか、尋ねるべきではないのです。自分が正しいことをしたのかどうかさえ、考えるべきではありません。あなたは自分がするべきことになっていることを、ただやっているのであり、それからそれを手放して、それについて忘れてください。あなたはカルマ・ゲームの一部とはなりません。あなたはそれを超えたのです。あなたが平和になるにつれて、怒りがしだいに意識からなくなり、すべての心配、恨み、憎しみが乗り超えられ、あなたは素晴らしい平和を感じ始めます。自分のオーラの中に入って来る人たちもまた、平和で調和を感じていることに気づき始めます。あなたが何も自分でやっているわけではないのです。あなたはただ上ったのです。あなたは高い意識状態に上がったのです。

✣バラのようであってください

バラは、「私はいい香りです」と宣言する必要がありません。まさにその性質によって、それは香りがいいのです。ですから、あなたも、「私はいい行為をしている。私は他人を助けている」と宣言する必要はありません。まさにその性質によって、まさにあなたの存在によって、あなたは他人を助けざるをえないのです。あなたが成長し続けるにつれて、自分がこの世界のゲームにますます関わらなくなっていることに気づきます。あなたはますますゲームをしなくなり、他人のことをほとんど放っておくでしょう。もしあなたがどうしてもその人の役に立つ言葉を言えないときや助けられないときは、何も言いません。そして、あなたのまさに静寂によって、あなたは他の誰かを祝福したのです。あなたが実際に自分の本当の存在になるとき、あなたの目覚めの本当の性質がやって来るとき、自分には何もやるべきことが残されていないことに気づき始めます。助けるべき人は誰もいないのです。というのは、全世界はあなたの真我の投影であることがわかるからです。

さらに深く進むにつれて、あなたはもはや小文字のｓのついた自己（self）ではなく、普遍的真我（Self）なのです。あなたが世界を見るときでさえ、あなたは真我を見るのです。再び言えば、これは逆説的です。賢者は世界を見ますが、彼、彼女はあなたが見るあらゆるものを見ます。それにもかかわらず、彼らはあらゆるものを見通すのです。彼らは意識、絶対的現実を見ます。賢者にとって世界は燃えたロープのようなものです。ロープは燃えてしまい、それは誰にも何の役にも立たないことを賢者は理解します。一方、普通の人が燃えたロープを見るときは、彼らはロープが本物で、まだ使えると信じます。これが普通の人たちの世界の見方です。感覚が語るあらゆることは本物に見えます。彼らはこれすべてと一体化します。彼らは状況、人々、場所、物事と一体化します。賢者も同じものを見ますが、真我を世界として意識します。これを分析しようとしないでください。有限のマインドは無限のものを理解できないことを覚えておいてください。

賢者、ジニャーニとは何でしょうか？　その答えを見つけ出すのは次の質問です——賢者とは何でないか？　賢者とは、けっしてヨーギでもスピリチュアルな教師でも瞑想の教師でもありません。私は賢者とジニャーニという言葉を交換できるものとして使っています。賢者はあなたに与えるべきどんな教えももっていません。もしあなたが教えを経験したいと思うなら、スピリチュアルな教師、ヨーギ、瞑想のマスターのところへ行かなければなりません。しかし賢者は、あなたに与えるべきどんなものももっていません。賢者という目的とは、ただ賢者の存在の中にいることです。それが教えをおこないます。賢者は、タントラ・ヨーガ、クンダリーニ・ヨーガ、ハタ・ヨーガ、ラージャ・ヨーガ、ラーヤ・ヨーガ、その他どんなことも教えません。なぜなら、すべての教えはマインドから来ているからです。それ以外のどこからそれらが来ると言うのでしょうか？　すべての教えはメンタルな観念です。賢者はマインドを超え、メンタルな観念を超えています。ですから、どうして賢者が教えを与えることができるでしょうか？　賢者は絶対的現実で、純粋な気づきです。「賢者」という言葉はおおざっぱに使われていますが、その言葉の意味は、「すべてに浸透する」という意味です。

✣ 賢者は肉体に閉じ込められていません

賢者はどんな肉体にも閉じ込められていません。賢者は全宇宙で、すべてに浸透し、あらゆるところに存在しています。ですから、賢者と接触するためにあなたがしなければならないのは、ただ賢者について考えることだけです。しかし、賢者は与えるべきどんな教えももっていません。教えは空っぽです。いわゆる人、存在が目覚めるとき、その目覚めは肉体とは何の関係もありません。賢者は外側の身分や地位やライフスタイルとは何の関係もないゆえに、歴史をずっと眺めてみれば、王や女王の賢者もいましたし、労働者の賢者もいたわけです。結婚している賢者も独身の賢者もいました。ボーイフレンドやガールフレンドをもっていた賢者もいました。なかには洞穴に住み、世の中を完全に遮断した賢者もいましたし、一つの場所に興味をもたず、国から国へと旅した賢者もいました。

賢者はけっして何も求めていません。というのは、彼らには求めるものが残されていないからです。賢者は到達すべきあらゆることに到達したのです。完全なる自由が賢者であり、絶対的現実、絶対的自由です。欲望からの自由、必要からの自由。しかしながら、賢者の肉体は同じままです。それは賢者にとってではなく、賢者を見ている人たちにとってです。賢者は、自分はどんな肉体ももっていないことを理解しています。彼らは肉体をもっていません。しかし、その肉体はそのカルマを経験します。賢者がこの次元へやって来て、賢者として自分自身を提供するためには、肉体をまとわなければなりません。そうでなければ、誰も賢者について聞くことはないでしょう。もしラマナ・マハルシが肉体をもたなかったなら、誰も彼について聞くことはなかったことでしょう。ですから、これがかつて生きたあらゆる賢者に言えることです。彼らは独自のやり方で教えるために肉体をもつのです。ですから、賢者がするあらゆることはいわば教えです。賢者は教師ではありませんが、彼らがやるあらゆることは教えです。賢者はあなたのマインドを殺し、マインドを破壊します。マインドが破壊されるとき、永遠の幸福、完全なる自由があります。

あなたがマインドをもっているかぎり、考えているのであり、あなたはけっして幸福にも平和にもなりません。不可能です。というのは、これはこの世の中の幸福——あるいは、考え方ではないからです。この世界は平和な世界ではありません。でも、賢者の肉体は他の皆がするのと同じことをやっているように見えます。それは扇風機の羽のようなものです。コンセントを抜いても、扇風機は止まるまでしばらく回り続けます。コンセントを抜いても、瞬間的には止まりませんね？　それは止まる前しばらく動き続けて、それからゆっくりとなり、最後に止まります。コンセントを抜いてこの次元に来た賢者の肉体も、そういうようなものです。扇風機がいわば止まるとき、そのとき賢者は消えます。彼は肉体を振り落として去ります。賢者がこの次元にいる間は、彼はコンセントを抜いたまま動いている扇風機のようなものだ、ということを覚えておいてください。未払いのどんなカルマもないのです。

色々な種類のジニャーニがいます。私たちはこういった物事を判断することはできません。あなたがする最悪のことは、批判的になったり、比較したり、欠点を見出すことです。私たちが、自分は一個の肉体とマインドであると信じているかぎり、賢者が何であるか本当にはけっして理解できないことでしょう——けっしてできません。それは不可能です。というのは、マインドにはそれができないことになっているからです。

賢者は自分がスクリーンであることをいつも理解しています。すべてのイメージは自分に重ね合わせられたものです。賢者の肉体がするあらゆることは、単にスクリーン上のイメージのようなものです。それにもかかわらず、その逆説とは、賢者は自分が様々な名前や言葉で語られる賢者であると知っていることです。彼は、肉体は肉体であることを理解しています。

あなたが賢者を眺めるとき、別の何かを見ます。あなたは一人の人間を、自分自身のような一人の人を見ます。そして、あなたは自分自身のイメージで賢者を創造します。あなたは、賢者があるやり方で行動したり、真実で正しいとあなたが信じるある物事をやったりすることをある種期待し、それが現実だと信じています。一方、賢者はいつも微笑んで、幸福で、あなたを観察し、眺め、あなたをそのままにしておきます。あなたがいわば自分の墓穴を掘るままにさせておきます。賢者はあなたの人生にけっして介入しません。覚えておくべきことは、賢者は問題の解決者ではないということです。すべての問題はマインドのものです。賢者はそれと何の関係があるでしょうか？　何もありません。すべてはマインドから働くのです。しかし、賢者はマインドを超え、考えることを超え、思考を超え、行為を超え、見かけを超えています。だから、賢者といっしょにいて、静かなマインドをもつ以上にパワフルなことは何もありません。

あなたの仕事は、何についてもけっして批判的にならないことです。どんなことにも賛成意見も反対意見ももたないことです。なぜでしょうか？　なぜなら、批判的なとき、あなたはマインドからやって来て、マインドから物事を眺めているからです。しかし、私が時々こういうことを話すと、それはエゴを吹き飛ばします。なぜなら、エゴはそこにすわっていて、「そんなこと、どうして私に言えるのか。だって私は自分自身のマインドをもっているし、自分自身の意見だってもっている」などと言います。もしあなたが、いわば悟ろうとするために、目覚めようとするためにここにいるとしたら、そういったことが実はあなたを押し留め続けるのです。あなたが自分を押し留めるのは、批判的になっているからです。あなたは賢者とは何か、自分とは何か、自分が欲しいもの、必要なものについての先入観をもっていて、それがあなたの成長を妨げるのです。ですから、あなたにとって一番よい行動のコースは、何であれ考えることをやめることです。自分が考えるたびに自分自身に気づいてください。そして、それを止めてください。自分のマインドが考えることを完全に全面的に止めてください。というのは、あらゆる思考が間違っているからです。あなたの思考が何であっても、その思考がどれほどよい思考でも、あなたの考えがどれほど捻じ曲がっていても、私は気にしません。あなたが考えているかぎり、あなたは自分自身を妨害しているのです。

❖道を知っているパワー

再びあなたは、「でも、私の仕事はどうなるんでしょうか？　私は自分の未来を考えなければなりません。私は現在を考えなければなりません。請求書のことを、家族のことを、あれやこれやのことを考えなければなりません」と言うかもしれません。でも、**道を知っているパワー**があるのです。もしあなたがこのパワーにただ明け渡せば、あなたのすべての必要は自分の内側から満たされることでしょう。あなたのすべての必要は内側から満たされるのです、常に。しかし、あなたがそこで批判しながらすわって、ある種の物事をすることで自分は平和と幸福を見つけることができるというなら、それはけっして起こらないことでしょう。そして、肉体は何度も何度もこの地球次元に戻って来て、いつも何かを探し求めますが、けっしてただ在ることができません。本当のジニャーニはけっしてあなたが理解できない何かです。それは不可能です。マインドでは理解できません。というのは、マインドの中にはどんな説明もないからです。それゆえあなたは、賢者が自分と同じものだと期待します。あなたは、彼はただ私のような人だと言うことでしょう。彼または彼女は、私がするのと同じことをやります。

常に覚えておくべきことは、賢者は、自分はどんな肉体ももっていないことを知っているということです。たとえ肉体があなたにとって見えるとしても、賢者は、自分はどんな肉体ももっていないことを一〇〇パーセント知っています。今まで一度も肉体をもったこともなく、これからも肉体をもたないのです。賢者はあなたを眺め、自分自身を見ます。彼は世界を眺め、自分自身を見ます。賢者にとっては、世界が真我以外に見えることはありません。なぜなら、彼は自分がどこを見ても、いつも自分自身を見るからです。自分自身を見るということで、私が言わんとしていることは、賢者は、全宇宙が自分の内部にあることを理解しているという意味です。それはいわば、自分のマインドから放射されているのです。賢者は肉体であるようにあなたには見えますが、見かけで判断してはいけない、とあなたは教えられています。あらゆる先生がそれを言ってきました。見かけで判断してはいけない。

しかしながら、私たちのほとんどは見かけで判断します。正しいことをするのは、私たち一人ひとりにかかっています。そして、自分の肉体についての真実を学んでください。人生に退屈してはいけません。皆さんの中には、サットサンに退屈している人たちがいます。そして、新しい先生、新しいサットサン、自分の人生の新しい仕事、新しい人々を探し求めます。私たちは幸福を探し求めています。そうではありませんか？　たった今言及したこういった物事をすべて得れば、あなたは即座に幸福になることでしょう。しかし、それ以上に真理から遠いこともありません。それはほんの一時的な状態です。だから、賢明な人たちはあらゆる状況において、ジニャーニのところにしっかりと留まるのです。

何が進行していても、彼らは退屈するとかしないということに関心を向けません。もしあなたが賢者の現存の中にいつもいるなら、それは自動的に起ることでしょう。もしあなたが退屈して、物事を変えたいと思うなら、もう一度最初から始めることになります。あなたは再び生まれます。あなたは新しい国へ行き、いわゆる先生を探し、何か興味深いことを聞き、その先生と関わります。数年後その先生にも退屈し、また誰か別の人を探し求めます。それは止まることがありません。あなたがストップするとき、あらゆることが止まるのです。あなたが静かになるとき、意識があなたの中を動き始め、あなたになり、これが、「静かにし、私は神だと知りなさい」という意味です。


静かにしてください。探すのをやめてください。見るのをやめてください。

何かであることをやめてください。あらゆるもの、あなたはすでにそれをもっています。

あなたは今、完全に自由で、解放されています。

ですから、ただそうであってください！

✣真我はマインドを超えています――真理と神の探求

私たちは二元性の世界に住んでいます。あらゆる上昇に対して下降があります。あらゆる後退に対して前進があります。前に向かって押し出される同量のあらゆる圧力に対して、後ろへ引き戻す同量の圧力があります。これが二元性です。あなたがこの世の中に引っかかっているなら、失望することになるでしょう。だったら、なぜ私たちはお互いに争わねばならないのでしょうか？　なぜお互いに動揺しなければならないのでしょうか？　なぜ何かがどこかで間違っている、と信じなければならないのでしょうか？　なぜなら、私たちは理解していないからです。もし人生を自分のマインドの中で解こうと試みるならば、どこにも行き着かないことでしょう。あらゆることがただもっと混乱してしまうことでしょう。あなたはそう見えるままの人生を理解することができません。誰もできません。

もしそう見えるままの人生を理解しようとするなら、あなたは気が狂ってしまうことでしょう。世界を眺めてごらんなさい。そこに平和があったことがあるでしょうか？　二元性の世界であなたは平和を経験することはできないのです。世界のあらゆる集合的平和に対して、集合的戦争があり、あらゆる戦争に対して平和があるからです。そういうふうに続きます。もしあなたが自分の人生を回顧するなら、自分があらゆる種類の人生の波風、幸運と不運、上昇と下降を経験したことがわかるでしょう。物事はしばらく続きますが、それから変化します。何もけっして同じではありません。だから、私たちは神に向かうようになるのです。というのは、宗教は神こそ答えであると教えるからです。それにもかかわらず、誰も神が何であるか理解していません。神という言葉は何を意味しているのでしょうか？　それはたいてい、自分の人生が激変するときに人が向かう何かです。自分の人生で物事がうまくいかないとき、人々は神に向かいます。しかし、それが答えでしょうか？　人類は、他のすべての戦争を合わせたよりも多く、宗教の名の元で戦争をしてきました。私たちが多少でも知恵をもち始めるとき、自分が内側に向かなければならないことを認識し始めます。私たちが発見する唯一の神は、「私は在る」です。

私たちは、「私は在る」を調べ始めます。最初私たちは、「私は在る」は自分から離れていると信じます。私たちが祈るにつれて、平和になるにつれて、謙虚さと愛を育てるにつれて、何か別のものを感じ始めます。私たちは自分の本質が拡大して、自分がこの肉体に限定されていないと感じ始めます。私たちは、この拡大がマインドによるものであることを理解し始めます。そして長年、私たちはメンタル科学（マインドに関する科学）に関わって、あらゆることがそのマインドから出て来て、そのマインドは無限であることを理解します。ある日、「このマインドはどこから来たのか？」と私たちは問いかけます。そして私たちは、マインドとは、考え、想像、物事で構築されたものであるという結論に至ります。

言い換えるなら、私たちはマインドとは、過去と未来についての思考、そういった単なる思考の束にすぎないことを発見します。私たちが成長するにつれて、マインドを取り除き、超越し、変容させる方法を求めます。というのは、マインドこそ私たちを地上に縛りつけ、マインドのせいで自分は人間であると考えることを理解し始めるからです。それから、自分は拡大していて、全宇宙はマインドの創造であると私たちに考えさせるマインドがあります。こういったすべてのことが、私たちの真理探究に当てはまります。一度も間違いはありませんでした。

人々の中には、様々なヨーガ、特にラージャ・ヨーガに関わる人たちがいます。彼らは、マインドは非常にパワーがあり、それでどんなことも起こすことができると感じ始めます。それで、たいていの人たちが一生そのレベルに留まり、マインドを使う興味深い方法を発見し、マインドの使用を通じて成功しようとしたり、ヒーリングをしたりしようとします。こういった人々は、彼らをマインドから引き上げてくれることができる有能な先生を発見しないかぎり、何千年もマインドの物事に関わり続けることでしょう。というのは、マインドはあなたとゲームをするのが好きだからです。それは、あなたが輪廻転生するとか、アストラル次元、メンタル次元、コーザル次元を通過するとか、以前にも何千回生きたことがあるとか、何千回の経験をしたことがあるとか、そういったことをあなたに信じさせるのが好きなのです。

これらのことは、自分のマインドの存在を信じている人たちにとっては真実です。それはちょうどあなたが夢を見ている間は、夢は真実であるのと同じことです。あなたが夢を見ているとき、自分の夢が偽物であるとはけっして信じません。同様に、あなたがマインド・レベルで働いているとき、自分の経験が偽物であることをけっして信じないことでしょう。今、私たちはここでみなすわっていて、あなたは自分があるグループの中にすわっていて、私が話しをして、あらゆることは現実であると信じています。しかし、真実はと言えば、これらの何も存在していません。マインドを超越することはとても難しいことです。マインド・レベルで働いているかぎり、私たちは安全で、安定を感じます。もしある状況を自分が好きでないなら、自分のマインドを変えることを学びます。もし私たちが新しい人生を創造したいなら、まずそれをマインドの中で想像し始めます。私たちは自分の想像力を使って、自分が望む状況を思い描き、するとマインドがそれを創造します。さて、マインドに関しては、これは真実です。しかし、それはあなたに自由、解放、幸福をもたらしてはくれません。

あなたがマインド・ゲームをするとき、あらゆる種類の経験を通過しなければなりません。それにもかかわらず、もしあなたが本当に誠実なら、私が言ったように、もしあなたが謙虚さをもっているなら、もしあなたが未知なるものに対して信念をもつなら、何かがあなたに起こります。あなたは先生に引き付けられるか、自然に起るかもしれませんが、それはとてもまれなことです。あなたは解放されるためには、マインドは破壊されなければならない、完全に滅ぼされなければならないという結論に至ります。そしてあなたは、どうやってそれをやるのかと思うのです。もしあなたがふさわしい先生をもたないなら、何度も何度も転生して、何世も何世もマインドの多様性の中で行き詰まることでしょう。しかし、もしあなたが自分自身の中に正しい態度をもてば、そして私は再び、「謙虚さ」という言葉を使いますが、あなたが誠実なら、先生か本か、真我であるあなたの内部の何かが、マインドを破壊する方法は、自分の思考を止めることだ、とあなたに教えてくれることでしょう――自分のすべての思考活動を終わりにし、自分のマインドを静止させ、静かなマインドをもつことです。

いったんマインドが思考から解放されれば、あなたの本質、覚醒が自然に現れます。ですから、あなたはすべての思考を考えることから、自分自身を解放する必要があります。覚えておくべきことは、悪い思考をよい思考に変える必要がある、と私はあなたに言っているわけではないということです。それは無駄です。それはほんの少しの間しか続きません。あなたはすべての思考を取り除いて、思考のない状態にたどり着く必要があります。どうやってこれをやるのでしょうか？　あなたはマントラを練習し始めます。というのは、確かに一つのマントラを繰り返すとき、あなたは考える時間をもたないからです。しつこく続くのは思考だけです。もしマントラを正しく繰り返し、熱心におこなうならば、あなたのマインドはゆっくりになることでしょう。自分のマントラが一点に集中するとき、サヴィカルパ・サマーディ（観念形成をともなった至福）と呼ばれる状態の中へ、あなたは入ります。これは長い時間がかかり、多くのワークが必要です。あなたがマントラを使って次の状態へ行くまで、通常何世もかかります。しかし、マントラのほうがあなたに働きかける時期が実際に来て、しばらくの間、静寂が訪れます。

✣永遠の至福を経験するために

マントラを唱えることで、あなたが深い静寂を経験する素晴らしい時期が本当にやって来ます。あなたはしばらく意識と融合し、永遠の至福を味わいます。この段階は、ニルヴィカルパ・サマーディ（観念化を超越した至福）と呼ばれています。しかし、それも長くは続きません。あなたはニルヴィカルパ・サマーディに卓越するかもしれず、そのとき一週間も土中に埋められて、それからまた戻って、まだ生きているというような離れ業をおこなうことができます。あなたは自分の心臓の鼓動を止め、まるで自分が死んでいるかのように見せることもできますが、そのときあなたは絶対的現実と融合したのです。しかしそれから、また元の状態にいつも戻って来ます。つまり、世界がいつも戻って来て、あなたは自分の問題とまだ関係をもつことでしょう。あなたはまだ世界と関係しているのです。あなたは、自分がニルヴィカルパ・サマーディに入っている間を除いて、まだ心配するマインドをもっています。しかし、それも長くは続きません。人が自分自身で行けるのはここまでです。これより先に自分自身で行ける人はほんの少数しかいません。

平均的瞑想者は、その段階を通過したサットグル、悟った者を見つけなければなりません。そうすれば、その悟った者は彼らに恩寵を与えることができ、彼らはニルヴィカルパ・サマーディを超越し、サハジャ・サマーディ（自然の至福）に入ることができます。それは再び普通の状態になることですが、しかし、いつも至福の状態で、この世界を超越していて、永遠に解放された状態にいて、それにもかかわらず通常の自己に戻っているのです。通常の自己ということで、私が言わんとしていることは、あなたはこの世界の他のあらゆる人と同じように機能しながら、内部の奥深くでは、あなたはこの世界に所属していないということです。あなたは完全に解放されたのです。あなたは絶対的現実、純粋な気づきになったのです。あなたはすべてに浸透したのです。あなたは完全に自由になったのです。

真我覚醒した賢者は虫眼鏡のようなものです。太陽は四方八方を照らしますが、あなたが虫眼鏡を手に入れると、太陽光を摑みます。虫眼鏡に太陽光を通すと、それは非常に強力になります。ですから、火を起こすことができます。一方、虫眼鏡がなければ、太陽はそれ自体で輝いていますが、それだけでは火を起こすことはできません。そして、賢者にも同じことが言えます。賢者は虫眼鏡のようなものです。宇宙の恩寵のすべてが賢者をとおして投影されます。ですから、賢者に同調している人は、賢者の恩寵に同調し、火を摑まえ、こうして覚醒しました。その話はわかりますか？

生徒　ある程度まではわかります。では、賢者が肉体を離れたとしても、彼の意識はまだ存在していると思いますか？

ロバート　彼の意識は普遍的な意識と融合しています。賢者が肉体をもっているときでも、本当には肉体をもっていません。あなたはその肉体を見ますが、それは存在していないのです。しかし、あなたが肉体を見るからこそ、賢者は虫眼鏡のようになって、その肉体を通じて恩寵をあなたの中へ凝縮しているのです。

生徒　そのためには肉体が必要でしょうか？

ロバート　肉体は必要です。肉体がなければ、どんな賢者も存在しません。それは太陽が宇宙全体に暖かさを送っているようなものです。でも、虫眼鏡が使われると、すべての光線が虫眼鏡に凝縮され、パワーが反対側から出て来ます。人が賢者に明け渡すときだけ、その恩寵が感じられます。しかし、人が自己問いかけを実践していて、賢者に明け渡しているならば、その恩寵は二倍の速さでやって来ます。帰依者がジニャーニの姿を思い浮かべると、恩寵が流れ始めるのは本当です。恩寵はすでに流れています。しかし、バクティ（献身）の誠実さ、献身、愛、自由への強い願望が、ジニャーニの恩寵を拾い上げ、帰依者もまた自由になります。だからこそ、古代の聖典やウパニシャッド、ヴェーダには、あなたが神をどのような存在と考えているかよりも、ジニャーニの言葉や静寂さのほうがよりパワフルであると書かれているのです。というのは、神は顕現していない恩寵だからです。真我であるシヴァは、顕現していない恩寵です。しかし、ジニャーニは恩寵が流れる水路です。そして、再び言えば、覚醒を第一に考える帰依者たちは、この世の何よりもそれを望みます。食べ物や水を欲しがるのと同じくらい、それを望みます。そして、彼らは静寂になり、恩寵が自然に流れ始めるのです。

✣肉体的形態があるなしにかかわらず、どのようにしてヒーリングが起こるのか

あなたのハートが、「この人は覚醒した存在だ」と告げる賢者を見つけたら、あなたは彼の雄弁さと静寂に非常に注意深く耳を傾けなければなりません。あなたは彼または彼女が静寂の中で言わなければならないことに、耳を傾けなければなりません。賢者が話すときでさえ、それは静寂から出て来ます。言葉は本当に静寂です。真のジニャーニは、人々を癒しながら国中をまわっている時間はありません。彼は永遠の至福の中で時を過ごしています。これが言わんとしている意味は、たとえば日本で、賢者の波動に同調できる人がいれば、その人の肉体次元の問題が癒されることができるということです。しかしながら、その賢者はそれとはまったく関係がありません。もし人が賢者のところに来て、賢者に感謝して、「マスター、あなたは私を癒してくれました」と言っても、賢者はそれを否定することでしょう。というのは、彼は精神的にも人間的にそれとはまったく何の関係もなかったからです。彼にはマインドも肉体もないのですから。しかし、賢者の中を流れる恩寵は、世界のどこでも拾い上げることができます。さてでは、皆さんの話をすることにしましょう。皆さんの中には、自分には精神的肉体的、あるいは、その他の問題があると思っている人がいま

す。これは、あなたが犯している最初の間違いです。

なぜなら、唯一のパワーが存在するからです。あなたはそれを「神」と呼ぶことができます。神と他の何かという二つのパワーは存在しません。**一なるもの**だけが存在します。あなたの仕事は**一なるもの**と一体化することです。あなたの仕事は、他の何かが存在する余地がないことを理解することです。もし神がすべてに浸透し、全知全能であるならば、精神的な苦悩や病気や欠乏や制限や何か他のもののための余地がどこにあるでしょうか？　木は葉っぱに欠けることがありません。花は咲かないことはありません。自分自身を眺め、自分の願望、自分が本当に求めているものを見てください。あなたが自分の人間性からマインドを離したときにこそ、癒しが必要だとあなたが思っているあらゆる状態を癒すために、何かが起こる可能性があるのです。あなたは「私の本質は絶対的現実である」と理解し始めます。あなたは、「私は在りて在るもの、純粋な気づき」なのです。「私」が肉体をもっているように見え、「私」が考えているように見えても、これは蜃気楼のようなもの、催眠術のようなもので、肉体は存在しないことをあなたは知ります。

だから、異常、病気は存在しないのです。不足も世界の見かけも存在しないのです。そして、あなたは自分の真我とシンプルな方法で一体化します。もちろんあなたは、「私は何か？　私の源泉は何か？」と、問いかけることによって、これをやります。あなたは時間と空間を忘れます。なぜなら、過去も未来も今の中にあるからです。あなたはそれを複雑にしたり、言葉にしたり、知的にしたりしません。あなたはシンプルさそのものになります。あなたは単に毎日、次のことを覚えています――私は肉体とマインドの現象ではありません。私は世界とは何の関係もありません。私は実際は意識であり、虚空であり、ニルヴァーナであり、サット・チット・アーナンダです。私は本当はパラブラフマンです。私は**それ**です。

生徒 ロバート、以前あなたが礼拝の価値について話したとき、仏陀やキリストのことに言及し、私たちが大きく進歩するためには、多くの形態よりもむしろ一つの形態を礼拝すべきであると言いました。このことは、どのように生きている賢者と肉体を離れた賢者たちに当てはまるのですか?

ロバート 誤解しないでください。ここは慈悲深い宇宙なのです。あなたのマインドが純粋であるとき、すべての境界線は溶解します。したがって、多くの場合、初心者の生徒たちには、肉体をもっている先生と関わることをお勧めします。なぜなら、彼らの信念がまだ強くなく、彼らはそれほど確信していないからです。しかし、一度至福の意識を味わうと、すべての境界線が溶解します。

生徒 先週、肉体を離れた先生の意識は普遍的な意識と融合したが、それでもその先生はあなたが関わったイメージの中に残っている、とあなたはお話しされました。そのことは、偉大なヴィジョンとしてその先生が個人的な形で戻って来ることを説明しますか?

ロバート もし愛があれば、可能です。しかし、それには多くの愛がなければなりません。

今、あなたはその愛をもっています。

19章　グルを困らせる

皆さんの中には、サットサンで質問してもよいのかどうかと迷う人たちがいます。中には、自分が愚かに見えることを恐れている人たちもいます。もしあなたがこの教えを理解していないなら、質問してください。その一方で、もしあなたが正しい態度でここに来ていれば、すべての質問は自分の内側から答えられることでしょう。それでも、どんなことでも質問することを躊躇しないでください。

生徒　あなたは、「私の言うことを信じてはいけないし、私の言葉を受け取ってもいけない」と言います。しかし私は、言葉と先生への信念は非常に大事だと思っています。なぜなら、教えの妥当さ、先生の方法だけでなく、先生が与える一般的教示も受け入れるためには、信頼がなければならないからです。

ロバート　あなたの言うことはわかります。あなたの言ったことはとてもよい点をついています。私が言及したのは、先生めぐりをし、先生の言うことを調査もせずに、何でもただ受け入れてしまう人たちのことです。あなたが何をやるべきかと言えば、もし私が何かを言うなら、それが正当性をもつのかどうか、自分自身で徹底的に調べるべきだ、ということです。私が言うことを盲目的に信じるのではなく、知性をもってそれを受け入れてください。私の言葉を眺めてください。それを自分自身の中に感じ、もしそれが本当であるならば、何かがあなたにそれを告げることでしょう。そして、あなたは何かを感じることでしょう。あなたはその先生に愛を感じることでしょう。調査の結果、それが起こります。ですから、あの先生この先生と、先生めぐりをして何でも信じてしまう探求者すべてに対して、私は話しかけています。もし先生が、円盤が着陸したと言えば、彼らはそれを調査することなくただ信じます。ですから、盲目的に受け入れないでください。それを自分自身の中で確認してください。それが本当かどうか、あなたのハートがあなたに教えてくれ、あなたはそれを知ります。いつも自分のハートに耳を傾けてください。

✣あなたのハートがあなたの真我です

生徒　「ハートに耳を傾ける」とは、どういう意味ですか?

ロバート　それは、あなたのハートはあなたの真我という意味で、けっしてあなたにウソはつかない、という意味です。もしあなたが自分のハート・センターに正しく同調すれば、あなたの真我があなたにアドバイスしてくれ、あなたの先生があなたにふさわしいかどうか、あなたが知るべきあらゆることを伝えてくれることでしょう。あなたのハートは真我、神です。

生徒　私は自分のハートとマインドについて非常に混乱しています。

ロバート　おわかりのように、マインドは何もありません。マインドは思考の束にすぎません。過去と未来についての思考、それがマインドのすべてです。しかし、ハート・センターは静寂さ、静けさ、絶対的平和の中心です。あなたが自分のハートの中でマインドを休ませるとき、自分を圧倒する平和と至福を感じ、あなたはハートを知ります。自分のマインドをハートに明け渡してください。そうすれば、それを感じることでしょう。もしあなたが本当にハートに向かえば、それは信念を超えます。本当のハートは真我です。それはあなたを騙すことはできません。マインドはあなたを騙します。しかし、マインドを本当にハート・センターに明け渡せば、今まで一度も感じたことがない至福と喜びを感じることでしょう。

この時代、先生はたくさんいますが、弟子はほとんどいません。たいていの人たちは何もやりたがりませんが、先生にはなりたがります。世界は先生であふれています。自分自身の判断力を使って、誰が本当の先生なのかを発見するのは、あなたしだいです。本当の先生はあなたの内側にいます。もしあなたが自分自身に誠実であれば、あなたの内側の先生が外側の本当の先生へと導き、その両方が一つになり、あなたはそれを知ることでしょう。先生はまた、あなたが自分自身を発見するための触媒でもあります。

生徒　実際、努力が人を連れて行けるのはそこまでですね。

ロバート　そのとおりです。

生徒　人は自分自身の意志で真我覚醒することはできません。人はそこまでしか行くことはできず、そのあとの地点では、そこに引き込まれるのです。それがグルの目標ではありませんか？

ロバート　あなたはグルの中に引き込まれることさえできません。あなたはただ自分の真我に目覚めるのです。グル－先生はそれが起こるための触媒です。

生徒　善きものをもたらすのは幸福であり、その幸福とは豊かさ、健康、喜び、平和、調和と同じであり、こういったものは、幸福の結果、その人にやって来る、とあなたは言いました。しかし、多くのマスターたちはそれほど健康ではありませんでした。彼らは多くの肉体的問題をかかえていました。

ロバート　誰がこういった問題を見るのですか？　マスターたちはそれを見ません。あなたが、見ているのです。彼らは幸福と喜びを見ます。しかし、あなたは肉体が消耗しているのを眺めるのです。彼らが本当は何かを発見してください。あなたが本当は何かを発見してください。あなたはまったく別の風景を見ることでしょう。あなたが問題を見るとき、この世界の中で、こういったすべてのひどい物事を見るのは誰なのか、尋ねてください。私たちがそれらを見るのです。それらは本当には存在していませんが、私たちがそれらを見るのです。ですから、あなたはそれらが存在しない場所へ、調和、至福、喜びがある場所へ、自分自身を引き上げなければなりません。あなたは自分自身を引き上げなければなりません。

生徒　しかし、それでもマスターたちは肉体の不快を感じるわけです。

ロバート　誰がそう言うのですか？

生徒　わかりません。

ロバート　それはすべてあなたの風景です。それはすべてあなたの世界、あなたが世界を見る見方です。すべてはうまくいっています。あなたが朝、最初に目覚めたときに、全世界を否定してください。

生徒　私が世の中に出かけて行くとき、それをおこなうのは本当に困難です。私は多くの場合、実際に世界の中にいます。

ロバート　世界は変化し続けます。それはけっして同じではありません。変化するものは現実ではありません。

生徒　なぜですか？

ロバート　もしそれが消えるとしたら、どうしてそれが現実でありえるでしょうか？　現実は永遠のものです。

生徒　現実は変化しない、という意味なのですか？

ロバート　はい、それが現実です。他のあらゆるものは変化しますから、それは現実ではありえません。ですから、あなたが朝起きるとき、これを理解してください。あなたが目を開けたとき最初に、「私とは何か？」を自分に尋ねてください。ただこの質問をして、何が自分に起こるか見てください。あなたは何か違いを感じることでしょう。しかし、あなたは毎日これをやらなければなりません。ただ試して、何が起こるか見てください。あなたは一つであることを見ることでしょう。朝起きたとき最初に、自分自身に「私とは何か？　私とは誰か？」と尋ね続けてください。そのあと、あなたは一つのパワー、一つの存在を見ることでしょう。あなたは**一なるもの**です。あらゆることがあなたのためにうまくいくことでしょう。練習してください。

朝、目を開けるやいなや、あなたは思い出す必要があります。毎日、「私は肉体・マインドの現象ではない。私はこの世界とは何の関係もない。私は、本当は意識、空っぽさ、ニルヴァーナ、サット・チット・アーナンダだ。私はパラブラフマンだ。私はそれだ」と単純に思い出すのです。ただ思い出し、思い出すことを忘れないことが一番重要なポイントです。

世界の状態について考えないでください。世界はそれ自身の世話をします。世界はあるべき状態で展開しています。自分自身の状態についても考えないでください。あなたが知るかぎり、あなたはカルマの法則の元に置かれています。カルマの神、イーシュワラがあらゆることの世話をします。ですから、こういった物事について考えないでください。

言い換えるなら、現象としての世界について、そして、肉体とその問題について考えずに、むしろ次のことを問いかけてください――この肉体は誰のところへやって来ているのか？　考えて、考えて、考え続けているマインドは、誰のところへやって来ているのか？　誰がそれを所有しているのか？　私である。しかし、私の本当の私は、絶対的現実である。それゆえ、肉体とその問題をもっているように見えるその「私」、世界と宇宙を認識しているように見えるその「私」は、偽の私である。それにもかかわらず、それはどこで生じたのか？　誰がそれに誕生を与えたのか？　それからあなたは、心臓の右側にあるスピリチュアルなハート、パワーの源泉について考えることができます。もしあなたが望むなら、仏陀であれ、モーセであれ、イエスであれ、誰であれ、自分が尊敬している神の化身のイメージを、心臓の右側の光の玉の中心に見ることもできるでしょう。

✣「私」の足跡

あなたはその「私」がその中心から出て、脳へ上がるのを眺めます。そして突然、あなたは自分の肉体と一体化し、世界が存在するようになります。マインドはそれすべてを支えるように見えます。あなたが自分自身に気づくのは、そのときです。あなたはプロセスを反転します。あなたはその「私」が脳から戻って行くのを眺めます。あなたはその「私」の中に留まります。あなたはその「私」をしっかりと摑みます。あなたはその「私」の足跡をついて行くのです。その「私」がスピリチュアルなハート・センターに戻り、消えて行くのを追跡するのです。それから静かになります。あなたは完全に静寂さを保ちます。もし思考が実際現れれば、「それらは誰にやって来ているのか？」と問いかけ、再び静かにします。あなたがこれを毎日、来る日も来る日も、来る週も来る週も、来る年も来る年も練習するにつれて、何かが起こることでしょう。何かが起こるはずで、そのときあなたは自由になります。静寂さの中の自由です。恩寵はいつもあなたとともにあります。恩寵がないときは一度もありません。自分自身を準備して、正しいやり方でそれを受け取るかどうかは、あなたしだいです。あなたが自分自身を準備する一番よい方法は、マインドを静かに静寂のままにしておくことです。

生徒　探求者は、どうやって賢者との真剣な関係を最大限にすることができますか？　その関係を深めるために、人は何をすることができるでしょうか？

ロバート　ただ一日中、ジニャーニといっしょにいることによって、です。あなたが家にいるとき、あなたが仕事をしているとき、賢者のことを考えてください。あなたが賢者の形、名前について考えるとき、物事があなたに起こり始めます。平和を見つけてください。それを試してください。そうすれば、あなたは絶えず賢者といることになります。あなたが生きている賢者のことを考えるとき、賢者はあなたのハートの一部となり、それは完全なハートです。そして、あなたは賢者の愛を自分の内部に感じます。あなたが賢者のことを考えるとき、賢者もあなたのことを考えます。あなたが何を考えても、あなたは究極的にはそれになるのです。ですから、あなたは自分が考えることに非常に注意を払う必要があります。あなたが何を考えても、あなたはそれになります。賢者のことを考えれば、あなたは賢者になります。

✣月と星々を映し出す

生徒　ロバート、私たちを変容させるのは、静寂から流れ出る恩寵である、とあなたは言っていますね？

ロバート　はい、そのとおりです。恩寵は常にそこにあります。あなたはそれを拾い上げるのに充分なほど静かにならなければなりません。マインドがうるさいとき、あなたは世の中の波動を拾い上げます。それはちょうど水たまりのようなものです。水が静かなときは、それは月と星々を映し出します。しかし、水がゆれているときは、そうすることがまったくできません。それは何も映すことができません。ですから、マインドがうるさいとき、それは混沌と混乱を映し出します。マインドが静かで静寂なときは、それはあなたの神聖さを映し出します。

生徒　ロバート、今週あなたは、マインドは破壊されなければならないと言いました。しかし過去にあなたは、どんなマインドもない、マインドは存在していないとも言いました。では、どうやって存在しない何かを破壊することができるのですか？

ロバート　自分はマインドをもっていると信じている者にとっては、その人はマインドを破壊しなければなりません。しかし、破壊すべきものは何もないのです。ですからそれは、探求者の問題であり、彼らがマインドに関してどこにいるのかの問題となります。どんなマインドもありません。どんなマインドも一度も存在したことがありません。しかし、ちょうど肉体があるのと同じく、人々は自分にはマインドがあるという強力な信念をもっています。強力なマインドと肉体があるとあなたが思っているかぎり、マインドと肉体を破壊するために、それらを少しずつなくすために、あなたは物事をしなければならないのです。私はこんなふうに何度もすわって、話さなければなりません。

それは、私が誰に話しているのか、そして、誰が質問しているのかに依存しています。ある人たちはマインドを取り除くために、自分にできるあらゆることをしなければならないでしょうし、またしばらく静かにする必要があるだけで、あとは自然にマインドが消えて行く人たちもいることでしょう。あらゆる人が違っていますが、あらゆる人はマインドのある状態をもっています。マインドを完全に取り除いて、解放されてください。解放はあらゆる人への天からの贈りものです。あなたは自分が今いるところへ留まる必要はありません。あなたは解放されることができるのです！　解放されることは贈りものです。でも、あなたはそれをやる気がありますか？　私が言わんとしていることは、あなたはこの世の他の何よりも解放を欲しがる必要がある、ということです。ですから、解放よりもあなたが優先し、執着している物事を考えてください。

それが、私が話していることです。あなたはあらゆることを手放さなければならないのです。あなたのすべての執着を手放せば、解放は自然に訪れます。

生徒　ロバート、私は人生のほとんどを形而上学を学んできましたが、一度も自分の苦しみを克服できたことがありませんでした。それからあなたの話を聴いたら、前進するような出来事が起こりました。最初私は、世界の問題と一体化できなくなり、それは私にとってただただ途方もない解放でした。それから一ヶ月くらいしたあとで、突然私はこの人の思考、問題と一体化できなくなったのです。私は自分がより平和になって、この人の思考が起るのを眺めることができる場所を発見したのです。それは私の全人生で経験した最大の自由と平和です。あなたにとても感謝しています。

ロバート　それは素晴らしいことです。あなたは小さい自己（エゴ－肉体意識）を取り除きつつあるのです。あなたはやるべきことをやっています。あなたは進歩しています。素晴らしいことです。続けてください。

生徒　創造性について何か言ってくださいますか。あなたは創造的人生について何か言ったことがあります。マインドを振り落とすことと、マインドを創造的に使うことを和解させることは困難です。

ロバート　実際はそうではありません。もっとも有名な彫刻家、有名な芸術家の中には、彼らが考えていないときに、一番すぐれた仕事をした人たちがいます。たとえば、トーマス・エジソン（アメリカの発明家。

一八四七〜一九三一）を例にとって考えてください。彼は毎日揺り椅子にすわり、完全に自分のマインドを失っていました。まったく考えないのです。それからあらゆる考えが彼のところへやって来たのです。なぜなら、それは真我から来るからです。真我ないし意識はいつも行き渡っています。でも、あなたはあまりに考えすぎるので、それを押し戻しているのです。いったんマインドが考えることをやめれば、意識、真我があなたの創造性として自然に現れ、あなたはより創造的になります。ですから、自分のマインドがより創造的にならないなどと信じないでください。それは本当ではなく、あなたはもっと創造的になります。あなたのマインドがあなたを制限し続けます。あなたのマインドがなくなるとき、あなたはもっと拡大します。いずれにせよ、あなたが肉体としてこの地上でやるために来たことを、あなたはやり、満たすのです。それすべてがあらかじめ決まっていて、すべて運命づけられています。あなたがそれについて考えても考えなくても、それとは絶対的に無関係です。あなたの仕事は自分をもっと平和に静かにさせ、自然がそのコースを取るのにまかせることです。そうすれば、あなたは自分が以前よりもずっと、完全に幸福で平和であることに気づくでしょう。

生徒　マインドとエゴは二つの別々のものですか？　それとも、あなたがマインドと言うとき、あなたはエゴを意味しているのでしょうか？　あなたがエゴと言うとき、それはマインドを意味しているのでしょうか？

ロバート　それらは両方とも同じものです。これらのことを私たちが話すために、肉体とマインド、真我とエゴについて私たちは話さなければなりません。**一なるもの**だけがあり、その**一なるもの**があなたであり、真我です。

生徒　催眠を壊す手段として、催眠は役立つでしょうか？

ロバート　いいえ。なぜなら、催眠とは単に潜在意識と接触することだからです。それはあなたのエゴを再強化します。あなたはすでに催眠にかかっているのです。ですから、自分を二重に催眠にかける必要はありません（笑）。そのときあなたは目覚めた半睡状態（トランス）だけでなく、催眠的半睡状態をも取り除かなければなりません。

生徒　ロバート、何のせいで、人は他人や大儀を守るために独善的怒りを示すのでしょうか？　説明してもらえませんか？

ロバート　それはすべてエゴです。他の何があるでしょうか？　エゴだけが独善的です。エゴだけが大儀に賛成します。しかし、私が今日何について話しているのかをあなたが理解するなら、この世界がどう働いているかをあなたが少しでも理解するなら、大儀に賛成することは解決法ではないことがわかるでしょう。それは解決法のように見えますが、一時的な解決法にすぎません。歴史を振り返れば、時の始まり以来、どれほど多くの正当だと認められた大儀がこの世界にあったことでしょうか。いつも大儀、独善的大儀がありました。平和と正義のための大儀。それで世界はよりよくなりましたか？　この世界を眺めて見てください。しかしながら、こういった大儀のために戦う人たちは必要なのです。私が思うに、彼らが自分のやっていることをやることが、彼らのダルマなのです。

しかし、こういった会に来ている皆さんは、何世にもわたってこのタイプの教えにいました。だからあなたは、私の話していることの一部を理解することができるのです。街を歩いている普通の人は、こういったことに何の関心もありません。普通の活動家たちはこういった物事に何の関わりもありません。彼らは関心をもたないことでしょう。しかし、皆さんはここにいます。それゆえ皆さんのハートの中に、成長し、真我覚醒し、自由になりたいと望む何かがあるのです。

生徒　もしもっと職場が近ければ、仕事に出かける前、静寂の中にすわることができる、と私が思うなら、自宅にもっと近いところへ配属されることを求めるべきでしょうか？　それとも私は、ただ「私とは何か？」に働きかけ、それから正しい行動が起こり、自分の仕事がそうあるべきところにあると信頼し、そして、私は言われたところへただ従順に行けばいいのでしょうか？

ロバート　あなたは従順になる必要はありませんし、独善的になる必要もありません。私たちは真我になる必要があり、それで終わりです。それゆえ、真我の中でマインドを休ませることによって、思考、感情、態度を取り除くことによって、そして、「私とは何か？　これらの物事は誰のところへやって来ているのか？」

と問いかけることによって、より高い次元へ行くことで、あなたが自分のマインドを静めることができれば、そのときあなたは安全でしょう。

しかし、自分がまだそうすることができないとわかるなら、もし仕事を首になったり、お金がなくなったり、施設へ行ったり、ホームレスになったりすることをあなたが恐れているなら、ぜひ自分がしなければいけないことをやってください。ですから、あなたには二つの選択肢があります。あなたの世話をしてくれるパワー、つまり道を知り、あなたをいつも愛し、あなたをいつもふさわしい場所へ置いてくれるパワーが存在することを理解することで、自分とは何か、自分の本質とは何かを発見するか、それとも、自分が行くべきところへ行き、やるべきことをやるか、です。その選択はいつもあなたしだいです。この質問には一つの答えや選択はないのです。それは人により、その人たちがどこにいるのか、あなたがどこにいるのかによります。もし私が通りから人を一人連れて来て、あなたにとってすべてがうまくいくから、心配しなくてもいいし、物乞いする必要も、盗む必要もないと告げるとしたら、その人は飢え死にしてしまうことでしょう。というのは、その人のカルマは盗むことであり、物乞いすることだからです。

だから私たちには、人がどう生きるべきかを言う権利はないのです。しかしその人が、真理が存在するところのいわば光を見て、自分は行為者ではないし、この肉体でもマインドでもないことを見ることができたなら、そのときに彼らは今いるところから意識のより高い状態へ引き上げられ、世話されることでしょう。ですから、自分の頭にどんな種類の思考が入って来るのか、どんなタイプの感覚や感情が入って来るのか、毎日どう感じるのかによって、あなたは自分がいる場所を知ります。正しい行動をとってください。あなたの中に何をすべきか知っている何かがあります。あなたより偉大で、あなたの助けなく、どうやってあなたを世話するのかを知っているパワーがあるのです。あなたがすべきことはただそのパワーに明け渡すことです。道を知っている流れに、自分の思考、マインド、エゴを明け渡してください。それがあなたの世話をしてくれることでしょう。それは、あなたが想像するよりずっとうまくあなたの世話をしてくれます。

たいていの人は、もし自分の思考が止まったら、自分は何もしなくなって、無気力になってしまうという間違った印象をもっています。思考が止まるとき反対に、あなたは自然で臨機応変になります。あなたはこの瞬間に必要なことだけを考えれば充分で、あとはあらゆることがあなたのために世話されます。やってみてごらんなさい。私たちは自分が重要だと常に思っているので、考えなければならないのです。陳腐な決まり文句、「我思う、ゆえに我あり」〔訳注：フランスの哲学者デカルトの言葉〕をただ思い出してください。本当はそれは、「我あり、ゆえに我思う必要なし」であるべきです（笑）。

生徒　あなたが以前話題にしたようなホームレスの状態、あるいは、世界の各地や私たちの目の前で人々が経験している自然災害や困難をあなたが見るとき、あなたの状態ではあなたの中に何が湧き起こるのですか？　あなたの中に慈悲が湧き起こるのでしょうか？　それとも、それはあなたにとってはそうであるときもあれば、そうでないときもある、というような恣《し》意《い》的なものでしょうか？　それともあなたにとっては、すべては無意味なのでしょうか？　あなたは他の人たちの苦しみとどう関係するのですか？

ロバート　どちらも正しいです。それは無意味にもかかわらず、私は大きな慈悲をもちます。ですから、私はそこへ行って、助けます。私はホームレスの人に一〇ドルを与え、街の人々を助けるでしょう。もし私がそこにいれば、私もその一部です。しかし私は、それが無意味であることを理解しています。私は行為者ではありません。肉体として見えるものは、為されなければならないことをやるだけです。しかし、その背後にどんな思考もありません。私は自分が何かいいことをしているとも、何か悪いことをしているとも、私が誰かを助けているとも考えません。現実には、誰も何もやっていないのです。

生徒　ラマナはどうやってあなたの融合的経験を確認したのですか？

ロバート　微笑みをもって、です。私たちが話したほとんどのことは世俗的なことでした。

生徒　彼は、あなたが知っていることをただわかって、微笑んだのですね。

ロバート　ラマナが何を知っていたのか、私にはわかりません。

生徒　彼の微笑みをあなたはどうやって受け入れたのですか？

ロバート　私も微笑み返しました。それから、それ以外の残りの時間、彼は私が必要としているものを尋ねてくれ、また私がニューヨークについて話すことを望みました。

生徒　ニューヨークについて、あなたは彼に何を話したのですか？

ロバート　私は、「ニューヨーク、それはとっても素晴らしい街です」と言いました（笑）。

生徒　ロバート、自己問いかけがどれほど直接的でパワフルかあなたが理解できたのは、ただ洞察でしょうか？　それとも、ただ知恵でしょうか？

ロバート　私はそれについて冗談を言うこともできますが、でも自己問いかけは効果があります。

生徒　ということは、あなたがそれを知るのは、何らかの内なる知恵を通じて、ですね？

ロバート　もちろんです。あなたは目覚めるか、目覚めないかのどちらかです。しかしながら、あなたがもっと平和になるとか、以前はあなたのマインドを煩わせていたすべての物事が、消滅するように見えるといった見かけはあります。

生徒　ということは、覚醒が起こるプロセスがあるのですか？

ロバート　実際それは覚醒のプロセスではありません。よりよい人になるためのプロセスです。目覚めはひとりでに起こり、それはプロセスとは何の関係もありません。見かけ上の改善もまた起こりますが、それは覚醒とは何の関係もありません。

生徒　では、自己覚醒後、人はよりよい人になるのですね？

ロバート　いいえ、あとではありません。覚醒以後は、よりよい人になるべき誰も残されていないのです。よりよい人というのはその前に来ます。再び言えば、あなたは目覚めているか、眠っているかのどちらかです。その中間はありません。いったん目覚めたら、あなたは自分がずっと目覚めていたことに気づきます。あなたが目覚めていなかったときなど、一度もなかったのです。しかしその目覚めの前は、あなたはあらゆる種類の経験をし、ときには修行をしなければならないのです。それはその人の成熟さにかかっています。

生徒　では、目覚めが起こった罪人はどうなんでしょうか？　彼が生み出したすべてのカルマはどうなるのでしょうか？

ロバート　それは完全に燃え尽きてしまいます。それは一度も存在していませんでした。

生徒　ここまで歩み寄って、私を目覚めさせてくれませんか？

ロバート　私に関するかぎり、あなたはすでに目覚めているのです。あなたは自分自身で、それを見ることができなければなりません。

生徒　他の人に触れることで、その人を目覚めさせることができる人が誰かいますか？

ロバート　それは非常にまれですが、可能です。それはたいてい、何世にもわたってスピリチュアルな道を歩いてきた人に起こります。そのとき接触や一瞥を通じて、その人は最後まで行き、マーヤーを打ち破り、自由になるのです。もしあなたが、私にそれができるかどうかを尋ねているなら、何かをするどんな私も残されていません。もし私にそれができるとすれば、一人の私と一人のあなたがいることになります。しかし、どんな私もあなたもいないのです。あるのはただ究極的一つであること、だけです。一つの真我だけしかありません。他のどんな人にどんなこともするどんな人も、残されていないのです。おこなうことは夢の一部です。目覚めがやって来ると、ただ**一なるもの**だけがあります。行為者は誰もいません。ヨーギたちは触るようなことをやりますが、ジニャーニはそういうことをやらないのです。ラマナ・マハルシのまわりにいた多くの目覚めた人たちは、ラマナが彼らを見たり、偶然触ったとき、目覚めのプロセスを引き起こしたと主張しましたが、ラマナはそれすべてを否定しました。それは個人の成熟にかかっています。どんなことも可能です。

✣永遠なる喜びと愛ある思いやり

あなたは輪廻の車輪を降りて、永遠の喜び、純粋な気づきになる必要があります。あなたはそう見える見かけを超える必要があります。この世界でよいことと悪いことを見るのは、あなたの死すべき自己であることを、覚えておいてください。あなたがこれを超えて永遠の中に入る必要があるのは、確かなことです。もしあなたがそうしたくないなら、今のところへ留まっていてください。だから私は、あらゆることはそのふさわしい場所にあり、どんな間違いもないと言うのです。

自分の人生をシンプルにしておいてください。結果の世界の中で、行き詰まらないようにしてください。人生はシンプルであればあるほどいいのです。愛ある思いやりを実践し、あらゆる人に平和を示してください。テレビや新聞に押し流されないようにしてください。自分自身であってください。自分の人生をシンプルに、平和にしておいてください。うわさに耳を傾けないように。複雑な形而上学に関わらないように。やさしく謙虚で、そして、強くあってください。世界はときに困難な時期に見えることもあるでしょうが、それに騙されないでください。それはあなたに対するパワーを何ももっていません。

世界がときに困難に見える理由は、あなたがそれがときに困難であることをゆるすからです。それは単にあなたの見方、あなたの認識です。それはすべて認識です。世界をただ見て笑えば、それは過ぎ去って行きます。あなたは、自分の最高の幸福に向かって、聖なるものに守られ、導かれていることをいつも理解していてください。戦うべきものも、恐れるべきものも何もありません。

すべてはうまくいっています。

20章　ハートの静寂

あなたが想像できるあらゆるもの、あなたがなりたいと思うあらゆるもの、
あなたはすでにそれです。
あなたは今までずっと、これからもずっと不滅の真我です。
誕生を超え、死を超え、経験を超え、疑いを超え、意見を超えたもの。
あなたの肉体が経験しているどんなことも超え、
あなたのマインドが考えるどんな思考も超えたもの。
あなたはそれを超えたものです。
あなたは静寂、ハートの静寂です。

✣あなたは静寂、ハートの静寂です

「なぜ私はここにいるのか?」と自分自身に尋ねてください。これを自分に尋ねるのはいつでもよいことです。私が言っている意味は、あなたがなぜこの宇宙にいるのか?　ということではありません。なぜあなたはこの部屋に、このクラスに、サットサンにいるのか?　あなたは何を欲しがっているのか?　あなたは何を探し求めているのか?　そういうことです。

❖あなたは神霊です

覚えておいてほしいのは、もし何かを探し求めているなら、あなたは間違った理由でここにいる、ということです。というのは、あなたがまだもっていないもので、私があなたに与えることができるものは本当に何もないからです。私があなたのためにできることは絶対的に何もありません。というのは、私は行為者ではないからです。そして、あなたもまた行為者ではありません。

あなたはすでに満たされています。私がもっているすべてはあなたのものです。あなたに欠けているものは絶対的に何もありません。あなたは神霊です。その肉体は一個の肉体に見えますが、あなたはそうではありません。あなたは神霊なのです。あなたは想像できるものとは絶対的に違う何か、なのです。あなたが想像することができるあらゆるもの、あなたがなりたいと思うあらゆるもの、あなたはすでに**それ**です。あなたは今までずっと、これからもずっと不滅の真我です。誕生を超え、死を超え、経験を超え、疑いを超え、意見を超えたもの。あなたの肉体が経験しているどんなことも超え、あなたのマインドが考えるどんな思考も超えたもの。あなたはそれを超えたものです。あなたは静寂、ハートの静寂です。自分自身を知ってください。あなたが自分自身のことを考えるときは、自分自身を真我として考えてください。「私－思考」ではなく、個人的自己ではなく、至上のエネルギー、サット・チット・アーナンダ、ニルヴァーナ、あなたは**それ**なのです。

もし自分がそれだと本当に信じるなら、あなたは完全なる平和の中にいることでしょう。この世界の物事であなたのマインドを乱すことができるものは、何もありません。あなたには何の疑いもなくなり、純粋な幸福、完全なる喜びをもつことでしょう。あなたの肉体がどんなことを経験していても、どんな思考があなたのマインドの中に入って来ていても、それは何の関係もありません。あるいは、人々が何をしているのか、何をしていないのか、誰が正しくて、誰が間違っているのか、誰が悟っていて、誰が悟っていないのか、あなたはそんなことをけっして考えることはないでしょう。

自分は人間であると考えるとき、あなたは対立する二元性をもつことになります。正解と間違い、健康と病気、金持ちと貧乏、幸福と悲しみ、その他。しかし、二元性を超越すると、あなたは自分自身をまったく異なる光の中で見ます。あなたは自分自身を光、暗闇の中でも輝く光として見ます。

✣あなたは暗闇の中で輝く光そのものです

あなたは自分の真我を光として見ます。暗闇の中で輝く光そのもの。けっして減ることのない永遠の輝き。遍在であらゆるところに浸透しているもの。あなたはその**一なるもの**です。あなたはずっとその**一なるもの**でした。自分が悲しいとき、怒っているとき、動揺しているとき、あなたは自分をそういう者だと考えますが、あなたはそれではありません。あなたが考えることはウソです。あなたの内部に真理を知っている何かがあります。これが真理であり、あなたが**それ**です。

✣言葉で描写できない現実

先週の木曜日、私が感じていることを皆さんと分かち合えたらいいのに、と私が思っていることに皆さんの注意を喚起しました。しかし、それらは言語に絶していました。これらのことを描写できるどんな言葉もありません。その現実、純粋な気づきを描写できるどんな言語もありません。どんな言葉もないのです。私は時々皆さんの一部の人たちから電話をもらいます。彼らは尋ねます。「ロバート、あなたがどんなふうに感じているか教えてください」(笑)。「あなたはそれを私と分かち合うことができますね」。私にこんなことを尋ねる人たちがいるので、私は説明を試みます——もしそれを言葉で分かち合うことができれば、私はそうすることでしょう。しかし、私の説明は重要ではありません。あなたにとって重要なことは、あなたがどう感じるか？　です。私の内部で何が進行しているのか、そんなことは気にしないように。もしあなたが自分とは何かを理解すれば、そのときには、私の内部で起こっていることも、あなたは理解するのです。先生たちが何を感じているのか、彼らがどこから来ているのか断定しようとして、自分の時間を浪費しないようにしてください。

むしろ、自分はどこから来ているのか、考えているのは誰かを断定しようとしてください。自分で解決できない問題をもっているのは誰か？　自分は悟りたいと信じているのは誰か？　それを発見してください。

自分についての真理を理解してください。自分自身の中に深く入って行ってください。世の中と自分の問題、あるいは、自分の人生で進行していることについて、考えるのをやめてください。あなたが自分は純粋な知性であることを理解し始めるとき、それは自然に解決するのです。あなたのいわゆる個人的人生はいつも自然に解決し、いつもそれ自身の世話をします。そのパワーはあなたの内部にあります。何も欠けていません。ですから、自分を他の誰かとけっして比較しないようにしてください。自分の内なる目で自分自身を眺めてください。

それでもまだ私に尋ねる人たちがいます。「あなたが愛を感じるということ、それはどういう意味ですか?」と。私が感じる愛は完全に無条件です。だから、あなたが何をしても、私はあなたを愛することができます。あなたがどう行動しても、あなたがどこから来ていても、何が進行していても、私はあなたを愛することができます。なぜなら、私は自分自身を愛しているからです。そして、たった一つの真我しかありません。ですから、私が愛している真我はあなたです。それは分離していないのです。もし私があなたを分離した実体として愛すれば、問題をかかえることになるでしょう。というのは、その分離性はあなたの人生の様々な面を私に見せるだろうからです。しかし、私にはそれはできません。私はただ愛することができるだけです。というのは、真我が愛だからです。それは個人的愛ではありません。それはすべてに浸透しています。ですから、私は愛の具現であるので、あなたもまたその愛の中にいます。たった一つの愛だけがあり、その愛は意識であり、あなたは**それ**です。

❖ハリケーンの中心は平和です

人々は私に尋ねます。私が平和を見るとき、それは何を意味しているのか？　と。私は、平和である場所に平和を見る必要はありません。私はあらゆる状況で平和を感じ、見ます。何が進行しているように見えても、平和があります。ハリケーンの中心のようなものです。ハリケーンの中心には平和な円、完全なる静寂があります。同じことが竜巻、サイクロンにも言えます。平和な中心があるのです。私たちはみなその中心です。本当の平和はあなたです。

❖黒板

現れるあらゆることはイメージです。人生の現実の上に現れるイメージ。現実、意識があり、始終進行している世の中の栄枯盛衰は、黒板のようなこの意識の上に重ね合わされたものです。黒板にイメージを描くことができますが、それはけっして黒板自体に影響を与えません。それらは消され、新しいイメージが描かれます。新しいイメージもまた黒板にけっして影響を与えません。何も黒板には影響を与えないのです。あなたが黒板に火事、ハリケーン、殺人、飢餓、死を描こうと決めようが、何を描こうと決めようが、黒板は同じままです。調和、健康、平和、誕生、その他でも同じことです。それらはすべて偽物です。黒板はけっして変化しません。

いつも自分を黒板として考えてください。この世界で進行するすべての物事を、黒板の上で変化するイメージとして感じるようにしてください。無常なる変化。このことがあなたを助けることでしょう。あなたは自分のマインドで進行している条件付けではないことを、こういったことのおかげで理解することでしょう。あなたの目がこの世の中であなたに示すものは、あなたではありません。あなたは自分が感じることでもなく、自分が聞く物事でもなく、自分が味わう物事でもないのです。こういったすべてはイメージです。

✣あなたの本質は何でしょうか?

あなたは絶対的に完全に自由です。完全なる調和と喜び、それがあなたの本質です。その中に定住し、自由になってください。愛、幸福、平和、喜びは、すべてあなたの本質です。それは感覚を超えた感覚です。それは、あなたである完全な言語に絶する何かで、あなたはあらゆるものと一つであることを、あなたにわからせるものです。あらゆる人があなたの兄弟姉妹で、その中には、花々、木々、動物、南京虫、ゴキブリ、山々、空、病気の人、健康な人、貧しい人、金持ちの人が含まれます。

✣本当の愛はけっして変化しません

あなたがあらゆる人を一つの目で見て、区別しないとき、そのときあなたは愛の中にいます。しかし、あなたが誰か特別な人を選んで、その人は自分にふさわしい容貌容姿をもち、あなたが望むふさわしい財産をもっているので、自分はその人と完全に愛し合っていると思うなら、それは単にのぼせているにすぎません。こういった愛は、あなたが自分の欲しいものを得ている間しか続きません。しかし、本当の愛はけっして変化しません。

それはけっしてどこかへ行きません。なぜなら、それはどこからも来たことがないからです。それはただ在る何かです。そして、あなたが**それ**です。あらゆることがそう起こるべく展開していることを、よく覚えておいてください。そして、自分自身に対して誠実であってください。そうすれば、正しい行動があなたの人生に起こることでしょう。来てくださって、ありがとうございます。私は皆さんを愛しています。覚えていてください。自分の真我を愛することを。自分の真我を礼拝することを。自分の真我に祈ることを。自分の真我に頭を下げることを。というのは、神があなたとしてあなたの内部に居住しているからです。

オーム、シャンティ、シャンティ、シャンティ、シャンティ、平和。

本書について

『ハートの静寂』は、伝統的な内なる光明の段階に関する古典的なエッセイです。現代生活における個人的な直接体験の中で、全知で普遍的愛、慈悲、完全性としての神が個人的にどのように直接顕現するのかを、著名なスピリチュアルな先生であるロバート・アダムスが伝えています。彼はロバート・アダムス・インフィニティ・インスティテュートの創設者であり、彼の非営利的教えは彼の小さいグループから始まり、それから三〇年以上にわたって、八〇〇以上の即興の公開対話とカウンセリングが続きました。この穏やかな賢者は稀有な普遍的覚醒を個人的に具現し、それはすべての信仰に適用することができる神秘的なキリスト教に由来しています。『ハートの静寂』は、ロバート・アダムスの三〇年間の教えの最後の六年間に、彼が少数のカリフォルニアの聴衆に語ったものからアーナンダ・デヴィが編集したもので、この対話集は彼の個人的覚醒を照らし出しています。彼の覚醒はこの時代の二人の偉大な聖者たちによって確認され、彼はこの伝統の中で崇敬されている唯一のアメリカ人の先生です。

この対話集では、世界的に尊敬され、愛されている先生の個人的な経験が、質疑応答を交えながら、古典的な古代東洋の伝統の観点から語られています。子供時代から継続する彼の稀有な個人的な光明を分かち合いながら、ロバート・アダムスは神の個人的な性質に帰依し、「あなたはハートの中に個人的な神をもたなければなりません」と言い、同時に内なる至福の不変の真我（純粋な神性）を直接体験する古代のアドヴァイタ（非二元）の道にも言及します。彼の言葉は思いやりがあり、謙虚で、時にユーモラスなやさしさをもって、秘教的な教えを現実生活の中に引き込んでくれます。あなたの内部にある、完全で全知全能の愛、すべてに浸透する平和と慈悲としての神聖な自己を楽しんでください。今回の改訂版では、他の人がつけたタイトルではなく、ロバート・アダムス自身がそのときの話題ごとに合わせてつけたオリジナルな段落タイトルが含まれています。また、話題に合わせて彼が彼自身の意味で使う語彙の説明が、読者に役立つ脚注となっています。

彼の教えは、愛、思いやり、謙虚さという古代からの美徳という基盤に立ち、霊的生活の道徳的な規範を尊重することを重視しています。本書の中での彼の指導には、およそ四〇年以上にわたって、「永遠の今」「ギャップ」、「アイ・アム（I Am）」瞑想をオリジナルなままに紹介することだけでなく、彼自身の瞑想法、宣言と慈悲深い自己問いかけが含まれています。彼はけっしてフルタイムに教えてはいませんでしたが、毎週のように対話を提供し、個人的私的質問には真実の光の中で正直に答えました。今回の本で、生徒の名前は個人的な守秘義務を考慮して省略してあります。

彼のオリジナルの対話、The Garden Talks（ガーデン・トーク）、Karma and Compassion（カルマと慈悲）、Flower Garden Talks（フラワーガーデン・トーク）、「瞑想」は、ウェブサイト、robertadamsinfinity institute.org. でご覧いただけます。ロバート・アダムスは他の個人やグループとは無関係です。

「あなたが真我（あなたの中の神）から行動するとき、すべての妄想が溶解し、そこには愛だけがあります。あなたの言葉が他の人を慰めることができるとき、けっして沈黙していないでください。霊性が頭の固い知識になってはいけません。あなたは温かいハートをもっていなければなりません。もっとも重要なことは、愛、思いやり、謙虚さをけっして忘れてはならない、ということです。これらの美徳がなければ、進歩することは不可能です」（ロバート・アダムス）

伝統的道徳規範と瞑想について

✣幸福の中で正しく生きるための永遠の普遍的な法則

ロバート・アダムスは、彼自身の個人的な慈悲深い自己問いかけは、スピリチュアル的に成熟した生徒たちのためのものであると述べています。つまり、彼らはヤマやニヤマのような非暴力という普遍的な法則、スピリチュアルな修行の基本的な戒律を受け入れ、したがって、しばしば高度なスピリチュアルな教えをもっともスピリチュアル的に受容している人たちです。彼はしばしば、単に彼の話や「サットサンを聞きに来る人々」と、「生徒」、すなわち「真摯な探求者」をやさしく区別しています。真摯な探求者たちは献身的で規則正しい修行をし、それによって内なる真我への意識が高まり、すべての生きとし生けるものへの愛、思いやり、謙虚さがますます高まっていることを実感します。

一　伝統的ヤマ（Yamas）とニヤマ（Niyamas）

「ヤマとニヤマにしがみつきなさい。これは恵みをもたらすでしょう。苦しみは沈静化し、戻って来る好ましくない影響を止めることができるでしょう。正しい行動があなたの人生に起こり、平和は続くでしょう」

（ロバート・アダムス）

ヤマ

1. 非暴力、アヒムサ（ahimsa）：親切心、親しみやすさ、他人や物への思いやりの心。神の現れとしてそれぞれの生きものを意識的に気づく。思想、言動、行動によって、いかなる生物も傷つけないこと。
2. 誠実であること、サティヤ（satya）：思考、言葉、行動において誠実であることに専念する。スピリチュアル的な誠意、倫理に忠実な選択をすること。約束を破らないこと。
3. 盗まないこと、アステヤ（asteya）：心と言葉と行動の中で、盗むこと、奪うこと、嫉妬を控えること。何が自分のもので、何が他人のものなのかを明確にすること。無料でないものを取ることを控えること。
4. 聖なる行為、ブラフマチャリア（brahmacharya）：肉体の習性の転換と抑制と制御。身体を尊重すること。伝統的には、古代からの禁欲の誓いを立て、熱心に、心を込めて、すべての焦点をスピリチュアルな実践に向ける。
5. 忍耐、カーサマ（ksama）：人々に対して寛容であり、あらゆる生活状況で忍耐すること。
6. 堅実さ、ドリティ（dhriti）：忍耐、恐怖、優柔不断を克服する。
7. 慈悲、ダヤー（daya）：全ての生き物への慈愛と理解。
8. 正直さ、素直さ、アルジャバ（arjava）：欺瞞と不正行為を放棄すること。
9. 適度な食欲、ミタハラ（mitahara）：食べ過ぎないこと。特に肉や魚、家禽類や卵などを食べ過ぎないこと。体を活性化させる新鮮で健康的な菜食主義の食品を消費すること。

10. 純粋さ、サウチャ（saucha）：肉体、マインド、言葉において、不純物を避けること。

ニヤマ

1. 後悔、ヒリ（hri）：悪行に恥を示し、控えめで謙虚であること。
2. 満足、サントシャ（santosha）：穏やかさを求め、人生のすべての状況で満足すること。
3. 与えること、ダナ（dana）：見返りを考えずに、惜しみなく寄付し、与えること。
4. 信仰、アスティクヤ（astikya）：神、先生、悟りへの道をしっかりと信じること。
5. 主への礼拝、イスヴァラプジャナ（isvarapujana）：日々の礼拝を通じて献身を育成し、自分の信仰の中で瞑想をおこなうこと。
6. 聖典を聴くこと、シッダーンタ・アラヴァナ（siddhanta aravana）：教えを学び、自分の信仰の賢明な言葉を聴くこと。
7. 認知、マティ（mati）：先生の導きを受けて、霊的な意志と知性を養うこと。
8. 神聖な誓い、ヴラタ（vrata）：宗教的な誓い、規則、遵守を忠実に実行すること。
9. 瞑想、ジャパ（japa）：神の名を繰り返し唱えること。
10. 禁欲、タパス（tapas）：サーダナ、苦行、犠牲を実践すること。

二　ヴィパッサナー瞑想

ヴィパッサナーとは、物事をありのままに見ることを意味し、インドで最も古い瞑想の一つです。それは人類の病への普遍的救済、つまり、生きる術を教えています。この非宗派的なテクニックは、精神的な不純物の完全な根絶を目指し、人生の苦しみからの完全な解放という最高の幸福をもたらします。

ヴィパッサナーは、自己観察による自己変革の方法です。それは、マインドと肉体の深いつながりに焦点を当て、肉体的感覚とそれと相互関連する精神生活に規律ある注意を向けることで経験されます。この観察を基本に、マインドと肉体の共通した根源へ自己探求的旅をすることで、精神の不純さが解消し、その結果、愛と慈悲に満ちたバランスの取れたマインドとなります。

人の思考、感情、判断、感覚に作用する科学的な法則が明確になり、直接経験を通じて、人はどのように成長していくのか、あるいは、退行していくのか、人がどのようにして苦しみを生み出すのか、あるいは、苦しみから自分自身を解放するかが理解されます。意識の高まり、妄想の喪失、自制心、平和が人生で際立つようになり、シンプルで自然で平和的な内なる状態が現れます。

✣伝統的な三つのステップ

1. 準備の最初のステップは、殺傷、窃盗、性的活動、偽りの発言、酩酊を慎むことをしばしば含みます。これらのシンプルな道徳的行動規範はマインドを鎮めるために役立します。さもないと、マインドはあまりに騒がしくなり、自己観察ができないからです。

2. 次のステップは、呼吸が鼻から出入りするとき、絶えず変化する呼吸の性質に注意を集中することを学ぶことで、マインドのコントロールに習熟することです。

3. 最後に、マインドがより落ち着いて、より集中しているとき、そのときヴィパッサナーそれ自身を練習することができます。肉体全体の感覚を観察し、それらの性質を理解し、平静さが育つことで、人はそれらに反応しないことを学びます。すべてに対する愛情ある親切心と善意について瞑想することによって、そのとき成長した純粋さがあらゆる生き物と分かち合われます。

訳者あとがき

私がロバート・アダムスという名前を知ったのは、一九九〇年代の後半のことだった。私がある先生のサットサン（真理を探究する集まり、くらいの意味）に参加していたとき、泊めてもらったアメリカ人の家の人に、「ロバート・アダムスという先生が提唱している、とてもシンプルでいい瞑想法がある」と教えてもらったのが、「アイ・アム（I AM）瞑想」だった。それから、そのアイ・アム（I AM）瞑想をもっと詳しく知るために、ロバート・アダムスの本を探し、それが本書、『ハートの静寂』である。

しかし最初私は、『ハートの静寂』の中のアイ・アム（I AM）瞑想の説明の箇所だけは読んだものの、それ以外のところはほとんど読まなかった。というより、読めなかったのだ。読もうとすると、なぜか強い「抵抗」が出てくる。その抵抗の理由の一つは自分にもよくわかった。

本書の中で、ロバート・アダムスは彼のワークの基本として、「私とは何か。私とは誰か」を問う「自己問いかけ」という方法を推奨し、あらゆる角度からこの方法について説明している。ところが私は、「自己問いかけ」という方法を苦手にしているというか、まったくこの方法が自分に向かないことが、スピリチュアルな探求を始めた直後の二〇代の後半にすでにわかったのだ。

「私とは何か。私とは誰か」という形而上学的問いには答えがなく、マインドで答えてはいけないことはよく知られている話である。つまり、どんな答えをマインドが出しても、それは答えではない。「私とは何か。私とは誰か」という問いには、答えがないことを私は理解し、そして同時に、自分のマインドは、答えがない問いに関心をもたないことも知っていた。私のマインドは、答えられる質問しか問わないというふうに強力にプログラミングされている。たぶん、愚かしいプログラミングではあるが、それを自分の意志で変えることはできないこともわかっていた（「私とは何か」を探求する方法としては、私は三〇代にダグラス・ハーディングの実験と出会い、同じく、「私とは何か」を探求する方法ではあるが、ハーディングの方法は答えられる質問しか問わないところが、私にとても合っている）。

そんな感じだったので、ロバート・アダムスの本を買ってから何年もほとんど読まずに放っておいたのだが、二〇〇〇年代になって、私が肉体的精神的に絶不調になって、難しい英語の本がほとんど読めなかったとき、数少なく読むことができた本が本書だった。その理由は、ロバート・アダムスが使う英語が非常に簡単だったからだと思う。彼が使う英語のほとんどが、日本の中学レベルで、時々出てくるアドヴァイタの用語を除けば、まず難しい言葉も表現もなく、何よりも語り口が非常にやさしい。

そのときでさえ私は、「自己問いかけ」の部分はすっ飛ばして（笑）、主に質疑応答の箇所などを読んでいた。このとき特に、彼の二つのメッセージ、「すべてはうまくいっている」と「道を知っているパワーがある」が非常に深く入って来て、私を慰めてくれた。体調も精神状態もどん底で、何がうまくいっているのかよくわからなかったが、それでも「そうに違いない」という確信が生まれ、彼の本を読んだおかげで、「どん底」のままでいる勇気が出てきて、そのうちにこの状況からも抜け出られるだろうと楽観的にもなれた。

そのときから、また七、八年の時間が過ぎ去った頃、私もどん底状態を抜け出し、突然、本書を翻訳しようかという気が起こった。それは、ロバート・アダムスの語り口や表現、あるいは、ちょっと聖者風の先生に合う読者がいるかもしれないと思ったからだ。

ここで、ロバート・アダムスという人に少し触れておくと、彼は子供の頃からいわゆるシッディ（霊能力）に恵まれ、そして、中学生の頃の覚醒体験によって、自我（エゴ）が全部ふっとび、それ以後世俗世界へのすべての関心を失った。スピリチュアルな本を読んでいて、ここまで人間的自我の香りのない本も珍しく、今まで読んだ本では、たぶん、ロバート・アダムスがいっしょに過ごしたラマナ・マハルシ（ロバート・アダムスはラマナ・マハルシに実際は会っていなかったという証言もある）以来である。そういう意味では、賢者というより、彼は「聖者」に近い。本書にはラマナ・マハルシのいくつかのエピソードも語られていて、そのどれもがいかにも「聖者」の話である。

本書の内容については、「私とは何か」の本質については、他の非二元系の先生や賢者が言っていることとほとんど同じであるが、先ほども書いたように、「私とは何か」の本質に目覚める方法として、「自己問いかけ」の方法を、これ以上詳しく説明できないくらい詳細に説明している。「自己問いかけ」という方法が合う人には、とても役に立つだろうと思っている。

本書を翻訳、出版するにあたり、編集をご担当いただきました西島恵さんと、ナチュラルスピリット社の今井社長に大変にお世話になりました。心からお礼を申し上げます。

二〇二一年七月三一日

高木悠鼓

ロバート・アダムス　Robert Adams（1928〜1997）
アメリカの非二元系の教えの賢者。1928年、ニューヨークに生まれる。幼少時からシッディ（霊能力）に恵まれ、ベッドの横に、のちにラマナ・マハルシだとわかる老人がいつも立っていたという。中学生のときに、覚醒体験が起こり、以後世俗的物事への一切の関心を失う。パラマハンサ・ヨガナンダの導きでインドへ渡り、最晩年のラマナ・マハルシといっしょに過ごす（ロバート・アダムスはラマナ・マハルシに実際は会っていなかったという証言もある）。ラマナの死後、インド各地を放浪し、1960年代にアメリカに戻り、アメリカ各地で教え、1997年にセドナで亡くなる。

関連サイト　http://robertadamsinfinityinstitute.org/

髙木 悠鼓（たかき ゆうこ）
大学卒業後、教育関係の仕事、出版業をへて、現在は翻訳・作家・シンプル道コンサルティング業を営みながら、「私とは本当に何かを見る」会などを主宰する。著書に、『人をめぐる冒険』『楽しいお金』『楽しいお金2』『楽しいお金3』（以上マホロバアート）、『動物園から神の王国へ』『シンプル道の日々』（以上シンプル堂）、訳書に、『存在し、存在しない、それが答えだ』（ダグラス・E・ハーディング）、『誰がかまうもんか?!——ラメッシ・バルセカールのユニークな教え』『意識は語る——ラメッシ・バルセカールとの対話』『ニサルガダッタ・マハラジが指し示したもの』（ラメッシ・バルセカール）、『意識に先立って——ニサルガダッタ・マハラジとの対話』、『頭がない男——ダグラス・ハーディングの人生と哲学』、『スピリチュアル・ヒーリングの本質』（ジョエル・ゴールドスミス）（以上ナチュラルスピリット）などがある。

シンプル堂サイト　https://www.simple-dou.com/
個人ブログ「シンプル道の日々」　http://simple-dou.asablo.jp/blog
「頭がない方法」サイト　http://www.ne.jp/asahi/headless/joy

ハートの静寂

●

2021年10月21日　初版発行

著者／ロバート・アダムス
訳者／髙木悠鼓

装幀／中村吉則
編集／西島 恵
DTP／山中 央

発行者／今井博揮
発行所／株式会社 ナチュラルスピリット
〒101-0051 東京都千代田区神田神保町3-2 高橋ビル2階
TEL 03-6450-5938 FAX 03-6450-5978
info@naturalspirit.co.jp
https://www.naturalspirit.co.jp/

印刷所／シナノ印刷株式会社

ISBN978-4-86451-380-7 C0010